Studien zur
internationalen Schulbuchforschung
Band 119

STUDIEN ZUR INTERNATIONALEN SCHULBUCHFORSCHUNG

Schriftenreihe des Georg-Eckert-Instituts

Herausgegeben von
Simone Lässig
Direktorin des Georg-Eckert-Instituts
für internationale Schulbuchforschung
in Braunschweig

Band 119

Georg Stöber (Hrsg.)

Deutschland und Polen als Ostseeanrainer

VERLAG HAHNSCHE BUCHHANDLUNG

Hannover 2006

Die Deutsche Bibliothek – CIP-Einheitsaufnahme

Ein Titeldatensatz für diese Publikation ist bei der Deutschen Bibliothek erhältlich.

Die Deutsche Bibliothek – CIP-Cataloguing-in-Publication-Data
A catalogue record for this publication is available from
Die Deutsche Bibliothek.

Einbandentwurf:
G. Stöber

Verlag Hahnsche Buchhandlung
Postfach 24 60 · 30024 Hannover
Leinstraße 32 · 30159 Hannover
Telefon (05 11) 32 22 94 · Telefax (05 11) 36 36 98

© 2006 Georg-Eckert-Institut für internationale Schulbuchforschung
Celler Straße 3, 38114 Braunschweig
Telefon (05 31) 5 90 99-0 · Telefax (05 31) 5 90 99 99
info@gei.de · http://www.gei.de

Herstellung: poppdruck, 30851 Langenhagen

ISBN-10: 3-88304-319-2
ISBN-13: 978-3-88304-319-7

Inhalt

Vorwort 7

Physisch-geographische Perspektiven

Gerhard Kortum
Meereskundliche Probleme der südlichen Ostsee 9

Olaf Kühne
Klima und Klimaveränderungen im Ostseeraum 21

Andrzej Witkowski und Teresa Radziejewska
Ökologische Probleme der Ostsee aus polnisch-deutscher Perspektive 40

Wirtschaftsräumliche Entwicklungen

Ekkehard Buchhofer
Deutsche und polnische Ostseehäfen – Wettbewerb unter wechselnden
wirtschaftsräumlichen Vorzeichen 51

Marlies Schulz
Die Ostseebäder der Insel Usedom beiderseits der
deutsch-polnischen Grenze 75

Marek Dutkowski
Szczecin – „Metropolitanes europäisches Wachstumsgebiet"
oder „Dorf mit Straßenbahn"? 98

Die Ostsee im Schulbuch

Bronisław Kortus
Die See und die Seewirtschaft im polnischen Bewusstsein
(im Spiegel polnischer Geographieschulbücher) 109

Karlheinz Lau
Die Ostsee und ihre Häfen im deutschen Erdkundeunterricht.
Anmerkungen eines Schulpraktikers 119

Georg Stöber
Die Ostsee in deutschen Geographieschulbüchern – ein Überblick 125

Autorenverzeichnis 149

Vorwort

Mit der Wiedervereinigung verfügt die Bundesrepublik Deutschland über einen großen Teil der Ostseesüdküste. Aber auch, wenn nun in Bezug auf die Küstenlänge die Dominanz der Nordsee geschwunden ist, entwässert weiterhin der bei weitem größte Teil des Landes in die Nordsee bzw. über die Donau zum Schwarzen Meer. Polen dagegen, das mit seinem Wiederentstehen nach dem Ersten Weltkrieg einen – schmalen – Zugang zur Ostsee erhielt, nach dem Zweiten die Küste zwischen Oder und Weichsel sein Eigen nennt, ist auch in seiner Hydrographie auf die Ostsee ausgerichtet; das polnische Territorium zählt fast vollständig zu deren Einzugsgebiet.

Hier mag ein Grund für unterschiedliche Blicke auf die Ostsee liegen. Für Polen lief die „Verbindung mit der Welt" über die Ostsee, während in Deutschland das Attribut „Tor zur Welt" vor allem dem Nordseehafen Hamburg zugemessen wird. Im Bewusstsein der bundesrepublikanischen Bevölkerung steht die Ostsee (neben der Nordsee) für Strandurlaub, aber auch für Umweltverschmutzung, für „die schönsten Tage des Jahres" wie für ihre Gefährdung durch Algenblüte und Ölteppiche – Aspekte, die auch im polnischen Bewusstsein inzwischen eine Rolle spielen. Die Rede vom „europäischen Meer", das die Küsten des *Mare Balticum* verbindet, aber auch in seinem Erhalt vom gemeinsamen Wirken der Anrainerstaaten abhängt, tauscht die nationale gegen eine „europäische" Perspektive ein. Der Schulunterricht spiegelt solche Positionen.

Aufgrund der beachtlichen Bedeutung des Unterrichtsthemas befasste sich die Sektion Geographie der Gemeinsamen deutsch-polnischen Schulbuchkommission auf der XXXI. Schulbuchkonferenz vom 30. Mai bis 1. Juni 2005 in Stettin/Szczecin und Küls/Kulice mit „Deutschland und Polen als Ostseeanrainer". Sie nahm sich dabei vor allem Themen an, die im Erdkundeunterricht eine Rolle spielen, und lotete dabei z.T. neue Ansätze aus. Der vorliegende Band macht nun die Beiträge dieser Konferenz der Öffentlichkeit zugänglich.

Die vorgestellten Aspekte besitzen ein beträchtliches Potential für einen modernen Geographieunterricht. Wichtig hierbei ist besonders die grenzüberschreitende Perspektive. So liegen die Themen vielleicht quer zu einer Strukturierung des Stoffes, nach der Deutschland in dem einen und Polen in einem anderen Schuljahr abgehandelt werden. Im Falle der Ostsee-Umweltthematik ist dies aber schon heute kein Hindernis. Und als Fallstudien ließen sich die hier vorgestellten Themen in zahlreiche Fragestellungen eines problemorientierten Unterrichts mittlerer und höherer Klassen einbauen. So ist dieser Band vor allem als Anregung zu verstehen, derzeitige Ansätze zu reflektieren und ggf. zu überdenken. Wenn er hierzu einen Beitrag leisten kann, hat die Gemeinsame deutsch-polnischen Schulbuchkommission ihr primäres Ziel erreicht.

Georg Stöber

PHYSISCH-GEOGRAPHISCHE PERSPEKTIVEN

Gerhard Kortum

Meereskundliche Probleme der südlichen Ostsee

1 Einleitung

Polen und Deutschland sind benachbarte Anlieger der Ostsee. Ihre generalisierten Küstenlängen betragen 380 bzw. 470 km. Der südliche Küstenbereich der Ostsee gehört zum glazial bedingten Akkumulationsraum mit Lockermaterial, wenn auch die Küstentypen in morphologischer Hinsicht durchaus unterschiedlich sind und von den schleswig-holsteinischen Förden über die mecklenburgische Boddenlandschaft zur großräumigen Ausgleichsküste in Vor- und Hinterpommern reichen. Die Ostsee ist in geologischer Hinsicht ein sehr junges Meer; ebenso wie die Meeresumwelt verändert sich auch der Küstenverlauf.

Die Ostsee ist mit einer Fläche von 415 266 km^2 das größte Brackwassergebiet der Erde und rechnet formal zu den intrakontinentalen Mittelmeeren. Hieraus resultieren die ökologischen Hauptprobleme: Begrenzte Zugänge zum Ozean durch Meerengen erschweren den Wasseraustausch, auf die kritischen flachen Belte und den Sund folgt nach Osten eine Kette von Becken und Schwellen, die den vollmarinen Einfluss mit zunehmender Entfernung von der Nordsee und dem Skagerrak abschwächen. Die Durchschnittstiefe der Ostsee liegt bei 52 m, entscheidend für die wichtigen Prozesse der Wassererneuerung in den tiefen Becken der Ostsee sind hingegen die Zugangsschwellentiefen. Diese Satteltiefen liegen in der Darßer Schwelle bei nur 18 m und in der Drogden-Schwelle bei nur 7 m. Die Darßer Schwelle ist das wichtige Nadelöhr und in der ozeanographischen Nomenklatur die Grenze der „eigentlichen Ostsee" (*Baltic Proper*) gegenüber dem westlich vorgelagerten Übergangsgebiet der Beltsee. Der Begriff „südliche Ostsee" findet in einer natürlichen Gliederung der Ostsee keine Entsprechung, sondern nur gelegentlich in der Seewettervorhersage. Zur „südlichen Ostsee" könnte man aber die Arkona-See westlich der Linie Bornholm – Odermündung (maximale Tiefe 53 m), das gesamte Bornholmbecken (max. 105 m Tiefe) und die zentrale Ostsee südlich von Gotland (58° nördl. Breite) mit dem Gotlandtief (249 m maximale Tiefe) rechnen. Die entsprechenden Satteltiefen zwischen diesen Becken liegen im Bornholmgat (45 m) und in der Stolper Schwelle (60 m). Die im vorliegenden Zusammenhang zu kennzeichnende „südliche Ostsee" wird allerdings dem ausgedehnten zentralen Wasserkörper der Gotlandsee nicht gerecht und zerschneidet diese. In Bezug auf die seerechtliche Gliederung sind die dänischen, deutschen, polnischen, schwedischen (teilweise) und russischen (Bereich Königsberg/Oblast Kaliningrad) Wirtschaftszonen betroffen.

Bei einer geographischen Betrachtung des Ostseeraumes insgesamt ist dem Meeresgebiet gerade beim Beispiel dieses nahezu abgeschlossenen Nebenmeeres das hydrographische Einzugsgebiet zuzuordnen (vgl. Abb. 1). Dies gilt nicht nur für die Kennzeichnung der Ostsee durch Daten der Wasserbilanz, sondern in

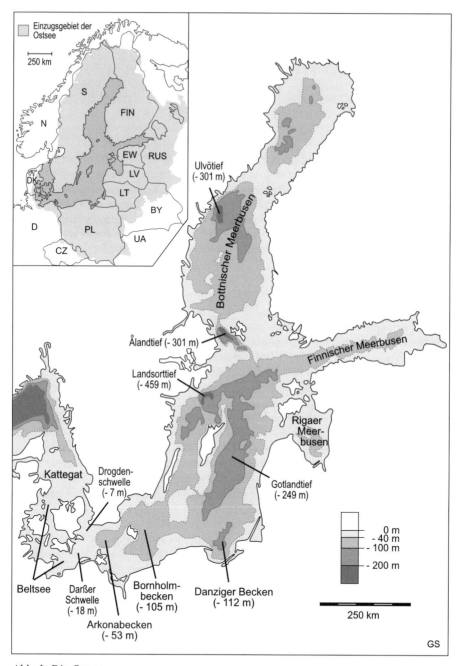

Abb. 1: Die Ostsee

besonderer Weise für das Verständnis der Umweltqualität, die durch die Nähr- und Schadstoffeinträge der Zuflüsse mitbedingt wird. Hiermit wird die besondere Rolle Polens für die südliche Ostsee deutlich: Die wichtigsten Flusssysteme der Oder und Weichsel entwässern nahezu das gesamte polnische Staatsgebiet mit rund 38 Mio. Einwohnern. Demgegenüber spielt das hydrographische Einzugsgebiet der Ostsee in Mecklenburg-Vorpommern und erst recht in Schleswig-Holstein mit nur rund 3 Mio. Einwohnern kaum eine Rolle.

Historisch gesehen können Mittelmeere die Gegengestade verbinden oder auch trennen, das zeigt ein Vergleich des Ostsee- mit dem Mittelmeergebiet in klarer Weise. Politischen Streit mit wirtschaftlicher Konkurrenz oder gutnachbarschaftliche Zusammenarbeit gibt es hierbei auch zwischen direkten Anliegernachbarn. Auch unter traditionell befreundeten Staaten kommt es gegenwärtig in vielen Fällen zu seerechtlichen Streitfällen bei der Abgrenzung der Festlandssockelzone und maritimen Wirtschaftszonen. In der Pommerschen Bucht vor Swinemünde wurden diese bereits in sozialistischer Zeit zwischen der damaligen DDR und der Volksrepublik Polen vertraglich geregelt, wenn auch suboptimal hinsichtlich traditioneller Fischereirechte.

Die maritimen Bezüge der Geschichte im Verlauf der Jahrhunderte währenden Wechselbeziehungen im Wirtschaftsraum der Ostsee sind evident. Deutschland wurde immer ein mangelndes Verhältnis zur See vorgeworfen (abgesehen von der Flottenära der Kaiserzeit), noch mehr gilt dies vielleicht für Polen, das erst nach dem Versailler Vertrag mit dem „Korridor" sein maritimes Fenster um Gdynia erlangte und dies sehr schnell und effektiv entwickelte. Nach dem Zweiten Weltkrieg erst kam dann die Gesamtlänge der Küste Pommerns bis Stettin zu Polen. Fischerei und Seewirtschaft mit mehreren Hafenstandorten entwickelten sich zunehmend im staatlichen Rahmen, ähnliches galt für die DDR. Die See bringt Handel und Wandel. Zur Zeit des Kalten Krieges trennte die Ostsee scharf die Macht- und Wirtschaftsblöcke, der Wandel um 1990 fügte den alten Ostseeraum schnell wieder zusammen, beschleunigt durch die Osterweiterung der Europäischen Union. Manche träumten vorschnell von einer „Neuen Hanse" um das *Mare Balticum*.

Ein kurzer Überblick der Ostseeproblematik muss notwendigerweise unvollständig bleiben. Inzwischen gibt es mehrere kompetente und allgemeinverständlich gehaltene Übersichtsdarstellungen zur Meereskunde der Ostsee (vgl. Literaturverzeichnis, siehe auch im Internet, u.a. www.io-warnemuende.de und www.ifm-geomar.de). Das Thema ist auch schulisch relevant. So wird in Schulbüchern die Ostsee als „Mittelmeer des Nordens"[1] oder „als sterbendes Meer"[2] thematisiert.[3]

2 Kooperation in der Ostseeforschung

Meeresforschung verbindet die Völker. Alle großen marinen Forschungsprogramme sind international angelegt, das gilt gerade auch für den überschaubaren Ostseeraum mit seinen Sonderproblemen. Sowohl Polen als auch Deutschland betei-

---

1 *GEOS, Geographie Klasse 7.* Berlin: Volk und Wissen 1998.
2 *Seydlitz Mensch und Raum, Klasse 9.* Hannover: Schroedel 1999).
3 Vgl. auch den Beitrag von Georg Stöber in diesem Band.

ligten sich an den großen wissenschaftlichen Ostseeprogrammen im Rahmen der HELCOM (Helsinki-Kommission zur Bewahrung der Meeresumwelt der Ostsee, seit 1972) und neuerdings BALTEX (Baltic Sea Experiment) im Rahmen von GEWEX (Global Energy and Water Cycle Experiment) und WCRP (World Climate Research Programme). 1996–1999 wurde von Seiten der Europäischen Union das Projekt BASYS (Baltic Sea System Study, An European Regional Sea Research Project) finanziert. Das Koordinationsbüro war im Institut für Ostseeforschung in Warnemünde angesiedelt. An dem wissenschaftlichen Konsortium dieses 48 Institute in den Anliegerstaaten des Ostseeraumes zusammenfassenden Großprojekts beteiligten sich von polnischer Seite neben dem Institut für marine Wissenschaft der Universität Szczecin/Stettin das Institut für Ozeanologie der Akademie der Wissenschaften in Sopot/Zopot und andere Einrichtungen. Daneben gab es in der letzten Dekade einige deutsch-polnische Gemeinschaftsprojekte in der Oderbucht und im Bereich des Oder-Haffs, letztere insbesondere unter Gesichtspunkten des Umweltschutzes. Dennoch, die bilateralen Forschungsbeziehungen bezüglich der Meereswissenschaften könnten sicher intensiver gestaltet werden. Es gibt durchaus Fragen, die die südlichen Ostseeanlieger Deutschland und Polen besonders interessieren.

Die Meeresforschung im Ostseeraum ist international gut vernetzt. Bereits 1957 organisierten sich die Ozeanographen, 11 Jahre später wurde die Vereinigung Baltischer Meeresbiologen in Rostock gegründet. In beiden Organisationen arbeiten deutsche und polnische Wissenschaftler mit.

3 Das Ökosystem der Ostsee im Überblick

Am Kieler Leibniz-Institut für Meereswissenschaften (IFM-Geomar) wird ein aufwändiges dreidimensionales Modell der Ostsee mit einer horizontalen Auflösung von 5 km und 41 vertikalen Schichten betrieben. Mit diesem Meeresmodell können u.a. Untersuchungen der Wassermassenausbreitung und der Zirkulation in der Ostsee sowie Berechnungen des Energie- und Wasserhaushalts durchgeführt werden. Die Ostsee als Nebenmeer mit einer Fläche von 377 400 km^2 und einem Wasservolumen von nur 21 200 km^3 ist zu klein, um ein eigenständiges Zirkulationssystem auszubilden. In der Wirklichkeit und auch in dem Modell sind die Antriebsfaktoren meteorologischer Natur. Hierbei sind besonders Wind, Luftdruck und Niederschlag von Bedeutung, ferner der Eintrag von Flusswasser in das System Ostsee. Es zeigt sich, dass besonders extreme Ereignisse („*events*") die Meeresumwelt der Ostsee und ihre Variabilität charakterisieren. Dies gilt für den Zufluss beispielsweise des katastrophalen Oderhochwassers vor einigen Jahren, für die gelegentlichen Salzwassereinbrüche aus der Nordsee mit teilweiser Erneuerung des sauerstoffarmen Tiefenwassers in den Ostseebecken nach langandauernden sturmreichen Westwindwetterlagen oder auch für die küstennahen Auftriebserscheinungen. Auf die letztgenannten Ereignisse wird nach einer kurzen Kennzeichnung der allgemeinen Umweltverhältnisse der Ostsee näher eingegangen.

Die wissenschaftliche Erforschung der Ostsee als Ökosystem hat in den letzten 130 Jahren eine große Fülle exakter und vergleichbarer Messergebnisse ge-

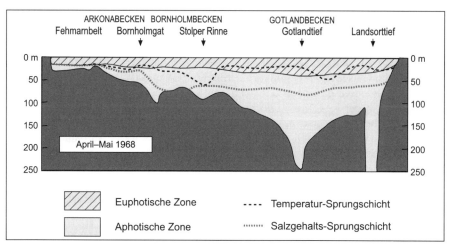

Abb. 2: *Umweltfaktor Schichtung: Ostseeprofil mit schematisierten Schichtungsverhältnissen und Sprungschichten (nach MAGAARD/RHEINHEIMER 1974)*

liefert. Anfangs gaben fischereiwirtschaftliche Fragen den Anstoß; hierfür waren Untersuchungen zur Primärproduktion und zur Verteilung der Nährstoffe in der Wassersäule notwendig. Die Ostsee ist relativ gut erforscht, dennoch ergibt sich immer wieder neuer Forschungsbedarf. Langzeitmonitoring bestimmter Parameter, auch aus dem meereschemischen und biologischen Bereich, kann durchaus säkulare oder dekadische Veränderungen der Umwelt ergeben. Wichtig sind die periodischen Bewertungsberichte zum Zustand der Ostseeumwelt der Helsinki-Kommission. So wurde im Oberflächenwasser der zentralen Ostsee zwischen Polen, Gotland und dem Baltikum im Zeitraum von 1969–1988 zunächst über 10 Jahre eine Zunahme des Salzgehaltes um 0,5 pro mille festgestellt, in der folgenden Dekade nahm er um den gleichen Betrag wieder ab. Es ist schwer, natürliche Veränderungen und Schwankungen von anthropogen bedingten Zustandsänderungen zu trennen. Zu den direkten Messungen an bestimmten Punkten zu bestimmten Zeiten kommen in der Meeresüberwachung verstärkt die Analyse von Satellitenbildern und neuerdings Modellierungsverfahren, mit denen natürliche Vorgänge simuliert werden können. Modelle erlauben auch begrenzte Prognosen, wie neuere BALTEX-Unterlagen über den Klimawandel im Ostseegebiet zeigen.

Insbesondere Temperaturreihen und Salzgehaltsdaten sind in physikalischer Hinsicht wichtig, da sie die Dichte der Wassermassen und damit die Schichtung bedingen. Kälteres und insbesondere salzreicheres Wasser hat eine höhere Dichte, ist folglich schwerer und sinkt ab zum Boden. Hieraus ergibt sich besonders im Sommer für die Ostsee eine ausgeprägte Schichtung der Wassersäule mit Sprungschichten für Temperatur und Salzgehalt, die einen freien Austausch in der Wassersäule oft unterbinden können. Diese sommerliche Schichtung ist typisch für die Ostsee. Mit winterlicher Abkühlung der weniger salzigen Oberflächenschicht kommt es schließlich wegen zunehmender Dichte zum Absinken und vollständigen Durchmischung der Wassersäule (Tiefenkonvektion).

In Abb. 2 werden die Schichtungsverhältnisse der südlichen Ostsee schematisch in einem hydrographischen Schnitt von der Kieler Bucht über den Fehmarnbelt, das Bornholmgat und die Stolper Rinne bis zum Gotlandtief dargestellt, wobei der mittlere Teil vor der Danziger Bucht liegt. Der Schnitt basiert auf einer von Kiel ausgehenden Ostseeuntersuchung im Frühjahr 1968 und ist in dieser generalisierten Form allgemein gültig. In der lichtdurchfluteten Euphotische Zone findet bei im Frühjahr in der Regel reich vorhandenen Nährstoffen die Planktonproduktion statt, das Tiefenwasser in der Aphotischen Zone neigt in den angedeuteten Ostseebecken zur Stagnation, weil dieser Bereich durch die sich im Frühjahr herausbildenden Temperatur- und Salzgehaltssprungschichten abgedeckt wird und keinen Austausch mehr mit Oberflächenschichten hat. Die Folge kann eine Sauerstoffarmut in den Tiefenbecken sein, die im Extremfall zum Absterben allen Lebens führt („Tote Zonen"). Auf den Jahresgang der Temperaturverhältnisse und seine Bedeutung für die Phytoplanktonentwicklung in der Oberflächenschicht kann hier nicht im Detail eingegangen werden.[4]

Das Ökosystem der Ostsee ist in physikalischer und besonders auch biologischer Hinsicht sehr komplex und sensibel. Alle Modelle sind grobe Vereinfachungen. Die Ostsee wurde bereits häufig als „sterbendes Meer" gekennzeichnet, zumindest als „Patient" mit einem spezifischen Krankheitsbild. Richtig ist, dass die natürliche Umwelt des Baltischen Meeres, in dessen Einzugsgebiet über 70 Mio. Menschen leben, besonders durch Einträge von Nähr- und Schadstoffen gefährdet ist. Geologisch gesehen ist die Ostsee ein sehr junges Meer; über verschiedene Entwicklungsstadien hat sie sich seit dem Abklingen der Weichselvereisung im Wechsel von mehr marinen und limnischen Phasen zum heutigen „Mya-Stadium" (ab Subatlantikum 2000 v. Chr.) mit Brackwassercharakter entwickelt.[5] Insofern ist die Ostsee bereits mehrmals gestorben und wiedererstanden, da sich die marinen Arten nur bedingt auf Salzgehaltsänderungen einstellen können. Zu dem osmotischen Stress im biologischen Teilsystem kommen die gerade für die Ostsee charakteristische Schwellen- und Beckenstruktur sowie die Einschränkung des Wasseraustausches mit dem offenen Ozean durch die dänischen Meerengen.

Wie kann ein Meer sterben? Durch technische Maßnahmen wie Brückenbauten, die den zur Wassererneuerung verfügbaren Querschnitt mindern, kann man das System physisch beeinträchtigen. Umweltschützer warnen vor einer Manipulation der Ostseezugänge, Modelle geben keine eindeutigen Antworten. Wenn man die Einschränkung des Strömungsquerschnittes im Sund, dem Großen Belt und (geplant) im Fehmarnbelt durch Baggerungen einer Rinne kompensiert (sog. „Null- Lösung"), verändert man auch die Möglichkeiten des Eindringens von sauerstoffreichem und salzhaltigem Nordseewasser in die Ostseebecken. Auch Überdüngung („Eutrophierung", Eintrag von Phosphaten und Nitraten durch Flüsse) kann durch nachfolgende Sauerstoffzehrung zum Erstickungstod führen. Nimmt man das Bild vom „Patienten Ostsee" auf, gibt es eine Diagnose und Therapie. Hier ist die Wissenschaft und die Zusammenarbeit aller Anliegerstaaten gefragt. Dieser Gedanke liegt der Tätigkeit der Helsinki-Kommission zur Bewahrung der Meeresumwelt der Ostsee letztlich zugrunde. Das System der Ostsee ist auch in

---

4 Vgl. hierzu den Beitrag von Andrzej Witkowski und Teresa Radziejewska in diesem Band.
5 Hierzu der Beitrag von Olaf Kühne in diesem Band.

der geologischen Gegenwart von Natur aus in besonderer Weise labil und schleichenden Veränderungen unterworfen.

4 Salzwassereinbrüche aus der Nordsee

Für das System Ostsee ist die gelegentliche Wassererneuerung des Tiefenwassers von großer Bedeutung. Wie bereits aufgeführt, erfolgt diese über nur zwei Schwellen mit sehr geringen Satteltiefen. Die Darßer Schwelle hat einen Querschnitt von nur 0,8 km² bei einer Tiefe von maximal 18 m. Die Drogden-Schwelle im südlichen Öresund hat einen Querschnitt von 0,1 km² bei 7 m Satteltiefe. Die Austauschvorgänge sind durch langjährige Beobachtungsreihen inzwischen gut bekannt. 73% des Wasseraustausches der Ostsee erfolgt über die auch navigatorisch für tiefgehende Schiffe problematische Enge zwischen der dänischen Insel Falster und dem Darß.

In der Deckschicht strömen hier im Durchschnitt pro Jahr 1 124 km³ Wasser aus der Ostsee aus und 494 km³ ein, in der Bodenschicht nur 84 km³ aus, aber 399 km³ ein (Gesamtvolumen der Ostsee 20 900 km³). Insgesamt gesehen hat die Ostsee eine positive Wasserbilanz: Würde man die Ostsee vollständig abdämmen, würde sich der Wasserstand um 125 cm pro Jahr erhöhen. Das Meeresgebiet erhält durch Flusswasser und Niederschlag abzüglich Verdunstung 475 km³ Süßwasser, dieser Betrag wird durch den Einstrom kompensiert. Der Wasseraustausch Ostsee–Nordsee wird durch eine komplizierte Wechselwirkung gesteuert. Hierbei spielen Wetterlage, Wasserstände, Strömungen und Schichtung der Wassermassen eine wichtige Rolle. Insbesondere die Witterungsverhältnisse bestimmen die Abfolge von Ein- und Ausstromlage im Jahresverlauf, wie auch systematische Kieler Untersuchungen zum großen Salzwassereinbruch im November und Dezember 1951 erstmals ergaben. Der Salzgehalt des Meeres wird gemeinhin in pro mille angegeben und beträgt für den offenen Atlantik etwa 35,00. Im offenen Ozean sind die Unterschiede sehr gering und präzise messbar. Sie bedingen die thermohaline Zirkulation und Schichtungsverhältnisse. In der eigentlichen Ostsee östlich der Darßer Schwelle nimmt der Salzgehalt an der Oberfläche von 7 auf 5 ab, im Bottnischen Mehrbusen sogar auf nur 3 pro mille. Dieser ausgedehnte Brackwasserbereich steht dem Übergangsgebiet der salzgehaltsökologisch und osmotisch sehr instabilen Beltsee im Westen gegenüber. Hier wandern Fronten im Wasserkörper je nach Wetterlage hin und her. Schwereres Nordseewasser (30–34 pro mille) dringt bei Einstromereignissen vom Kattegat nach Osten. Es kommt zu ausgedehnten schräggestellten Sprungschichten von der Oberfläche bis zum Meeresboden, wobei das ausströmende brackige Ostseewasser eine am Boden durch die Belte vordringende Salzwasserzunge überlagert. In der Kieler und Mecklenburger Bucht schwankt der Salzgehalt an der Oberfläche sehr ausgeprägt mit der Folge von Ein- und Ausstromlagen zwischen 8 und 28 pro mille. Das Strömungsgeschehen ist im Detail sehr komplex. Der entscheidende Angelpunkt für die Ökologie der Ostsee insgesamt bleibt die Darßer Schwelle. Nur episodisch gelingt es dem schwereren salz- und sauerstoffreichen Nordseewasser, dieses morphologische Hindernis zu überströmen. Dann spricht man von einem Salzwassereinbruch. Im Mittel wechseln Ein- und Ausstromlagen an der Oberfläche der Beltsee je nach Wetterlage 60 mal pro Jahr. Die schnelle meteorologisch bedingte Umstellung ist im Übergangsgebiet der westlichen Ostsee somit die Regel. Bei typischen Ausstromlagen im Winter werden sehr große Nettotransporte über die Darßer Schwelle bewegt. Bei ausgeprägten sommerlichen Ausstromlagen können salzarme Wassermassen aus der Ostsee an der Oberfläche bis weit ins Kattegat gelangen. Gleichzeitig fließt am Boden als Kompensationsströmung salzreiches Wasser durch Belte und Sund, wobei sich in der Kieler und Mecklenburger Bucht sowie bei anhaltenden Windstillen oder Ostwinden eine scharfe Sprungschicht bildet. Auch im Sommer kann es zu Salzwasserintrusionen über die Darßer Schwelle kommen, die aber wegen geringem Sauerstoffgehalt ökologisch wenig positive Wirkungen haben. Diese Ereignisse verstärken sogar das Sauerstoffdefizit in den tieferen Ostseebecken.

Winterliche Salzwassereinbrüche treten besonders zwischen September und Januar auf. Nach am Institut für Ostseeforschung in Warnemünde durchgeführten Langzeituntersuchungen führen Ereignisse zwischen Januar und April in der Regel zu einer bedeutenden Verbesserung der Sauerstoffverhältnisse im Tiefenwasser der Ostsee. Überblickt man die Zeit von 1897 bis 1977, stellt man fest, dass die Ereignisse häufig gruppiert stattfinden, so gab es in der Zeit von 1948 bis 1952 12 Salzwassereinbrüche und in den vier Jahren nach 1968 immerhin 10. Längere Phasen ohne Erneuerung des Ostseewassers gab es auch früher (1927–1930, 1956–1959), allerdings wurde ab Mitte der 70er Jahre eine Verringerung der Häufigkeit und Intensität der Einbrüche festgestellt. Bei dem bislang stärksten Einstrom von Nordseewasser im Herbst 1951 gelangten über 200 km^3 mit einem hohen Salzgehalt von über 22,5 pro mille in die Ostseebecken. In neuerer Zeit scheinen die Stagnationsphasen länger anzudauern und das Ostseewasser etwas süßer zu werden, dieser Trend muss aber nicht dauerhaft sein.

Der letzte nennenswerte Salzwassereinbruch in die Ostsee fand vom 6.–28. Januar 1993 nach 16 Jahren Stagnation statt und wurde gut mit modernen Methoden dokumentiert und modelliert. Nach langandauernden Stürmen mit Windgeschwindigkeiten von 140 m/sec aus nordwestlicher Richtung wurde die Oberflächenschicht der Beltsee nach Osten gedrückt, wobei sich ein Wasserstandsgefälle von 20 cm gegenüber dem Kattegat aufbaute. Am 15. Januar passierte eine hochsaline Front mit Wassermassen von 16 pro mille Salzgehalt die Meßsysteme auf der Darßer Schwelle und zog schnell nach Osten. Höhepunkt dieses Einstromereignisses waren die Tage vom 26.–28. Januar. Die eindringenden Wassermassen hatten eine Temperatur von 3,6 °C und einen Salzgehalt von 22 pro mille. Insgesamt wurden 310 km^3 Wasser über die Darßer Schwelle und durch die Sund-Schwelle gedrückt. Das salzhaltige Wasser strömte kaskadenförmig über diese Hindernisse und verteilte sich zunächst in den tieferen Schichten der Arkona-See. Hier wurden die 15 pro mille-Isohaline (Linie gleichen Salzgehalts) von 38 m auf nur noch 10 m Tiefe angehoben. Der Sauerstoffgehalt erhöhte sich erheblich. Erst Mitte Februar erreichte der Tiefeneinstrom das Bornholmbecken, wo noch bis zu 20 pro mille festgestellt wurden, und floss dann durch die 60 m tiefe Stolper Rinne in das Gotland-Becken.

Die ozeanographischen Austauschvorgänge im Bereich der kritischen Ostseezugänge werden weiter intensiv beobachtet. Es ist offen, wie weit sich die gegenwärtig diskutierte Klimaänderung mit der Tendenz zu extremen Witterungsverhältnissen und Erwärmung der Atmosphäre und der Meere auswirken werden. Salzwassereinbrüche könnten sich häufen und zur Verbesserung der Umwelt in der Ostsee beitragen.

5 Auftriebserscheinungen vor der polnischen Küste

Ein weiteres in der südlichen Ostsee häufig auftretendes meereskundliches Phänomen sei noch aufgeführt, da es vorzugsweise die Küste Polens betrifft, eine wissenschaftshistorische Dimension hat und gleichfalls durch die Atmosphäre gesteuert wird. In diesem Fall geht es nicht um winterliche atlantische Sturmtiefs, die sich auf die meereskundlichen Gegebenheiten der Ostsee auswirken, sondern um spätsommerliche Hochdruckwetterlagen über Osteuropa, die sich, einmal etabliert, länger halten können. Wiederum ergibt sich für den Meeresraum Ostsee eine Reaktion auf ein Klima- bzw. Wettersignal.

Am 23. August 1834 verließ der berühmte und vielseitige Naturforscher Alexander von Humboldt (1769–1859) Berlin, um im Gefolge des preußischen Königs nach Königsberg zu reisen. Man schiffte sich in Stettin auf einem russischen Dampfschiff ein. Am 29. August besuchte Humboldt den Astronomen F. W. Bessel und stellte mit ihm in der Königsberger Sternwarte Beobachtungen an Doppelsternen an. Am 2. September reiste Humboldt nach Danzig und von dort mit dem preußischen Dampfschiff „Friedrich Wilhelm" zurück nach Stettin. Am 8. September war er wieder in Berlin. In dieser kurzen Zeit machte Humboldt einige wichtige Beobachtungen zur Meereskunde der Ostsee, die indes angesichts seiner vielfältigen anderen Interessen auf allen Gebieten der Naturwissenschaften bislang kaum beachtet wurden. Heute ist aber klar, dass Humboldt auch als Pionier der Meeresforschung angesehen werden muss. Diese Erkenntnis ergab sich aber aus seinen umfangreichen Messungen und Beobachtungen während seiner Reisen im Atlantischen und Pazifischen Ozean. Seine Ostseebeobachtungen hat er 1834 unter dem Titel „Bemerkungen über die Temperatur der Ostsee" veröffentlicht. Wenige Jahre später findet sich bereits in einem verbreiteten „Physikalischen Wörterbuch" unter dem Stichwort „Meer" auch ein Hinweis auf Humboldts Beobachtungen:

„Die mittlere Temperatur der Ostsee im Sommer wird zwischen 15° bis 17,5° C angegeben, während man dann bei Kopenhagen 22° bis 23,7°, am Kattegat dagegen unter der Einwirkung des von der Nordsee eindringenden Wassers kaum 16,2° beobachtet. Die Ursache hierfür liegt darin, dass das mehr abgeschlossene Wasser solcher Binnenmeere durch den Einfluss der äußeren höheren Temperaturen schneller erwärmt wird, wie dies augenfällig aus den interessanten Beobachtungen hervorgeht, welche A. v. Humboldt im Sommer hierüber anstellte. Dieser fand am 24. August die Oberfläche der Ostsee bei Swinemünde =23,2°, gegenüber Treptow = 20,3°, östlich der Landzunge von Hela = 22,3° und am Frischen Haff noch 21,8°. Das gleichzeitig beobachtete Sinken des Thermometers auf 12° bis 11,2° am Vorgebirge zwischen Leba und Rixhöft im Meridian von Gotland wagte dieser scharfsinnige Naturforscher selbst nicht zu erklären, und daher verdient dieses unerwartete Phänomen noch durch weitere Untersuchungen genauer ausgemittelt werden" (MUNCKE 1837:1668–1669).

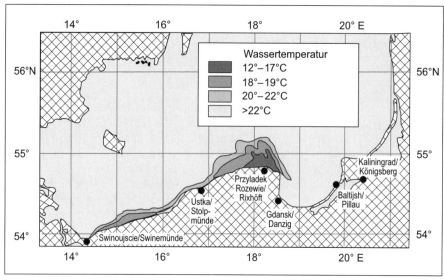

Abb. 3: *Auftriebsphänomen vor der Halbinsel Hela im August 1997*
(aus Kortum/Lehmann 1997)

Zweifellos ist Humboldt der erste gewesen, der ein küstennahes Auftriebsereignis in der Ostsee erfasst und vermessen hat. Seine Erklärung des Aufquellens von kaltem Tiefenwasser ist allerdings aus heutiger Sicht unvollkommen. Er macht Tiefenströmungen aus dem Sund oder dem hohen Norden der Ostsee hierfür verantwortlich. Generell hatte man damals große Probleme, Tiefentemperaturmessungen durchzuführen.

Durch Auftrieb bedingte Temperaturgegensätze sind an den Küsten der Ostsee ein häufig feststellbares Phänomen. Auftrieb erfolgt bei länger andauernden ablandigen und bisweilen auch küstenparallelen Winden. Innerhalb kurzer Zeit kann im Sommer die Wassertemperatur soweit sinken, dass Urlaubern die Lust am Baden vergeht. Kaltes Auftriebswasser findet sich vorübergehend und lokal an der gesamten Südküste der Ostsee, an der schwedischen Ostküste und auch vor dem Baltikum. Weht der Wind beständig und stark über den Wasserkörper, wird dieser an der Oberfläche verdriftet und durch kaltes, im Winter gebildetes Tiefenwasser ergänzt. Horizontale Temperaturgradienten von mehr als 10° wurden häufig beobachtet. Hierbei ist Voraussetzung, dass dieser Wasserkörper durch eine ausgeprägte Temperatursprungschicht gedeckelt wird.

Nach Humboldts Bericht lässt sich das Auftriebsgebiet recht genau lokalisieren. Eine Durchsicht von Satellitenbildern und Wochentemperaturmittelkarten der Ostsee zeigt, dass Auftriebsstreifen an der Küste Pommerns häufig vorkommen. Gelegentlich zeigt sich auch ein sehr ausgeprägtes Kaltwassergebiet vor der Halbinsel Hela, das seinen Kern bei Rixhöft hat (s. Abb. 3). In der Zeit vom 27.8.–2.9. 1997 war der etwas verzweigte Kaltwasserbereich mit Temperaturen unter 20°C fast 40 km breit, die kälteste Zelle lag bei nur 12°C. Dieses Auftriebsgebiet stimmt nicht nur in der Lage mit Humboldts Beobachtungen überein, sondern auch in der Zeit des Auftretens (Abb. 3). Anhand meteorologischer Karten lässt sich die Wetterlage definieren, bei der es zum Auftrieb bei Hela kommen kann. Der August 1997 zeichnete sich durch ein ausgeprägtes Hochdrucksystem über Nord- und Osteuropa aus. Der gesamte Ostseeraum hatte andauernd hochsommerliches Wetter mit mäßigen Winden aus südöstlichen Richtungen.

Der Auftrieb vor Hela ist somit ein typisch lokales ozeanographisches Ereignis. Es ist bisher unklar, warum er sich gerade hier so intensiv ausbilden kann. Vielleicht hat der Südwind nach Überquerung der Danziger Bucht und Überströmung der Nehrung mehr Schub als weiter im Westen. Außerdem ist kaltes Tiefenwasser aufgrund der bathymetrischen Verhältnisse eher verfügbar als an anderen Abschnitten der polnischen Ostseeküste. Schließlich ist zu klären, warum das Phänomen bei ähnlichen Wetterlagen zur gleichen Jahreszeit nicht immer, sondern nur hin und wieder, dann aber sehr intensiv auftritt. Vielleicht gibt es noch bislang unbekannte Bedingungen, die zur Auslösung dieses altüberlieferten „*events*" mit auch wichtigen biologischen Folgen führen. Die weitere Untersuchung wäre sicher als Thema für ein deutsch-polnisches Forschungsprojekt von großem Interesse.

6 Zusammenfassung

Im Rahmen der geographischen Nachbarschaftsbezüge zwischen Deutschland und Polen kommt dem Thema Ostsee eine verbindende Funktion zu. Beide Länder teilen sich heute die Südküste des Baltischen Meeres und arbeiten in der Meeresforschung zusammen. Es gibt viele Gemeinschaftsinteressen aller Ostseeanliegerstaaten. Die meereskundlichen Verhältnisse der Ostsee ergeben sich im Südteil hauptsächlich aus den Austauschprozessen der „eigentlichen" Ostsee östlich der Darßer Schwelle mit der Nordsee über die Beltsee. Salzgehaltseinbrüche bestimmen das System der Ostsee in physikalischer und auch biologisch-ökologischer Hinsicht. Sie werden letztlich durch besondere Wetterlagen ausgelöst wie auch markante Auftriebsprozesse vor der polnischen Ostseeküste. Die Probleme der Umweltbelastung der Ostsee durch Schadstoffeinträge aus dem hydrographischen Einzugsgebiet kann nur angedeutet werden, ebenso wie Folgen der Eutrophierung in Küstengewässern oder in der offenen See. Die Ostsee bleibt gemeinsames Anliegen ihrer Anlieger in Forschung und Nutzung.

Literatur

BUCHWALD, K.; H. D. KNAPP und H. W. LOUIS: *Schutz der Meere. Ostsee und Boddenlandschaften*. Bonn 1996 (=Economica, Reihe Umweltschutz – Grundlagen und Praxis 6/II)

FISCHER, P. und J. MARZINZIK: *Der Ostseeraum – Verkehr, Wirtschaft, Umwelt*. Berlin: Cornelsen 1995 (=Aktuelle Landkarte 42, 2/95)

GERLACH, S. A. und G. KORTUM: Das Ökosystem der Ostsee und seine Gefährdung. *Geographische Rundschau* 44 (1992), H. 11, S. 639–646

HELCOM (Hrsg.): *Second Periodic Assessment of the State of the Marine Environment of the Baltic Sea, 1984–1988*. Helsinki 1990 (=Baltic Sea Environment Proceedings No 35 A)

HUPFER, P.: *Die Ostsee – kleines Meer mit großen Problemen*. Leipzig: Teubner 1984 (=Kleine Naturwissenschaftliche Bibliothek 40)

Jacobs, D. und A. Omstedt: *BALTEX PHASE I, 1993–2002 – State of the Art Report*. Geesthacht 2005 (=International BALTEX Secretariat Publication Series No. 31)

Kortum, G. und A. Lehmann: A. v. Humboldts Forschungsfahrt auf der Ostsee im Sommer 1834. Erstmalige Erfassung des küstennahen Auftriebs vor der Halbinsel Hela. *Schriften Naturwiss. Verein Schleswig–Holstein* 67 (1997), S. 45–58

Leidl, F.; K.-M. Weber und U. Witte: *Die Ostsee. Meeresnatur im ökologischen Notstand*. Göttingen: Die Werkstatt 1992

Lozan, J. L.; R. Lampe; W. Matthäus; E. Rachor; H. Rumohr und H. v. Westernhagen (Hrsg.): *Warnsignale aus der Ostsee. Wissenschaftliche Fakten*. Berlin: Parey 1996

Magaard, L. und G. Rheinheimer (Hrsg.): *Meereskunde der Ostsee*. Berlin, Heidelberg, New York: Springer 1974 (Springer Hochschultext)

Mälkki, P. und R. Tamsalu: *Physical Features of the Baltic Sea*. Helsinki 1985 (=Finnish Marine Research No. 252)

Matthäus, W.: Der Wasseraustausch zwischen Nord- und Ostsee. *Geographische Rundschau* 44 (1992), H. 11, 626–631

Muncke, G. W.: Stichwort „Meer". In: J. S. T. Gehler's *Physikalisches Wörterbuch*, 2. überarbeitete Ausgabe 1825–1845, Bd. 6. Leipzig: Schwickert 1837

Rheinheimer, G. (Hrsg.): *Meereskunde der Ostsee*. 2. Auflage unter Mitwirkung von D. Nehring. Berlin, Heidelberg: Springer 1996

Wyrtki, K.: Die Dynamik der Wasserbewegungen im Fehmarnbelt I und II. *Kieler Meeresforschungen* 9 (1953), S. 155–170 und 10 (1954), S. 162–181

Olaf Kühne

Klima und Klimaveränderungen im Ostseeraum

1 Einleitung

Die Entwicklung der Erde zu einem lebensfreundlichen Planeten ist – wie es STERR/ITTEKKOT/KLEIN (1999:24) ausdrücken – einigen „kosmischen Zufällen" zu verdanken, primär „dem richtigen Abstand zur Sonne und dem *natürlichen Treibhauseffekt*". Trotz der – im interplanetaren Vergleich – stabilen klimatischen Bedingungen auf der Erde, ist das Klima der Erde einem ständigen Wandel unterworfen, der mit einem temporären Auspendeln in die warm-tropische bzw. in die kalt-polare Charakteristik zu erheblichen Verschiebungen der globalen Klima- und Vegetationszonen führt. Solche Klimaverschiebungen, Verlagerungen von Meeresströmen, das Aussterben alter bzw. die Entstehung neuer Tier- und Pflanzenarten verdeutlichen die Fragilität des Fließgleichgewichts von lokalen, regionalen und globalen ökologischen Systemen deutlich. In den Abkühlungsperioden waren große Teile der Kontinente mit dicken Eisschilden überzogen. Trotz eines vergleichsweise geringen Temperaturunterschiedes zwischen der holozänen Warmzeit und dem Weichselglazial von lediglich 4 bis 5 K war neben (Nordwest-)Europa auch Nordamerika vereist. Seit dem Temperaturanstieg vor rund 12 000 Jahren verschoben sich die Vegetationszonen etwa 1 000 km polwärts.

Der Ostseeraum kann dabei wie kaum ein anderer Raum der Erde die ökologische Variabilität und deren Folgen für die menschliche Gesellschaft repräsentieren: Zwischen vollständiger Vereisung, teilweiser Vereisung, dem Wechsel von See und Meer und ökologischer Gefährdung durch Einträge von Schadstoffen sowie durch die Folgen des anthropogen verstärkten Treibhauseffektes liegen lediglich 12 000 Jahre.

Der vorliegende Beitrag befasst sich mit dem Klima und dessen Entwicklung im Ostseeraum. Die Analyse der Entwicklung ist dabei als Untersuchung der Klimageschichte – in diesem Falle seit der letzten Eiszeit – sowie als Prognose für eine nähere Zukunft unter dem Einfluss der menschlichen Klimabeeinflussung zu verstehen. Doch bevor die Entwicklung des Klimas im Ostseeraum behandelt wird, soll – gewissermaßen als Ausgangspunkt – das rezente Klima in seiner räumlichen und jahreszeitlichen Ausprägung untersucht werden. Hierbei soll sowohl auf die Methodik der Mittelwerts- als auch der Großwetterlagenklimatologie zurückgegriffen werden.

2 Das rezente Klima des Ostseeraumes

Das Klima des Ostseeraumes lässt sich – wie das des gesamten außermediterranen Europa – im Vergleich zu dem jeweiligen Mittel des Breitenkreises als thermisch begünstigt beschreiben. Diese Begünstigung ist in besonderer Weise in der kalten Jahreszeit festzustellen (Abb. 1). Die thermische Anomalie ist im Januar bis zum Ural festzustellen. Über dem Europäischen Nordmeer erreicht sie einen Wert von

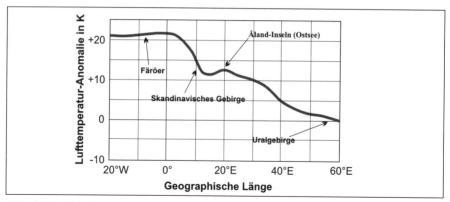

Abb. 1: Zonalprofil der Lufttemperatur-Anomalie im Hochwintermonat Januar bei 62,5°N. Die Lufttemperaturanomalie ist als Abweichung der (reduzierten) Stationstemperatur von der Mitteltemperatur des Bezugsbreitengrades auf Meeresniveau berechnet (nach: HENDL 1991)

deutlich über 20 K. Hierbei handelt es sich um Wärmeexporte aus den strahlungsbegünstigten Niederbreiten, die durch den Golfstrom und dessen Fortsetzung, den Nordostatlantischen Strom, den Küstenmeeresgebieten Europas zugeführt werden. Diese Ströme geben die Wärme an die Atmosphäre ab, wo sie durch die vorherrschenden Westwinde tief in den europäischen Kontinent – im Norden bis zur Kontinentgrenze Europa-Asien – hineintransportiert wird. Aufgrund der deutlichen Festlanderwärmung ist die positive Anomalie im Sommer deutlich geringer ausgeprägt als im Winter (HENDL 1991).

Das Klima des Ostseeraumes weist eine klare Differenzierung auf (siehe Abb. 2): Während der Südwesten durch feucht-gemäßigtes Klima (Cf in der Klassifikation nach Köppen und Geiger) geprägt ist, wird der Nordosten durch feucht-winterkaltes Klima (Df gemäß der Klassifikation von Köppen und Geiger) dominiert.

2.1 Gliederung und Quantifizierung des Klimas des Ostseeraumes anhand von Messdaten

Die spezifische Differenzierung des Klimas des Ostseeraumes soll im folgenden anhand zweier Schnitte verdeutlicht werden:
1. Süd-Nordschnitt. Dieser orientiert sich an 20°E und umfasst die Stationen Gdynia (54°31'N, 18°33'E, 15mNN), Stockholm (59°47'N, 18°04'E, 44mNN), Mariehamn (60°07'N, 19°54'E, 4mNN), Umeå (63°50'N, 20°17E, 11mNN) und Haparanda (65°50'N, 24°09'E, 7mNN).
2. West-Ostschnitt. Dieser ist an 55°N orientiert und umfasst die Stationen Fanø (55°27'N, 8°24'E, 3mNN), Sorø (55°26'N, 11°34'E, 46mNN), Malmö (55°26'N, 13°03'E, 8mNN), Sandvig (55°17'N, 14°47'E, 11mNN) und Gdynia (54°31'N, 18°33'E, 15mNN).

Alle Stationen sind in Küstennähe lokalisiert. Unter den Küstenstationen nimmt die – hier nicht aufgeführte – Station Riga eine Sonderstellung ein, da der Rigaische

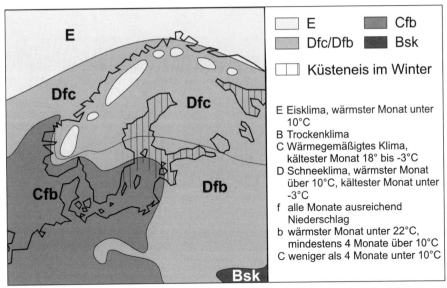

Abb. 2: Köppen-Geiger-Klimaklassifikation des Ostseeraumes (nach: Diercke 1980)

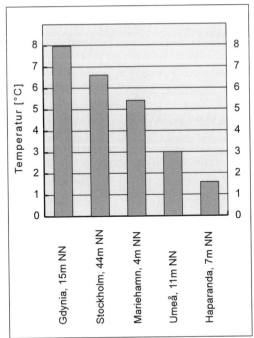

Abb. 3: Jahresmitteltemperaturen im Süd-Nordschnitt im Ostseeraum (nach: MÜLLER 1980)

Meerbusen nicht die hydrologischen und klimatischen Spezifika der freien Ostsee aufweist.

Die Verringerung der Jahresmitteltemperatur mit zunehmender Breite im Bereich des 20. Grades östlicher Länge ist in Abbildung 3 dokumentiert. Hier bewirkt insbesondere die Verringerung der Globalstrahlung eine temperaturklimatische Differenzierung. Eine solche Differenzierung der Jahresmitteltemperatur ist hinsichtlich eines West-Ost-Schnittes (aufgrund vergleichbarer Globalstrahlung) nicht feststellbar.

Die Verringerung der Jahresmitteltemperatur vom südlichen zum nördlichen Ostseeraum lässt sich primär auf die deutlichen Unterschiede der Wintertemperaturen, weniger auf die der Sommertemperaturen zurückführen, wie Abbildung 4 zeigt: Erreicht der wärmste Monat (Juli) in Gdynia (54°31'N)

23

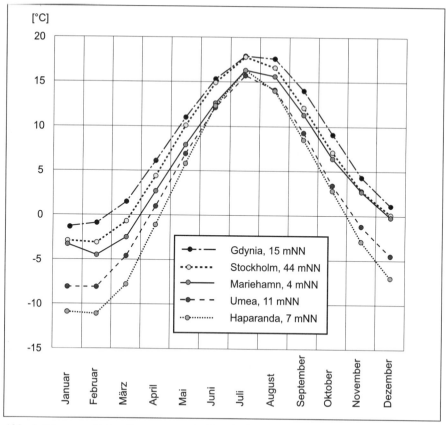

Abb. 4: Die monatlichen Temperaturmittel im Süd-Nordschnitt im Ostseeraum (nach: MÜLLER 1980)

eine Lufttemperatur von 17,9°C, liegt die nördlichste Station Haparanda (65°50'N) mit 16,3°C nur geringfügig darunter. Zur Veranschaulichung dieser für eine Differenz von rund 11 Breitengraden geringen Lufttemperaturdifferenz sei an dieser Stelle auf die Julilufttemperatur von Warszawa (52°09'N) verwiesen, die – auch aufgrund eines höheren Kontinentalitätsgrades – eine mittlere Julilufttemperatur von 19,2°C erreicht.

Im Winter dagegen lässt sich ein erhebliches Temperaturgefälle zwischen südlichem und nördlichem Ostseeraum nachweisen: Wird das niedrigste Monatsmittel in Gdynia im Januar mit -1,3°C erreicht, ist in Harparanda der Februar mit einem Mittel von -11,1°C kältester Monat. Die übrigen Messstationen gruppieren sich gemäß ihrer Breitenlage dazwischen. Dabei ist mit Ausnahme von Gdynia ausnahmslos der Februar der kälteste Monat. Verursachend können hierfür mehrere Effekte wirken:

1. Die temperaturgangverzögernde Wirkung großer Gewässer (hier insbesondere der südlichen Ostsee, vgl. Abb. 1),

2. die geringe solare Strahlungszufuhr bei gleichzeitig hohen Ausstrahlungsraten (dies insbesondere im nördlichen Bereich des Ostseeraumes),
3. die erhebliche Wärmeabstrahlung einer geschlossenen Eisdecke, die sich u.a. bei der Erreichung des Gefrierpunktes auf einem Gewässer bildet (dieser liegt bei der Ostsee aufgrund ihrer Salzarmut höher als bei anderen Meeren). Hat also die Ostsee ihre gespeicherte Wärme so weit abgegeben, dass der Gefrierpunkt des Wassers an ihrer Oberfläche erreicht ist, bildet sich Eis, das dann merklich stärker Wärme abstrahlt als eine wasserförmige Oberfläche, so dass die Lufttemperatur deutlich unter den Wert absinkt, der bei einer nicht-zugefrorenen Ostsee erreicht worden wäre.

Der Jahresgang der Lufttemperatur in seiner Süd-Norddifferenzierung ist eng mit einem der wesentlichen Merkmale des Klimas im Ostseeraum verbunden: dem mit dem Breitengrad differenzierten Jahresgang der Einstrahlung. Harparanda liegt auf 65°50'N und liegt damit nur 40' südlich des Polarkreises. Zur Sommersonnenwende ist lediglich um Mitternacht eine leichte Dämmerung zu vermerken. Selbst bei etwa 60°N gelegene Räume erhalten zu dieser Zeit noch rund 19 Stunden Tageslicht und zusätzlich noch 2 Stunden Dämmerungslicht. Lediglich in Dänemark, Südschweden und im Baltikum gibt es 3 bis 5 Stunden Dunkelheit (WEISCHET/ENDLICHER 2000). Zur Zeit der Wintersonnenwende hingegen gestalten sich die Strahlungsverhältnisse im Ostseeraum im Vergleich zum Sommer invers: Erscheint die Sonne an der Nordküste des Bottnischen Meerbusens nur für wenige Minuten, überschreitet sie in Dänemark, Südschweden und im Baltikum zumindest für 3 bis 5 Stunden die Horizontlinie.

Daraus ergibt sich ein deutlich breitengrad- und jahreszeitabhängiges Strahlungsklima. Die astronomisch mögliche Sonnenscheindauer nimmt polwärts von 4 440 Stunden pro Jahr bei 54°N (im Bereich der deutschen und polnischen Ostseeküste) über 4 500 Stunden pro Jahr bei 62°N (z.B. an der mittelschwedischen Jämtlandküste) auf rund 4 550 Stunden pro Jahr bei 66°N an der schwedischen Norbottenküste zu, wobei allerdings – wie bereits erwähnt – die Globalstrahlung aufgrund des niedrigen Sonnenstandes abfällt. Lediglich im Juni und Juli ist diese im Ostseeraum nahezu gleichverteilt. Aufgrund der langen Sonnenscheindauer im Sommer weisen viele Stationen im mittleren und nördlichen Ostseeraum höhere Jahressonnenstundensummen auf als solche im südlichen Ostseeraum, selbst als die sonnigsten Orte Deutschlands: Stockholm 1 973 h/a, Piteå 1 818 h/a, Helsinki 1 800 h/a, während Gdynia lediglich 1 705 h/a erreicht und selbst Freiburg lediglich 1 808 h/a und auch Mailand nur 1 899 h/a aufweisen. Im Juni übertrifft Stockholm mit 318 Sonnenstunden sogar Palma de Mallorca, das 311 Sonnenstunden ausweist. Angesichts dieser hohen Sonnenscheindauern im mittleren und nördlichen Bereich der Ostsee im Vergleich zu den südlichen Bereichen (Gdynia erreicht im Juni lediglich 259 Stunden) ist der geringe sommerliche Lufttemperaturunterschied zwischen südlicher und nördlicher Ostsee nicht verwunderlich. Im Dezember erreicht Piteå (65°19'N) lediglich 8 Sonnenscheinstunden, während Gdynia mit 32 das vierfache dieses Wertes – bei steilerem Sonnenstand – aufweist, eine Erklärung für den hohen winterlichen Lufttemperaturunterschied zwischen südlicher und nördlicher Ostseeküste.

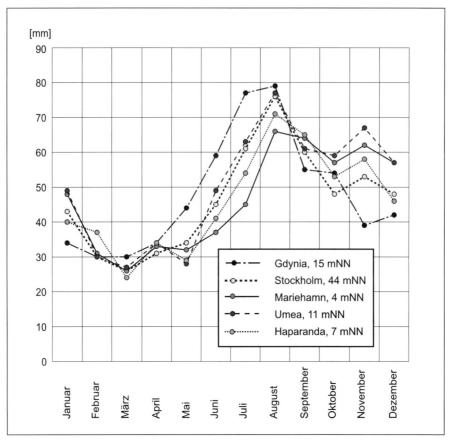

Abb. 5: Die monatlichen Niederschlagssummen im Süd-Nordschnitt im Ostseeraum (nach: MÜLLER *1980)*

Trotz der langen Winternächte mit kurzer oder nahezu fehlender Einstrahlung im Ostseeraum ergibt sich eine im Jahresmittel insgesamt positive Energiebilanz aufgrund der langen Sommertage mit einem hohen Mittagssonnenstand, durch die Advektion wärmerer Luftmassen, durch das Freiwerden latenter Energie durch Kondensationsprozesse sowie durch den Einfluss warmer Meeresströmungen (WEISCHET/ENDLICHER 2000).

Im West-Ostschnitt lassen sich im Gegensatz zu dem Süd-Nordschnitt keine deutlichen Differenzierungen hinsichtlich des Jahresganges der Lufttemperatur feststellen: Wärmster Monat ist der Juli mit einer Lufttemperatur von 16,7°C (Fanø) bis 17,0°C (Gdynia). Die Lufttemperaturen der geringsten Monatsmittel repräsentieren eine geringe ozeanisch-kontinentale West-Ost-Differenzierung: Während in Fanø der Februar mit einer Temperatur von 0,2°C kältester Monat ist, wird in Gdynia das geringste Monatsmittel bereits im Januar mit -1,3°C erreicht.

Die jährlichen Niederschlagssummen weisen in meridionaler Richtung im Ostseeraum nur geringe Differenzen auf: Sie liegen zwischen 552 mm in Haparanda und 601 mm in Umeå. Die übrigen Stationen weisen Werte zwischen diesen beiden Werten auf. Auch hinsichtlich der Verteilung der Niederschläge im Jahresgang (Abb. 5) sind nur geringe Abweichungen zwischen den einzelnen Stationen festzustellen: Der niederschlagsreichste Monat ist der August, der niederschlagsärmste der März.

2.2 Die Dynamik der Zirkulation im Jahreslauf

Zu den Charakteristika des Klimas des Ostseeraumes zählt die große Veränderlichkeit der atmosphärischen Strömungsverhältnisse während des gesamten Jahres. Zwar dominieren Winde aus westlichen Richtungen – aufgrund der Lage des Ostseeraumes in der außertropischen Westwindzone –, doch treten auch häufig Winde aus anderen Richtungen auf. Diese Unbeständigkeit der Strömungsverhältnisse im außermediterranen Europa – somit auch dem Ostseeraum – sind eine Folge der permanenten zyklonalen Tätigkeit (HENDL 1991). Zu allen Jahreszeiten durchziehen wandernde Tiefdruckgebiete den außermediterranen europäischen Raum aus wechselnden, üblicherweise ostwärts gerichteten Zugbahnen und modifizieren aufgrund ihres Strömungsprofils die Dominanz westlicher Strömung, wobei sie in erheblichem Maße zum meridionalen Temperaturausgleich beitragen, indem sie polare kalte Luftmassen äquatorwärts verbringen und warme Luftmassen insbesondere subtropischer Herkunft in polarwärtiger Richtung transportieren.

Durch die unterschiedliche Lage der Strahlstromwellen lassen sich für die mittleren Breiten generell zwei grundsätzlich unterschiedliche Zirkulationsformen unterscheiden, die durch eine vermittelnde ergänzt werden (HESS/BREZOWSKY 1969; KÜHNE 2004):

1. Bei zonal gerichteten Wetterlagen, d.h. Wetterlagen mit einer vorherrschend breitenkreisparallelen west-ost-gerichteten Strömung, ziehen Folgen von Zyklonen (= Tiefdruckgebieten), kurz unterbrochen von kurzen Zwischenhochs, über Mitteleuropa hinweg. Charakteristisch sind dabei erhebliche Niederschläge bei geringen Temperaturgegensätzen.[1]
2. Meridional gerichtete Wetterlagen, d.h. Wetterlagen mit einer vorherrschend längenkreisparallelen Strömung, sind durch Kaltlufttröge und warme Hochdruckkeile charakterisiert. Dabei stoßen dynamisch einerseits (bei Kaltlufttrögen) kalte Luftmassen aus polaren Breiten äquatorwärtig vor, während andererseits bei Hochdruckkeilen warme Luft aus subtropischen Breiten polwärtig vorstößt.
3. Darüber hinaus lässt sich eine weitere Zirkulationsform ausweisen: Die gemischte Zirkulation. Sie stellt eine Mischung aus zonaler und meridionaler Zirkulation dar.

Das Auftreten der drei Zirkulationsformen meridional, gemischt und zonal ist im Jahresgang nicht gleich verteilt (Abb. 6). Im Winter (Dezember, Januar und Februar), und im Sommer (Juni, Juli und August), tritt die zonale Zirkulationsform vergleichsweise häufig auf. Im Frühjahr (März, April und Mai) ist der Anteil der

---

[1] Aufgrund der Entstehung der zonalen Zirkulation als Folge der Strahlströmung mit westlicher Strömung gibt es keine zonale Strömung aus Richtung Osten. Wetterlagen mit Ostwinden sind stets Folge meridionaler oder gemischter Zirkulationsformen.

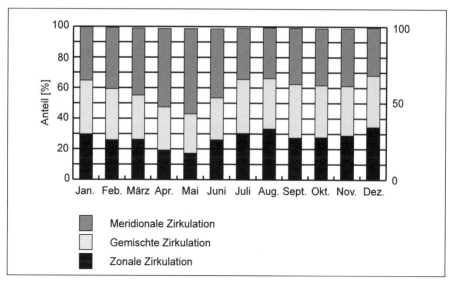

Abb. 6: *Der Jahresgang von meridionaler, gemischter und zonaler Zirkulation in Mitteleuropa im Zeitraum 1881–1998 (aus: KÜHNE 2004; nach GERSTENGARBE/WERNER 1999)*

Zonalzirkulation etwas geringer, im Herbst (September, Oktober und November) sind verstärkt meridionale Zirkulationsmuster festzustellen.

Die für den Ostseeraum klimawirksam werdenden Tiefdruckgebiete entwickeln sich über dem Nordatlantik (Island, Britische Inseln, Nordsee oder Norwegische See) und ziehen dann nach Nordosten. Die Kammlinie der Maximumzone aller Fronten verläuft südlich von Skandinavien in einem Bogen von der Nordsee über Norddeutschland, Nordpolen zum „Zyklonenfriedhof" der Baltischen Länder. Der damit verbundene Eintrag verschiedenster Luftmassen verursacht im Ostseeraum ein sehr wechselhaftes und unterschiedliches Witterungsgeschehen (WEISCHET/ ENDLICHER 2000).

Stark wetter-, witterungs- und klimaprägend im Ostseeraum ist der Gegensatz zwischen Atlantischem Ozean und Eurasischem Kontinent. Die von der Gleichverteilung abweichende Häufigkeit des Auftretens der Zirkulationsformen (und damit auch der Großwettertypen und Großwetterlagen) in Mitteleuropa lässt sich im wesentlichen durch das thermische Verhalten des Atlantischen Ozeans, des Eurasischen Kontinents, des Nordpolargebietes und der Mittelmeerregion erklären (vgl. GERSTENGARBE/WERNER 1999; WEISCHET/ENDLICHER 2000; KÜHNE 2004):

— *Frühjahr:* Die Zirkulation über dem Ostseeraum ist im Frühjahr durch den meridionalen Luftdruckgegensatz zwischen hohem Luftdruck über dem – noch insbesondere im Vergleich zum Sommer kalten – Nordpolargebiet und dem relativ geringen Luftdruck über dem Eurasischen Kontinent geprägt. Die Zirkulation ist meridional dominiert, häufige Kaltlufteinbrüche aus dem Norden, als Folge des Ausgleichs des Luftdruckgegensatzes zwischen dem hohen Luftdruck über dem Nordpolargebiet und dem geringen Luftdruck über dem Eurasischen Kon-

tinent, sind für das Frühjahr typisch. Während im nördlichen Ostseeraum die Luftmassen durch die noch vorhandene Schneedecke stabilisiert werden, wird die Labilisierung im südlichen Ostseeraum durch den bereits aufgetauten und angewärmten Boden unterstützt, wechselhafte, durch viele Schauer geprägte Witterung ist die Folge.
- *Sommer:* Die Zirkulation stellt sich aufgrund des erhöhten Strahlungsumsatzes auf der Eroberfläche um. Über Asien bildet sich – im Gefolge der starken Aufheizung der Erdoberfläche – ein thermisches Tiefdruckgebiet. Zugleich wird das meridionale Druckgefälle zwischen Polargebiet und Eurasischem Kontinent abgebaut, die Zirkulation stellt sich verstärkt in zonale Richtung um. Nunmehr verläuft das Luftdruckgefälle in zonaler Richtung vom Atlantischen Ozean zum Eurasischen Kontinent. Aufgrund der Leewirkung des Skandinavischen Gebirges im Norden bzw. der Westausdehnung Europas im Süden unterliegen die Sommerniederschläge im Ostseeraum deutlich einem kontinentalen Niederschlagsregime mit einem Maximum an Sommerniederschlägen (siehe Abb. 5).
- *Herbst:* Die Druckgegensätze zwischen Eurasischem Kontinent und Atlantischem Ozean sowie die Nordpolarregion gleichen sich (insbesondere im September und Anfang Oktober) weitgehend aus. Dies hat eine Beruhigung des Wettergeschehens im Ostseeraum zur Folge.
- *Winter:* Die Witterung des Spätherbstes und Winters wird durch den großen Lufttemperaturgegensatz zwischen polaren und subtropischen Gebieten – und damit einhergehend stark ausgeprägter Frontalzone mit kräftig wehendem Strahlstrom – einerseits und andererseits durch das Entstehen des zentralasiatischen Hochdruckgebiets geprägt: Westliche, vergleichsweise warme, niederschlagsreiche Großwetterlagen werden durch das westwärtige Vordringen des asiatischen Winterhochs mit der Ausprägung hohen Luftdruckes im südlichen Ostseeraum, verbunden mit geringer Niederschlagstätigkeit und niedrigen Temperaturen, unterbrochen. Bei noch nicht zugefrorenem Bottnischen Meerbusen werden die fenno-russischen Luftmassen labilisiert, was zu heftigen Schneefällen an der schwedischen Ostküste führt. Bei länger anhaltenden antizyklonalen Ostlagen frieren der Bottnische, der Finnische und der Rigaer Meerbusen zu, womit die klimamildernde Funktion der Ostsee inaktiv wird.

Im Vergleich zum süd-westlichen spielen im nord-östlichen Teil des Ostseeraumes die Übergangsjahreszeiten eine geringere Rolle. Im Mai und Juni treten blockierende Hochdruckgebiete mit Kern über Fennoskandien oder dem Nordmeer gehäuft auf, so dass die ohnehin großen Tageslängen seltener durch Bewölkung beeinträchtigt werden, was zu den hohen Sonnenscheinstundensummen insbesondere im nördlichen Ostseeraum wesentlich beiträgt (WEISCHET/ENDLICHER 2000).

3 Klimageschichte des Ostseeraumes

Die Klimageschichte der Ostsee ist eng mit ihrer hygrischen und geomorphologischen Entwicklung im Wechsel von Glazial zu Warmzeit verknüpft und wird daher im Folgenden in diesem Kontext zu behandeln sein.

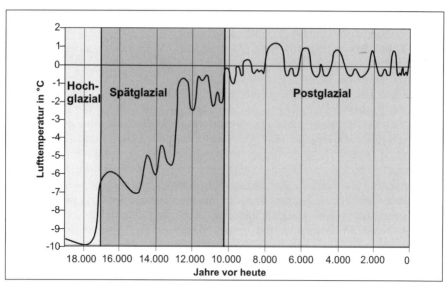

Abb. 7: *Klimaschwankungen im Spät- und Postglazial in Mitteleuropa (nach* PATZELT *1980) – 0 °C = postglaziales Lufttemperaturmittel*

Vor rund 2,4 Millionen Jahren setzte die Vereisungsphase des Quartärs ein: das Pleistozän. Im frühen Pleistozän, bis etwa vor 850 000 Jahren, hat es 10 bis 13 Vereisungsphasen gegeben, allerdings ohne dass deutliche Vergletscherungen nachzuweisen wären (KUKLA 1977). Seitdem setzte die zyklische quartäre Vereisung ein, die bis heute anhält: Dabei wechseln Glaziale (Eiszeiten) und Interglaziale (Zwischeneiszeiten) ab. Während der trocken-kalten Glaziale lagen in Mitteleuropa die Lufttemperaturen 4 bis 6 K unter denen der heutigen Zeit, während die Interglaziale zum Teil 2 bis 3 K wärmer waren als die derzeitige (Interglazial-)Periode.

Etwa vor 10 000 Jahren vollzog sich die Wende zwischen dem letzten Glazial und dem Postglazial (Abb. 7). Doch auch diese Klimaperiode verlief nicht ohne Klimaschwankungen. Die Ostsee ist ein sehr junges Meer. Sie entstand erst während bzw. nach dem Abschmelzen des nordischen Inlandeises des Weichsel-Glazials. Zwei zentrale Mechanismen bei der Entstehung sind dabei glazial-isostatische und -eustatische Ausgleichsbewegungen. Während der glazial-eustatische Ausgleich weitgehend abgeschlossen ist (im Zuge des Abschmelzens der Gletzscher stieg der Meeresspiegel um 80 bis 100 m an), finden im Ostseeraum noch immer glazial-isostatische Ausgleichsbewegungen statt: Das Maximum der skandinavischen Hebung befindet sich mit einer Hebungsrate von jährlich 9 mm im nordwestlichen Bottnischen Meerbusen. Diese Hebung (wenn auch mit geringeren Raten) lässt sich im Ostseeraum bis zu einer Linie Nordjütland – Nordbornholm – Rigaer Meerbusen – Finnischer Meerbusen nachweisen. Südlich dieser Linie befindet sich das Absenkungsgebiet. Dies bedeutet einen Landgewinn (in Finnland rund 10 km² jährlich) im nördlichen Ostseeraum, während im südlichen Ostseeraum (sofern keine anderen geomorphologischen Prozesse diesen Prozess ausgleichen bzw. menschliche Gegenmaßnahmen ergriffen werden) Transgres-

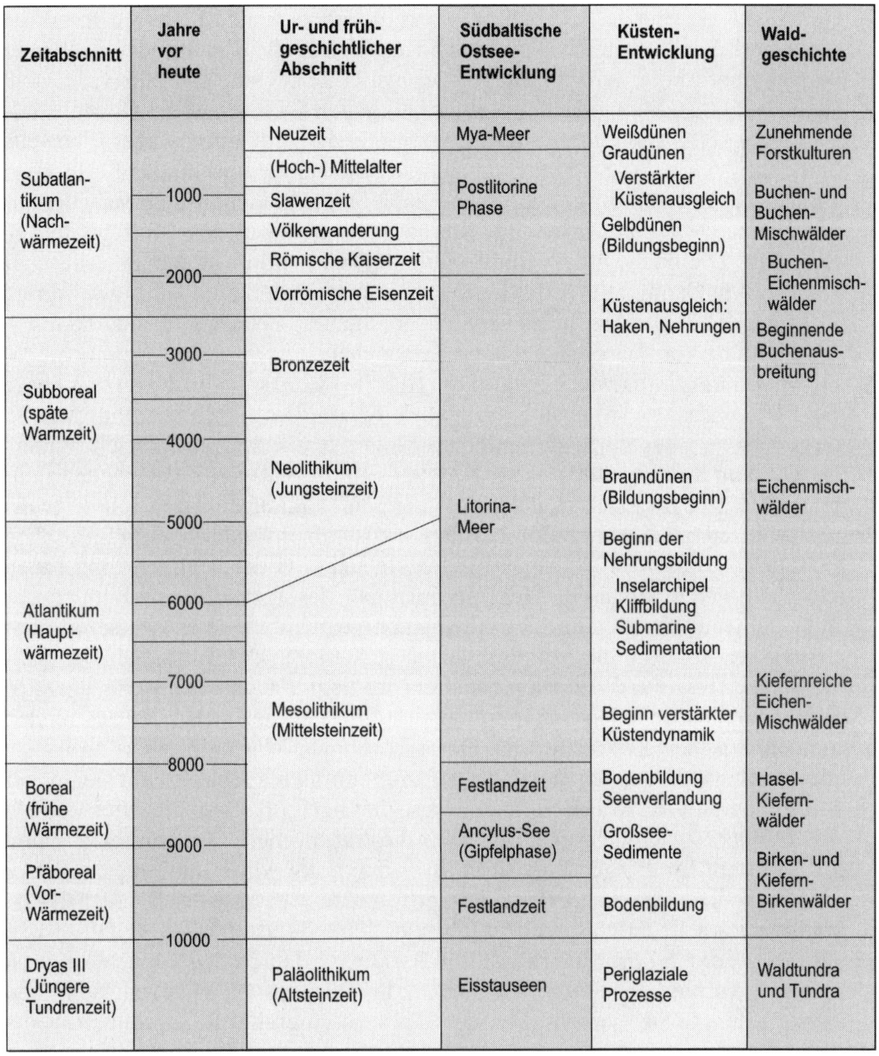

Zeitabschnitt	Jahre vor heute	Ur- und frühgeschichtlicher Abschnitt	Südbaltische Ostsee-Entwicklung	Küsten-Entwicklung	Wald-geschichte
Subatlantikum (Nachwärmezeit)	1000 — 2000 —	Neuzeit	Mya-Meer	Weißdünen Graudünen	Zunehmende Forstkulturen
		(Hoch-) Mittelalter	Postlitorine Phase	Verstärkter Küstenausgleich	Buchen- und Buchen-Mischwälder
		Slawenzeit		Gelbdünen (Bildungsbeginn)	
		Völkerwanderung			Buchen-Eichenmischwälder
		Römische Kaiserzeit			
		Vorrömische Eisenzeit		Küstenausgleich: Haken, Nehrungen	
Subboreal (späte Warmzeit)	3000 — 4000 —	Bronzezeit			Beginnende Buchenausbreitung
		Neolithikum (Jungsteinzeit)	Litorina-Meer	Braundünen (Bildungsbeginn)	Eichenmischwälder
	5000 —			Beginn der Nehrungsbildung	
Atlantikum (Hauptwärmezeit)	6000 —			Inselarchipel Kliffbildung Submarine Sedimentation	
	7000 —	Mesolithikum (Mittelsteinzeit)		Beginn verstärkter Küstendynamik	Kiefernreiche Eichen-Mischwälder
	8000 —				
Boreal (frühe Wärmezeit)	9000 —		Festlandzeit	Bodenbildung Seenverlandung	Hasel-Kiefernwälder
			Ancylus-See (Gipfelphase)	Großsee-Sedimente	Birken- und Kiefern-Birkenwälder
Präboreal (Vor-Wärmezeit)	10000 —		Festlandzeit	Bodenbildung	
Dryas III (Jüngere Tundrenzeit)		Paläolithikum (Altsteinzeit)	Eisstauseen	Periglaziale Prozesse	Waldtundra und Tundra

Abb. 8: Schema zur Gliederung des Holozäns und der Küstenentwicklung im südwestlichen Ostseerandgebiet (nach: KLIEW/STERR 1995)

sionen erfolgen. Das Zusammenspiel von glazial-isostatischen Ausgleichsbewegungen und eustatischem Meeresspiegelanstieg bestimmte – in Rückkopplung mit der Klimaentwicklung – die spät- und nacheiszeitliche Entwicklung des Raumes der heutigen Ostsee (VOIGT 2003; vgl. Abb. 8). Insgesamt lässt sich die Entwicklungsgeschichte des heutigen Ostseeraumes in fünf Phasen einteilen:

1. *Die Phase der Eisbedeckung.* Vor rund 20 000 Jahren, als die Weichsel-Eiszeit ihr Maximum erreichte, lag die Lufttemperatur der Erde rund 10 K unter der heutigen (KÜSTER 2002). Die an einigen Stellen rund 3 000 Meter mäch-

tige Vergletscherung Skandinaviens war neben den niedrigen Temperaturen (aufgrund derer Niederschlag als Schnee fiel und die Tauperioden sehr kurz waren) durch hohe Niederschläge von bis zu 2 500 mm pro Jahr verursacht (KÜSTER 2002). MEYER/KOTTMEIER (1989) gehen für die Zeit des Hochglazials von zwei konkurrierenden Strömungsregimen in Mitteleuropa aus: Einerseits einer antizyklonalen Strömung am Rande des skandinavischen und britischen Eisschildes mit vorherrschenden Ost- und Nordostwinden, andererseits der allgemeinen westlichen Strömung, wie sie auch heute in den Mittelbreiten zu finden ist. Die flache Antizyklonale über dem Eisschild war dabei thermischer Genese. Am Ostrand der britischen Vereisung, gefördert durch das nordwärtige Zurückweichen der Eisränder über der heutigen Ostsee ist von einer häufigen Entwicklung von Tiefdruckgebieten auszugehen.

2. *Die Phase des Baltischen Eisstausees* (10 500–10 200 v.h.). In der letzten Phase des Pleistozäns erwärmte sich das globale Klima. Die Abschmelzungsraten an den Gletschern begannen die Neubildungsraten zu übersteigen: Gletscher tauten ab. Vor dem Rand des Inlandeises bildeten sich im heutigen Südschweden zahlreiche kleinere Eisstauseen, die in der jüngeren Tundrenzeit durch Schmelzwasserzuführung zu einem großen Eisstausee zusammenwuchsen: dem Baltischen Eisstausee. Dieser Süßwassersee erstreckte sich von der heutigen Insel Moen zum heutigen Ladogasee. Mit dem Rückzug des Eisrandes im Bereich der mittelschwedischen Endmoränen erfolgte eine schubweise Entwässerung des Süßwassersees über die Mittelschwedische Senke in das Weltmeer. Der Süßwassersee speiste sich jedoch nicht allein aus dem Wasser des abschmelzenden Eises, auch die Niederschläge nahmen aufgrund einer sich intensivierenden atmosphärischen Zirkulation zu: Der meridionale Wärmetransport nahm zu, die Zonalzirkulation wurde verstärkt. Darüber hinaus stieg auch mit steigender Lufttemperatur die Wasseraufnahmekapazität der Luft. Dies bedeutet: sowohl die Transportgeschwindigkeit als auch die transportierte Wassermenge nahm zu. Mit dem Eindringen von Salzwasser durch die Mittelschwedische Senke (wie auch diejenige des Gotland-Beckens) wurde die Phase des Baltischen Eisstausees etwa 10 200 v.h. beendet (KÜSTER 2002; VOIGT 2003).

3. *Die Phase des Yoldia-Meeres* (10 200–9 500 v.h.). Durch den Wasseraustausch über die Verbindung mit dem Weltmeer im Bereich der Mittelschwedischen Senke gelangte die (namensgebende) Salzwassermuschel *Yoldia arctica* (heute *Portlandia arctica*) in den Bereich der heutigen Ostsee (wobei zu dieser Zeit lediglich der Bereich der heute zentralen und nördlichen Ostsee wasserbedeckt war). Die Entwicklung des Yoldia-Meeres wurde deutlich durch die gegenläufige Tendenz glazial-iso- und glazial-eustatischer Ausgleichsbewegungen hinsichtlich der Verbindung des Yoldia-Meeres zum Weltmeer geprägt: Während der Meeresspiegel infolge eustatischer Vorgänge anstieg, stieg auch Skandinavien infolge glazial-isostatischer Ausgleichsvorgänge an. Gegen Ende der Phase des Yoldia-Meeres übertraf der glazial-isostatische Kontinentalanstieg den glazial-eustatischen Meeresspiegelanstieg und die Verbindung zwischen Yoldia-Meer und Weltmeer riss ab. Wobei dies auch auf die vergleichsweise kühlen klimatischen Bedingungen zurückzuführen ist: Der Gletscherrückzug kam ins stocken, stieß sogar kurzzeitig erneut vor, was bedeutet, dass

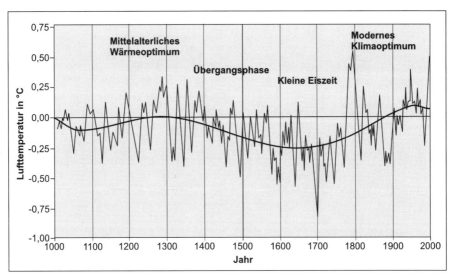

Abb. 9: Die Entwicklung der Lufttemperatur in Mitteleuropa seit dem Jahr 1000 – Abweichungen der Jahresmitteltemperatur vom Gesamtmittel
Die feine Linie stellt den kurzfristigen Verlauf (über einen 31-jährigen Filter), die kräftigere Linie den langfristigen Trend dar (aus: KÜHNE 2004; nach GLASER 2001)

Gletscherzuwachs- und -abschmelzungsvorgänge etwa gleich intensiv waren (KÜSTER 2002; VOIGT 2003).

4. *Die Phase des Ancylus-Großsees* (9 500–8 000 v.h.). Mit dem Abreißen der Verbindung zwischen dem Yoldia-Meer und dem Weltmeer entstand der Ancylus-Großsee. Mit dem Anstieg des Weltmeeresspiegels stieg auch der Nordseemeeresspiegel so weit an, dass ein Arm des Golfstroms in das südliche Nordseebecken eindringen konnte, wodurch das Klima im heutigen Ostseeraum milder und ozeanischer wurde, womit eine verstärkte Niederschlagstätigkeit einherging. Aufgrund des Wasserüberschusses süßte der Ancylus-Großsee aus und stieg an der Wende Präboreal/Boreal über den Spiegel des damaligen Weltmeeres an. Dabei wurde die (namensgebende) Süßwasserschnecke *Ancylus fluviatilis* heimisch. Zunächst erfolgte der Abfluss des Großsees in Richtung Weltmeer über den Bereich des heutigen Mittelschweden, wurde dann aber aufgrund des isostatischen Ausgleichs mit dem Anstieg im Bereich des heutigen Schweden und dem Absinken des heutigen Ostseeraumes in Richtung Süden verlagert. Morphologisch lässt sich dieser stark erodierende Abfluss u.a. durch die Kadett-Rinne in der Darßer Schwelle, in den Rinnen im Fehmarnbelt und im Großen Belt verorten (KÜSTER 2002; VOIGT 2003).

5. *Die Phase des Litorina-Meeres* (8 000–2 000 v.h.). In diese Phase fällt das postglaziale Klimaoptimum. In dieser Zeit stiegen die Lufttemperaturen in Mitteleuropa auf Werte, die 1 bis 2 K höher lagen als diejenigen des 20. Jahrhunderts. Diese warm-feuchte Phase, in der die Ostsee zunehmend unter dem erwärmenden Einfluss des Nordatlantischen Stromes stand, der nach der Öff-

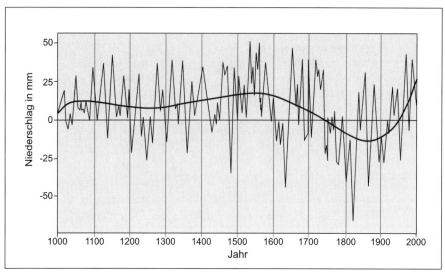

Abb. 10: *Die Entwicklung der Niederschlagsverhältnisse in Mitteleuropa seit dem Jahr 1000 – Abweichungen der Jahresmittel vom Gesamtmittel.*
Die feine Linie stellt den kurzfristigen Verlauf (über einen 31-jährigen Filter), die kräftigere Linie den langfristigen Trend dar (aus: KÜHNE 2004; nach GLASER 2001)

nung des Englischen Kanals direkt in die Nordsee einströmte, wurde in Europa zwischen 8 000 und 4 500 Jahren vor heute erreicht. Zu dieser Zeit wurde Mitteleuropa vorherrschend von Eichenwäldern bestanden, die für Mitteleuropa typische Buche wanderte erst in der Spätphase des Subatlantikums (3 000 bis 2 500 vor heute) in unseren Raum ein. Das Subatlantikum war durch ein kühles Klima geprägt, dessen Lufttemperaturen 1 bis 2 K unter jenen des 20. Jahrhunderts lagen, dabei herrschten milde Winter und kühle Sommer vor, trockene und feuchtere Perioden wechselten häufig. Aufgrund der hohen eustatischen Meeresspiegelanstiegsraten und der glazial-isostatischen Absinkbewegungen im Bereich der heutigen südlichen Ostsee kam es zu einer raschen Transgression in diesem Raum. Durch diese Transgression im südwestlichen Ostseeraum wurde die Verbindung zum Weltmeer erneut hergestellt. Durch den Wasseraustausch über die Beltsee drang Meerwasser in den Großsee ein und es entstand ein Brackwassermeer, das nach der Brackwasserschnecke *Littorina littorea* benannt ist (KÜSTER 2002; VOIGT 2003).

Mit der Blütezeit des römischen Imperiums fiel eine klimatische Gunstphase zusammen, die durch vergleichsweise hohe Temperaturen bei niederschlagsreichen Wintern gekennzeichnet war (LAMB 1977). Nach einer Phase der Klimaungunst im frühen Mittelalter lässt sich in der zweiten Hälfte des 13. Jahrhunderts eine Phase deutlicher Klimagunst in Mitteleuropa feststellen: Die Hochphase des „Mittelalterlichen Klimaoptimums" (vgl. Abb. 9). Doch bereits nach 1300 setzte eine deutliche Klimawende ein. Sehr kalte Winter gingen mit Missernten, Hungersnöten und hohen Todesraten einher. Mitte bis Ende des 17. Jahrhunderts war in

Mitteleuropa die deutlichste Ausprägung der „Kleinen Eiszeit" erreicht, die durch niederschlagsreiche Sommer und harte Winter geprägt war. Das beginnende „Moderne Klimaoptimum" brachte neben – deutlich unstet – steigenden Temperaturen zunächst niedrigere Niederschlagssummen mit sich. Erst in den letzten Jahrzehnten begannen sich in Mitteleuropa die Niederschläge zu intensivieren – ein Trend der bis heute anhält. Zwischen den 1870er Jahren und den 1990er Jahren stiegen in Mitteleuropa die Niederschlagssummen, im langjährigen Trend, um rund 40 mm an (Abb. 10).

4 Die weitere Entwicklung des Klimas des Ostseeraumes – Prognosen und Trends

Die Folge der anthropogenen Veränderung des Treibhauseffektes ist eine globale Erwärmung.[2] Diese globale Erwärmung betrifft jedoch nicht alle Breiten in der selben Weise, sondern ist nach Breitenlage differenziert. Während in den Tropen mit einer geringeren Erwärmung zu rechnen ist, wird die Erwärmung der Polarregion ein Vielfaches der tropischen Erwärmung betragen. In den mittleren Breiten ist – bei einer Verdopplung des CO_2-Äquivalents – mit einer Erwärmung von 2 bis 4 K zu rechnen. Zwar hat es klimageschichtlich – seit der letzten Eiszeit – deutliche Klimaschwankungen gegeben, doch übersteigt die Schwankungsbreite der zu erwartenden Erwärmung in den Mittelbreiten diejenige der postglazialen Ära bei weitem. Insgesamt kann von einer polwärtigen Verlagerung der Klimazonen ausgegangen werden.

Die Differenzierung der Temperaturzunahme nach Breitengraden basiert darauf, dass mit zunehmendem Energie-Input in das globale Klimasystem die Zirkulation der Atmosphäre intensiviert, d.h. der Wärmetransport von den niederen zu den höheren Breiten verstärkt wird. Diese Intensivierung der atmosphärischen Zirkulation hat zur Folge, dass sich die Hoch- und Tiefdruckgebiete und Witterungsereignisse verstärken werden. Dies kann sich in dem Untersuchungsraum (wie auch global) auf die Zunahme der mittleren Windgeschwindigkeit ebenso auswirken, wie auf die Zunahme der Orkan-Häufigkeit.

Insgesamt ist davon auszugehen, dass die Temperatur im Winter im Vergleich zum langjährigen Mittel stärker steigen wird als im Sommer (SCHÖNWIESE 2002). Im südlichen Ostseeraum ist hinsichtlich der jahreszeitlichen Verteilung von Niederschlägen – aufgrund der Intensivierung der zyklonalen Tätigkeit – eine verstärkte winterliche Niederschlagstätigkeit wahrscheinlich, während in den Sommermonaten tendenziell mit geringerer Niederschlagstätigkeit infolge einer stärkeren nordwärtigen Ausdehnung der subtropischen Hochdruckgebiete zu rechnen ist.[3] Aus niederschlagsklimatologischer Sicht ist also von einer Mediterranisierung des Klimas (geringe Sommer-, erhebliche Winterniederschläge) auszugehen. Werden die prognostizierten jahreszeitlichen Temperatur- und Niederschlagsverteilungen

---

2 SCHÖNWIESE (2004) weist darauf hin, dass die „globale Erwärmung" nur im Sinne von „globalem Mittel" als „global" zu bezeichnen ist, während es im Zuge der „globalen" Erwärmung regional durchaus zu Abkühlungen kommen kann, die allerdings im „globalen Mittel" durch räumlich ausgedehntere und intensivere Erwärmungen überkompensiert werden.
3 Genaueres siehe bei SCHÖNWIESE (1995) und FABIAN (2002).

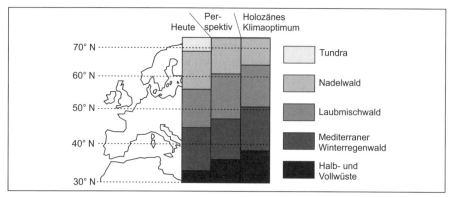

Abb. 11: Schema der Landschaftsgürtelgliederung in Europa heute, während des holozänen Klimaoptimums und perspektiv (nach: GELLERT 1993)

betrachtet, wird sich im Zuge der globalen Erwärmung in Richtung der Charakteristika eines maritimen Mediterranklimas entwickeln – ob dessen Charakteristik jedoch erreicht wird, hängt von einer Vielzahl von Faktoren ab: der Emission von Treibhausgasen in die Atmosphäre, einer etwaigen Verlagerung des Golfstromes, der Aufnahmekapazität der Ozeane für Kohlendioxid und anderen Treibhausgasen, der Bindung von Kohlendioxid in Biomasse u.a.

Lässt sich eine Zunahme der Lufttemperatur und/oder der Niederschläge auf Basis von Messungen lediglich als grobe Trends für größere Räume nachweisen[4] – zu groß sind die natürlichen Schwankungsbreiten – so weisen Veränderungen in Flora und Fauna deutlich darauf hin, dass eine Klimaverschiebung bereits eingesetzt hat. Solchermaßen geartete Veränderungen lassen sich eigens in der Vegetationsrhythmik sowie in dem Einwandern in unserem Raum bislang nicht heimischer, wärmeliebender Arten feststellen: Klimaveränderungen wirken sich auf die saisonalen biologischen Phänomene wie Wachstum, Blüte und/oder Fruchtbildung aus. In der gemäßigten und kalten Klimazone der mittleren bzw. höheren Breiten ist die Vegetation hinsichtlich ihrer Rhythmik dem jahreszeitlichen Wechsel angepasst. Ihr Jahreszyklus mit Wachstum im Frühjahr und Sommer sowie der Wachstumsruhe im Winter beruht auf dem Ziel, bei möglichst langer Wachstumsperiode das Frostrisiko zu minimieren. Eine Erwärmung im Frühjahr könnte also zu einem verfrühten Austrieb und zu einer verlängerten Vegetationsperiode führen. Phänologische Untersuchungen in Europa – auch im Ostseeraum – zeigen dabei signifikante Trends: Frühjahrsphasen wie die Blattentfaltung von Laubgehölzen oder der Maitrieb der Fichte zeigen einen eindeutigen Trend zur Verfrühung (seit Beginn der 1960er Jahre etwa 6 Tage), während Herbstphasen wie Blattverfärbungen oder Laubfall verspätet im Herbst eintreten (rund 5 Tage), woraus sich eine Verlängerung der Vegetationszeit von rund 11 Tagen ergibt (FABIAN 2002). Für die deutsche Ostseeküste ergibt sich – nach MENZEL/ESTRELLA/FABIAN (2001) – beispielsweise bei der phänologischen Phase der „Blattentfaltung der Rosskastanie"

---

4 Allerdings lassen sich im kontinentalen Kontext genauere Aussagen erzielen: SCHÖNWIESE (2004) geht für Mitteleuropa hinsichtlich der beobachteten Temperaturtrends von rund einem Grad Celsius für den Zeitraum 1981 bis 1999 aus.

Tab. 1: Prognosen für einen weltweiten Meeresspiegelanstieg bis zum Jahr 2100 (nach: BRÜCKNER 1999)

Zum Meeresspiegelanstieg beitragende Komponenten	Anstieg in cm	
	Szenario A	Szenario B
Thermische Expansion	28	15
Gebirgsgletscher und Eisfelder	16	12
Grönland	6	7
Antarktis	-1	-7
Summe	49	27

in nahezu allen Teilräumen ein hochsignifikanter Trend zur Verfrühung, während bei der phänologischen Phase der „Laubverfärbung der Stieleiche" vielfach ein signifikanter Trend zu einem verspäteten Eintritt festzustellen ist.[5] Die mit Klimaveränderungen einhergehenden Verschiebungen der Vegetationszonen sind für Europa in Abbildung 11 dargestellt.

Mit der prognostizierten Veränderung des Klimas wird sich auch die Zusammensetzung des Waldes im Ostseeraum ändern: Mit steigender Temperatur nimmt – aufgrund der mit der erhöhten Temperatur wachsenden Verdunstung – selbst bei gleichbleibenden sommerlichen Niederschlägen die verfügbare Wassermenge ab. Somit werden sich wärmeliebende Arten und hinsichtlich der Wasserversorgung eher bescheidene Kiefern- und Eichenarten in der Sukzession stärker gegenüber Buche und Fichte durchsetzen. Gleichzeitig sind bei schweren Stürmen insbesondere Bestände mit führender Fichte wurf- und bruchgefährdet, so dass hier – aufgrund der zu erwartenden Tendenz zu stärkeren Stürmen – künftig mit erheblichen Schäden zu rechnen ist, während sich naturnah bewirtschaftete Bestände vergleichsweise sturmfest erweisen. Aufgrund der höheren Artenvielfalt ist bei naturnahen Wäldern auch ein größeres ökosystemisches Anpassungspotenzial hinsichtlich einer Verschiebung des Klimas zu erwarten (FABIAN 2002).

Die globale Klimaerwärmung ist in vielfacher Weise mit dem System der Hydrosphäre rückgekoppelt: Meere wirken als Senken für klimaaktive Gase, sie fungieren als Wärmespeicher, ihre Ausdehnung und ihr Rückzug (aufgrund klimatischer Schwankungen) verändert die Erdalbedo, Meeresströmungen werden verlagert, abgeschwächt oder verstärkt, die Verdunstungs- und Niederschlagsraten verändern sich. Von besonderer Rückwirkung auf die Gesellschaft ist dabei die Variabilität des Meeresspiegels. Ein beschleunigter Meeresspiegelanstieg kann sich auf die natürlichen Küstensysteme und somit auch das der Ostseeküsten, auf vielfältige Weise auswirken (vgl. BRÜCKNER 1999). Für die südliche Ostsee ist von einer Beschleunigung des Meeresspiegelanstiegs von derzeit knapp 2 mm pro Jahr auf 4 bis 5 mm pro Jahr auszugehen (STERR/ITTEKKOT/KLEIN 1999), wobei die Prognosen noch deutlich abweichend sind (siehe Tab. 1). Aus Sicht des Menschen sind dabei folgende sechs Effekte von besonderer Bedeutung (STERR/ITTEKKOT/KLEIN 1999):

---

5 Ähnliches lässt sich auch hinsichtlich einer polarwärtigen Verlagerung von Arealgrenzen von Moosen feststellen (siehe FRAHM/KLAUS 1997).

- zunehmende Wahrscheinlichkeit des Eintretens von (Sturm-)Flutereignissen, wie sie in der zweiten Hälfte des 20. Jahrhunderts im südlichen Ostseeraum bereits festzustellen waren,
- Verschärfung der Problematik der Küstenerosion,
- dauerhafte Landverluste durch Überschwemmung,
- Ansteigen der Grundwasserspiegel,
- Eindringen von Salzwasser in Oberflächen- und Grundwasser,
- biologische Veränderungen in den Küstenökosystemen.

Aus diesen Veränderungen ergeben sich mögliche sozioökonomische Konsequenzen, die sich folgendermaßen unterteilen lassen (STERR/ITTEKKOT/KLEIN 1999):

1. In reale Schäden an ökonomischen, ökologischen, kulturellen und elementar lebensnotwendigen Werten infolge von Landverlust und Verluste von Infrastruktur und natürlichen Lebensräumen (Habitaten),
2. in ein erhöhtes Überflutungsrisiko für die Küstenbevölkerung und deren Existenzgrundlagen (Siedlungsflächen, Wohnraum, Arbeitsplatz) und
3. in andere negative Folgen, insbesondere im Bereich der Wasserwirtschaft und der Ernährung (Landwirtschaft, Fischerei, Aquakultur).

Eine mögliche positive sozioökonomische Auswirkung der globalen Erwärmung kann in der Verlängerung der Sommersaison für den Tourismus liegen. Inwiefern diese zur Geltung kommen kann, ist allerdings davon abhängig, in welcher Intensität die negativen Konsequenzen diesen potenziellen positiven Effekt überlagern.

5 Zusammenfassung

Das Klima im Ostseeraum ist geprägt durch Elemente maritimen wie auch kontinentalen Charakters. Einerseits unterliegt der Ostseeraum dem Einfluss nordatlantischer Zyklonen, zudem wirkt die Ostsee modifizierend auf den Gang der Klimaelemente, andererseits zeigt insbesondere die Niederschlagsverteilung deutliche Charakteristika eines kontinentalen Klimas. Klimahistorisch lässt kaum ein anderer Raum der Erde derart deutliche Klimaunterschiede seit dem Ende des Weichselglazials erkennen: Im Hochglazial noch völlig vereist, geprägt durch ein Kältehoch, hat sich das Klima des Ostseeraumes – parallel zur Entstehungsgeschichte der Ostsee – über ein Tundrenklima und ein Nadelwaldklima im Norden und Laubwaldklima während des postglazialen Klimaoptimums zu dem heutigen Klima entwickelt. Mit Zunahme des anthropogen verstärkten Treibhauseffektes ist im Ostseeraum mit einer deutlichen nordwärtigen Verschiebung der Klimazonen zu rechnen. Eine besondere Gefahr für die Küsten und ihre Ökosysteme stellt dabei der vorhergesagte Anstieg des Meeresspiegels – aufgrund der glazial-isostatischen Ausgleichsbewegungen insbesondere im südlichen Ostseeraum – dar.

Literatur

BRÜCKNER, H.: Küsten – sensible Geo- und Ökosysteme unter zunehmendem Stress. *Petermanns Geographische Mitteilungen* 143 (1999), Pilotheft 2000, S. 6–21.
DIERCKE: Diercke Weltatlas. Braunschweig 1980
FABIAN, P.: *Leben im Treibhaus. Unser Klimasystem – und was wir daraus machen.* Berlin, Heidelberg, New York (2002)
FRAHM, J.-P.; KLAUS, D.: Moose als Indikatoren von Klimafluktuationen in Mitteleuropa. *Erdkunde* 51 (1997), H. 3, S. 181–190
GELLERT, J. F.: Zur Erwärmung der Atmosphäre als Folge der anthropogenen Steigerung des Treibhauseffektes. Fachwissenschaftliche Erkenntnisse im Spiegel der natürlichen Klimaveränderungen und der frühholozänen Warmzeit. *Zeitschrift für den Erdkundeunterricht* 45 (1993), H. 11, S. 262–267
GERSTENGARBE, F.-W.; WERNER, P.C.: *Katalog der Großwetterlagen Europas (1881–1998). Nach Paul Hess und Helmuth Brezowsky.* Potsdam, Offenbach a. M. 1999
GLASER, R.: *Klimageschichte Mitteleuropas. 1000 Jahre Wetter, Klima, Katastrophen.* Darmstadt 2001
HENDL, M.: Klimatische Grundzüge Europas. Klimagenetische Faktoren und ihre Effekte. *Zeitschrift für den Erdkundeunterricht* 43 (1991), H. 7–8, S. 233–242
HESS, P.; BREZOWSKY, H.: *Katalog der Großwetterlagen Europas.* – Berichte des deutschen Wetterdienstes, Nr. 113, Bd. 15. Offenbach a. M. 1969
KLIEWE, H.; STERR, H.: Die deutsche Ostseeküste. In: LIEDTKE, H.; MARCINEK, J. (Hrsg.): *Physische Geographie Deutschlands.* Gotha 1995, S. 138–264
KÜHNE, O.: *Wetter, Witterung und Klima im Saarland.* Saarbrücken 2004 (= Saarland-Hefte; 3)
KUKLA, G. J.: Pleistocene Land-Sea Correlations – I. Europe. *Earth Science Review* (1977), S. 307–374
KÜSTER, H.: *Die Ostsee. Eine Natur- und Kulturgeschichte.* München 2002
LAMB, H. H.: Climate – Present, Past and Future. Bd. 2. London 1977
MEYER, H.-H; KOTTMEIER, Ch.: Die atmosphärische Zirkulation in Europa im Hochglazial der Weichsel-Eiszeit – abgeleitet von Paläowind-Indikatoren und Modellsimulationen. *Eiszeitalter und Gegenwart*, Jg. 39 (1989), S. 10–18
MÜLLER, M. J.: Handbuch ausgewählter Klimastationen der Erde. Trier 1980
PATZELT, G.: Neue Ergebnisse der Spät- und Postglazialforschung in Tirol. *Jahresberichte der Österreichischen Geographischen Gesellschaft* 76/77 (1980), S. 11–18
SCHÖNWIESE, C.-D.: *Klimaänderungen. Daten, Analysen, Prognosen.* Berlin, Heidelberg 1995
SCHÖNWIESE, C.-D.: *Beobachtete Klimatrends im Industriezeitalter. Ein Überblick global/Europa/Deutschland.* Frankfurt am Main 2002
SCHÖNWIESE, C.-D.: Globaler Kimawandel im Industriezeitalter. Beobachtungsindizien und Ursachen. *Geographische Rundschau* 56 (2004), H. 1, S. 4–9
STERR, H.; ITTEKKOT, V.; KLEIN, R.: Weltmeere und Küsten im Wandel des Klimas. *Petermanns Geographische Mitteilungen* 143 (1999), Pilotheft 2000, S. 24–31
VOIGT, CH.: Entstehung der Ostsee. In: *Terra-Alexander-Datenbank.* Gotha. 2003 [www.klett-verlag.de/geographie/terra-extra]
WEISCHET, W.; ENDLICHER, W.: *Regionale Klimatologie. Die Alte Welt.* Stuttgart, Leipzig 2000

Andrzej Witkowski und Teresa Radziejewska

Ökologische Probleme der Ostsee aus polnisch-deutscher Perspektive[*]

1 Einführung

Die Ostsee war über Jahrhunderte ein trennendes, aber auch ein die Küstenvölker und Anrainerstaaten miteinander verbindendes Gewässer. Mehr noch, mit Erweiterung der Europäischen Union wird sie geradezu zu deren Binnenmeer (CBSS 2005). Trotz des sich immer stärker vertiefenden Umweltbewusstseins („ökologisches Bewusstsein") in der Gesellschaft erscheint es erforderlich, gerade diese Ostsee-Anrainerstaaten für die ökologischen Problemen dieses Binnenmeeres zu sensibilisieren. Es muss allen bewusst werden, welche Probleme die Ostsee hat und dass die Quellen dieser Probleme an Land zu suchen sind und ihnen vor allem dort entgegenzuwirken ist (LEPPÄKOSKI 1980).

Die spezifische geografische Lage der Ostsee, ihr Verhältnis von Wassereinzugsgebiet zu Seeoberfläche, die Gestalt des Meeresbodens und der beschränkte Wasseraustausch mit dem Ozean auf der einen Seite und die ungewöhnlich starke anthropogene Belastung auf der anderen Seite führten zu einer komplizierten ökologischen Situation dieses Meeres. Daraus resultieren eine Reihe von Problemen, mit denen das Ökosystem der Ostsee zu kämpfen hat. Das Bewusstsein dieser zunehmenden Probleme begann in den 60er Jahren des vergangenen Jahrhunderts. Die Symptome einer sich damals verschlechternden Umweltsituation waren so drastisch, dass man von einer ökologischen Krise der Ostsee zu sprechen begann (ELMGREN 2001; LEPPÄKOSKI 1980). In jener Zeit fing man dann auch auf internationaler Ebene an, das Ökosystem Ostsee intensiv zu untersuchen, es zu beurteilen und nach Lösungen der Probleme zu suchen (HELCOM, 2004). Die internationale Zusammenarbeit, woran Polen und Deutschland sehr aktiv mitwirkten und auch jetzt noch mitwirken, vertiefte sich, um einer ökologischen Krise der Ostsee entgegenzuwirken.

Dieser Artikel hat zum Ziel, die gegenwärtig wichtigsten ökologischen Probleme der Ostsee vorzustellen, auf die Ursachen, d.h. auf die natürlichen Gegebenheiten der Ostsee und die anthropogene Belastung durch die Anrainerstaaten, einzugehen und erste Erfolge bei der Bekämpfung der ökologischen Krise der Ostsee aufzuzeigen.

2 Die wichtigsten ökologischen Probleme der Ostsee – natürliche Faktoren

Die Umweltkrise, welche die Ostsee heimsuchte, entstand aus dem Zusammentreffen natürlicher, aber zum Teil ungünstiger Bedingungen des Ökosystems und einer starken anthropogenen Belastung. Die ökologischen Gegebenheiten der Ostsee, insbesondere die morphometrischen und die hydrologischen, haben zur

---

[*] Die Autoren danken Prof. Burkhard Scharf für die kritische Durchsicht des Manuskripts.

Folge, dass bestimmte negative Prozesse nicht selbständig ausgeglichen bzw. abgeschwächt werden konnten. Die Ostsee hat eine Ausdehnung von 377 000 km^2 und einen Inhalt von 21 000 km^3 (ELMGREN 2001). Dieses Binnenmeer ist beinahe von allen Seiten von Land umgeben. Das Einzugsgebiet ist 4-fach größer als die Oberfläche der Ostsee, wird von etwa 85 Mio. Menschen besiedelt und ist durch bedeutende Industriestandorte und große landwirtschaftliche Nutzflächen charakterisiert.

Die Ostsee gehört zu den flachen Meeren. Ihre mittlere Tiefe beträgt etwa 60 m, die maximale Tiefe 459 m. Sie besteht aus einer Reihe von Becken, den sogenannten Tiefs (Arkona-Tief, Bornholm-Tief, Danziger Tief und Gotland-Tief). Die Becken sind voneinander durch bedeutend flachere Schwellen getrennt. Die geografische Lage der Ostsee wird von einer beträchtlichen meridionalen Ausdehnung geprägt, deren Folge große klimatische Unterschiede zwischen dem Südteil (Küsten Polens und Deutschlands, mittlere Ostsee) und dem Nordteil sind (Küsten Schwedens und Finnland, Bottnischer und Finnischer Meerbusen).

Im Gegensatz zu einem Binnensee hat die Ostsee zwei Arten von Zuflüssen: aus dem Atlantischen Ozean/Nordsee bei lang anhaltenden Westwinden und aus dem Niederschlag auf die Landfläche des Einzugsgebietes und auf die Ostsee selber. Obgleich die Ostsee dem Atlantischen Ozean zugerechnet wird, ist deren Verbindung miteinander recht kompliziert. Zwischen der Ostsee und dem Atlantischen Ozean liegt noch die Nordsee. Der Austausch zwischen Ostsee und Nordsee vollzieht sich über Meeresengen, die sogenannten Dänischen Seestraßen (Belte und Sunde). Auf Grund der niedrigen Wassertiefen (maximal 23 m) und der schmalen Meeresengen ist der Austausch über diese Verbindung sehr eingeschränkt. Die Wasserbilanz der Ostsee wird vom Süßwasser-Zufluss dominiert, bei dem etwa 38% des gesamten Zuflusses aus den Flüssen und etwa 20% von den atmosphärischen Niederschlägen direkt über der Ostsee stammen (SMHI 2005). Die theoretische Wassererneuerungszeit der Ostsee beträgt 20–30 Jahre (OMSTEDT et al. 2004).

Der dominierende Zufluss von Süßwasser hat zur Folge, dass der Salzgehalt der Ostsee bedeutend niedriger ist als der typische Salzgehalt der Meere (etwa 35 PSU). Die Unterschiede betragen von 2–4 PSU im Bottnischen Meerbusen bis 6–8 PSU im mittleren Teil der Ostsee (ELMGREN 2001). Dieser niedrige Salzgehalt ist typisch für sog. brackwasserähnliche Meeresbecken, und die Ostsee ist das größte Brackwassermeer der Erde. Der niedrige Salzgehalt findet seinen Niederschlag in einer geringen Biovielfalt von Flora und Fauna und in einer spezifischen physiologischen Anpassung, die bei den in der Ostsee auftretenden Organismen beobachtet werden konnte (ARNDT 1973).

Als eine außerordentlich wichtige Konsequenz des langsamen Wasseraustauschs entledigt sich die Ostsee auf natürlichem Wege nur im eingeschränkten Maße der verschmutzenden Substanzen, die sich im Wasser, in der Biozönose, im Boden und hier insbesondere in den Tiefs befinden. Die lange Wassererneuerungszeit verschärft die Umweltkrise der Ostsee.

Die Ostsee weist eine Schichtung auf, und hier gibt es zwei Bereiche: der obere Bereich, der immer wieder im jährlichen Rhythmus durchmischt wird, und der Tiefenbereich, dessen Wasser aus der Nordsee stammt und nur sehr selten ausgetauscht wird. Die Schichten lassen sich nach physikalischen und chemischen

Eigenschaften unterscheiden (KULLENBERG 1981). Das Oberflächenwasser ändert seine Temperatur gemeinsam mit den Lufttemperaturen, und der Salzgehalt ist mehr oder weniger für einen Ort gleichbleibend. Diese Oberschicht mischt sich nur in geringem Maße mit dem Tiefenbereich, der eine bedeutend niedrigere und gleich bleibendere Temperatur aufweist. Der Salzgehalt der Tiefenschicht ist bedeutend höher als der der oberen Schicht und hat eine charakteristische und vom Zufluss aus der Nordsee, den so genannten Infusionen, abhängige Unbeständigkeit. Dieses Phänomen stellt eine Schlüsselrolle für das Funktionieren des Ökosystems der Ostsee dar. Das von der Nordsee einfließende Wasser ist stärker salzhaltig als das Ostseewasser und kräftig von Sauerstoff durchsetzt. Es bewegt sich auf dem Meeresboden von West nach Ost. Diese Infusionen sind in der Regel recht schwach und in ihrer Ausbreitung auf den westlichen Teil der Ostsee beschränkt. Manchmal jedoch sind die Infusionen intensiver, und dann ist ihre Wirkung auch in den von der Nordsee aus entfernteren Tiefs der Ostsee spürbar (Danziger Tief und Gotland-Tief). Die Einwirkungen machen sich dann vor allem als Salzgehaltserhöhung und Sauerstoffregeneration in den Bodenschichten bemerkbar. In Zeiten zwischen größeren Infusionen, die bis zu 16 Jahren dauern können, kommt es als Ergebnis der Stratifikation sowie als Folge der anthropogenen Belastung in den Bodenschichten zu einer bedeutenden Sauerstoffabnahme (sog. Sauerstoffdefizit oder Hypoxie). In Grenzfällen kommt es zu einem totalen Sauerstoffmangel im Wasser (Anoxie) und dem Auftreten von giftigem Schwefelwasserstoff.

3 Die wichtigsten ökologischen Probleme der Ostsee – anthropogene Effekte

3.1 Eutrophierung

3.1.1 Nährstoffe

Eutrophierung wird definiert als Produktivitätssteigerung eines Ökosystems, in unserem Fall die Ostsee, verursacht durch erhöhten Eintrag von Nährstoffen, insbesondere von anorganischen Stickstoff- und Phosphorverbindungen. Die Wirkung des erhöhten Nährstoffeintrags in die Ostsee ist mit der von Dünger im terrestrischen Bereich vergleichbar (JANSSON & DAHLBERG 1999). Auch unter natürlichen Bedingungen, also noch vor der anthropogenen Veränderung der Landschaft, wurden Nährstoffe in die Ostsee eingetragen, aber in einem weit geringeren Maße als heute. Das Ökosystem hat die Nährstoffe in Biomasse inkorporiert und nach dem Tode der Organismen im Sediment deponiert. Dieser Prozess, der in Meeresbecken auf natürliche Art und Weise vor sich geht, kann durch menschliche Eingriffe stark forciert und intensiviert werden. Die übermäßige Zufuhr von Nährstoffen in die obere Wasserschicht der Ostsee erfolgt über die Flüsse, aber auch über die atmosphärischen Niederschläge. Der Zufluss von Stickstoff- und Phosphorsalzen in die Ostsee vervielfachte sich im 20. Jahrhundert. Man nimmt an, dass die Menge der Stickstoffverbindungen mindestens um das 4-fache stieg, diejenige der Phosphorverbindungen aber um das 8-fache (ELMGREN 2001). Die Erhöhung der Nährstoffe im Wasser führte auch zu deren Anreicherung im Sediment

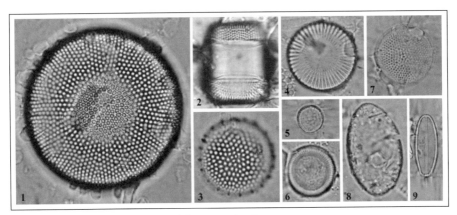

*Abb. 1: Darstellung einiger Kieselalgen aus der Ostsee
[1–2. Actinocyclus normanii; 3. Thalassiosira decipiens; 4. Cyclotella meneghiniana; 5–6. Cyclotella choctawhatcheeana; 7. Thalassiosira levanderi; 8. Chaetoceros sp. (Dauerspore); 9. Pauliella taeniata].*

(NEHRING & MATTHÄUS 1991). Die Symptome der Eutrophierung, insbesondere die massenhafte Vermehrung von Phytoplankton mit all den Folgeerscheinungen, wurden zu einem der ökologischen Hauptprobleme der Ostsee. Angesichts dessen, dass etwa 60% der Stickstoffbelastung und 90% der Phosphorbelastung vom Land her stammen (HELCOM 2004), ist es nicht überraschend, dass in Küstennähe eine höhere Konzentration von Biomasse als auf dem offenen Meer anzutreffen ist. Die Landwirtschaft liefert den größten terrestrischen Anteil an Stickstoffverbindungen in das Oberflächenwasser der Ostsee durch die Verwendung von Überdosen künstlichen Düngers. Bei den Phosphorverbindungen hingegen stellen die kommunalen Abwässer und – in bedeutend geringerem Maße – die Landwirtschaft und die Industrie (Düngemittel und Papier-Industrie) die größte anthropogene Belastung der Ostsee dar (ELMGREN & LARSSON 2001a, b).

3.1.2 Massenentwicklung von Phytoplankton

Die im Wasser aufgelösten Nährstoffe sind eine Grundvoraussetzung für die Pflanzenentwicklung auf der Erde, dasselbe gilt für die mikroskopisch kleinen Algen, die Phytoplankton-Organismen, im Wasser. Übermäßiger Eintrag dieser Verbindungen führt zu Massenentwicklungen der Algen im Oberflächenwasser, auch Blühen des Wasser genannt (PAERL 1988). In der Mehrzahl der Fälle fördert ein übermäßiges Angebot von Nährstoffen eine intensive Entwicklung lediglich einiger Arten des Phytoplanktons. Häufig sind dies jedoch Arten, welche toxische Substanzen hervorbringen, was – im Falle eines massenhaften Auftretens dieser Algen – eine direkte Bedrohung für den Menschen darstellt. Auch andere Organismen sind gefährdet. Die toxischen Substanzen können sich in der Nahrungskette im Meer anreichern und stellen somit indirekt auch eine Gefahr für den Menschen dar (PAERL 1988).

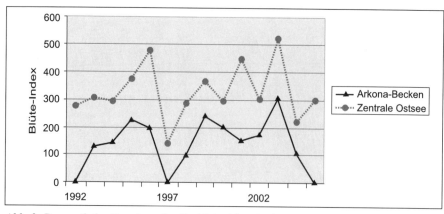

Abb. 2: Dynamik der Zunahme der Frühjahrsblüte in der Ostsee (Quelle: www.helcom.fi)

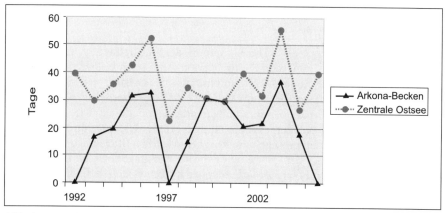

Abb. 3: Veränderungen in der Dauer der Frühjahrsblüte in der Ostsee (Quelle: www.helcom.fi)

In der Ostsee haben wir es mit zwei Typen von Phytoplanktonblüten zu tun. Der erste ist die Frühjahrsblüte, hervorgerufen durch das massenhafte Wachstum von Kieselalgen (Bacillariophyceae) (Abb. 1).

Die Frühjahrsblüte der Kieselalgen ist als Ergebnis der winterlichen Durchmischung der Meere, bei der Nährstoffe aus der Tiefe an die durchlichtete Wasseroberfläche kommen, eine natürliche Erscheinung in den Meeren und Ozeanen (PAERL 1988). In nährstoffreichen Gewässern nimmt diese Erscheinung allerdings unverhältnismäßig große Maßstäbe an. Die Frühjahrsblüte der Kieselalgen in der Ostsee wird ebenso auf dem offenen Meer wie in den Küstengewässern beobachtet, und deren Intensität wird alljährlich durch Kontrolluntersuchungen in Form eines sog. Blüte-Index festgehalten (Abb. 2 und 3). Die stets einzelligen Kieselalgen stellen einen Hauptteil der pflanzlichen Biomasse während der Frühjahrsblüte dar. Eine Bildung toxischer Stoffe ist unbekannt. Aufgrund ihrer Schwere durch die Verkieselung der Zellwände sinken sie bald nach ihrem Auftreten in die Tiefe

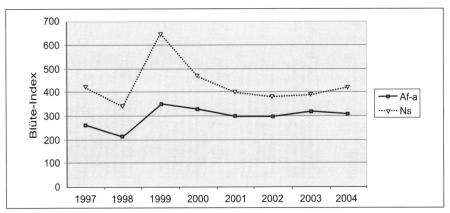

Abb. 4: Die Dynamik der Blaualgeblüte von Aphanizomenon flos-aquae (Af-a) und Nodularia spumigena (Ns) in der Ostsee (Quelle: www.helcom.fi)

der Ostsee und lagern sich auf dem Boden als organische Materie ab. Dort werden sie von Mikroorganismen zersetzt, die dabei den im Wasser gelösten Sauerstoff verbrauchen. Auf diese Art verursacht die Frühjahrsblüte das Entstehen und Verschärfen von Sauerstoffdefiziten in der bodennahen Wasserschicht.

Aus der Sicht des Menschen ist der zweite Typ der Algenblüte – die Sommerblüte – eine bedeutend bedrohlichere Erscheinung in der Ostsee. Sie wird durch Blaualgen (Cyanophyceae) hervorgerufen. Diese Blüte wird hauptsächlich von zwei Arten verursacht: *Aphanizomenon flos-aquae*, eine nichttoxische, sowie *Nodularia spumigena*, ein toxische Art. Abb. 4 zeigt die Dynamik des Blüte-Index beider Arten. Blaualgen sind wärmeliebende Organismen, was ihre Auftreten im Sommer erklärt. Außer der Temperatur ist eine hohe Konzentration von Nährstoffen (Stickstoff, insbesondere aber Phosphor) eine Voraussetzung für das Auftreten von Blaualgen-Blüte. Die beiden genannten Arten sind aber auch in der Lage, die benötigten Stickstoffverbindungen über die Atmosphäre zu erlangen (FINNI et al. 2001). Das Blühen der Blaualge kann man in Küstengewässern wie auch auf dem offenen Meer beobachten. Im ersten Falle besteht die Gefahr der Uferversuchung und damit der Strände, z.B. der Putziger Wieck bzw. der Küsten Mecklenburg-Vorpommerns, also für den Tourismus und die Erholung wichtige Regionen. Bei der Blüte auf dem offenen Meer beeinflusst die Biomasse der Blaualgen in einem bedeutend geringeren Maße die trophischen Prozesse. Der überwiegende Teil der Biomasse des Blaualgen-Phytoplanktons fällt auf den Meeresgrund, erhöht dort den Anteil an organischen Stoffen und trägt zur Verstärkung der Sauerstoffdefizite in den Tiefen-Regionen der Ostsee bei.

3.1.3 Sauerstoffdefizite

Bis in die 50er Jahre des letzten Jahrhunderts hinein wurde sporadisch eine drastische Verminderung des Sauerstoffgehalts – wenn nicht gar ein völliger Mangel – auf dem Grund der Bornholm-Tiefs, des Danziger Tiefs und des Gotland-Tiefs beobachtet (JANSSON & DAHLBERG 1999). Dieses Phänomen trat dort auf natürlichem

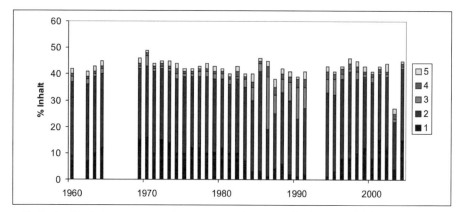

Abb. 5: *Die Veränderungen von Frequenz und Intensität der Sauerstoffdefizite (% Wasserinhalt) im Gotland-Tief der Ostsee (Quelle: www.helcom.fi) (Sauerstoffgehalt: 1 = 0 ml/l; 2 = 0–1 ml/l; 3 = 1–2 ml/l; 4 = 2–3 ml/l; 5 = 3–4 ml/l)*

Wege auf, weil das Wasser in den Tiefs wegen seines erhöhten Salzgehalts von der jährlichen Durchmischung und damit einer Sauerstoffanreicherung ausgeschlossen ist und ein Zufluss aus der Nordsee fehlte oder nur schwach war. Nach dem Zweiten Weltkrieg beobachtete man in den tiefen Becken der Ostsee eine Zunahme der Frequenz und der Dauer der Sauerstoffdefizite (Abb. 5) sowie auch eine Ausdehnung der Meeresbodenflächen, über denen das Wasser sauerstofffrei war und Schwefelwasserstoff auftrat. Zu Beginn der 80er Jahre des letzten Jahrhunderts wurde sogar auf dem Grund des Arkona-Tiefs, also dem am weitesten westlich gelegenen Becken der Ostsee, ein Fehlen von Sauerstoff festgestellt (RUMOHR 1990), obwohl der Zufluss aus der Nordsee gerade dieses Becken am ehesten auffrischt. Die Ursache des sich verstärkenden Sauerstoffdefizits in der Ostsee lässt sich weniger auf das Wirken natürlicher Prozesse zurückführen als auf eine verstärkte Eutrophierung, für die die Sauerstoffdefizite ein deutliches Symptom sind.

3.2 Verschmutzungen

Außer einem Übermaß an Nährstoffen verzeichnet man in der chemischen Zusammensetzung des Ostseewassers und seiner Ablagerungen ebenfalls eine erhöhte Konzentration an Fremdstoffen, von denen kleine Dosen bereits eine toxische Wirkung besitzen. Diese Substanzen werden durch unterschiedlichste Industrieanlagen an Land emittiert, gelangen über die Flüsse, vor allem aber über die Atmosphäre in das Ökosystem der Ostsee. Das Einbringen solcher toxischer Substanzen ins Meer birgt mehrere Gefahren: Erstens bauen sich diese Substanzen nur in geringem Maße ab, d.h. ihr toxisches Verhalten bleibt lange erhalten bzw. ihr Degradationsprozess geht sehr langsam vor sich, weshalb sie über lange Zeit im Meereswasser und/bzw. in den Bodenablagerungen aktiv bleiben. Zweitens häufen sich diese Substanzen an, sobald sie in die Gewebe und Zellen der Meeresorganismen gelangen, und vergrößern damit ihre toxische Wirkung. Drittens schließlich erhöht sich die Konzentration dieser Substanzen in den Organismen, die das nächste Glied in der Nahrungskette sind, weshalb die Organismen am Ende der

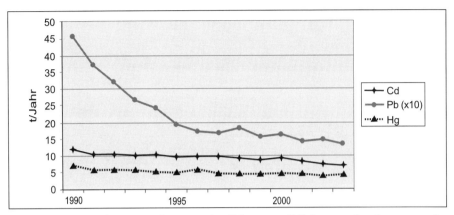

Abb. 6: *Mengenmäßige Veränderungen der Schwermetall-Belastung der Ostsee aus der Atmosphäre (Quelle: www.helcom.fi)*

Nahrungskette der größten toxischen Konzentration ausgesetzt sind – also Fische, Vögel und Meeressäuger. Nicht vergessen sollte man, dass die in der Umwelt vorhandenen toxischen Fremdsubstanzen nicht nur einzelne Organismen schädigen, sondern auch die gesamte Population. Sie schwächen auch durch genetische Veränderungen das Fortpflanzungspotenzial (BREITHOLZ et al. 2001).

3.2.1 Chlororganische Verbindungen

Zu den wichtigsten toxischen Substanzen, die in der Ostsee auftreten, zählen die sog. chlororganischen Verbindungen. Die bekanntesten unter ihnen sind PCB und DDT. Wie die Ergebnisse internationaler Kontrolluntersuchungen zur Verschmutzung der Ostsee ausweisen (HELCOM 2004; BREITHOLZ et al. 2001), sinkt zwar das Niveau von DDT und PCB, doch nach wie vor stellen diese Substanzen eine Bedrohung für die Gesundheit der Tierwelt in der Ostsee dar.

3.2.2 Schwermetalle

Zu den toxischen Substanzen zählen auch Schwermetalle, vor allem Kadmium, Blei und Quecksilber. Der Einfluss von Schwermetallen aus der Atmosphäre auf die Ostsee unterliegt ebenfalls einer ständigen Verringerung (HELCOM 2004) (Abb. 6), wobei der stärkste Rückgang bei Blei festgestellt werden konnte. Im Zeitraum 1990–2002 lag der Rückgang bei 67%. Aus geographischer Sicht ist die größte Verringerung der Verschmutzung durch Schwermetalle im westlichen Teil der Ostsee zu beobachten. Dieser Rückgang hat seine Ursache in internationalen und nationalen Rechtsverordnungen unter den Ostseeländern, obwohl die positiven Veränderungen in den einzelnen Ländern, wie z.B. in Deutschland und Polen, in recht unterschiedlichem Tempo verlaufen (Abb. 7).

3.2.3 Illegales Entsorgen von Altölen und Ölresten aus Schiffen

Die Verschmutzung mit Altölen und Ölresten ist ebenfalls eine Bedrohung für das Funktionieren des Ökosystems der Ostsee. Diese Bedrohung steigert sich vor allem

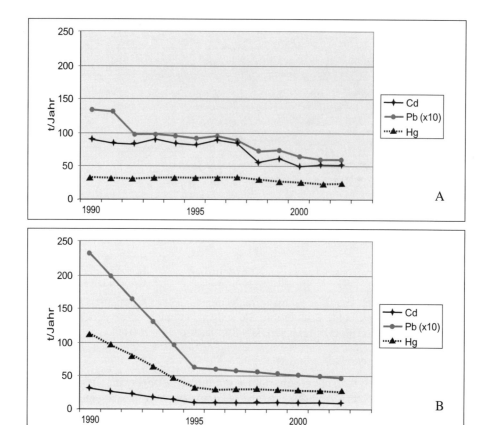

Abb. 7: Mengenmäßige Veränderungen der anthropogenen Emission von Schwermetallen in die Ostsee aus Polen (A) und Deutschland (B) (Quelle: www.helcom.fi)

durch den verstärkten Schiffsverkehr im Bereich der Ostsee. Besonders gefährlich sind Schiffshavarien, insbesondere mit Tankschiffen (ELMGREN et al. 1983). Das Risiko, welches mit dieser Art von Gefahr verbunden ist, steht jedoch hinter einer anderen Bedrohung zurück, nämlich das andauernde illegale Entsorgen von mineralölähnlichen Substanzen aus Schiffen. Das Entsorgen von Altölen auf dem Meer ist rechtlich untersagt. Dies verbietet die Konvention MARPOL 73/78 (Internationale Konvention zur Verhinderung von Verschmutzungen aus Schiffen), welche die Ostsee als ein „spezifisches Gebiet" behandelt, und ebenso die Konvention von Helsinki von 1992. Trotzdem dauert dieses illegale Entsorgen weiterhin an, wenngleich deren Frequenz in dem Maße zurückgeht, wie die Kontrollen über der Ostsee vom Flugzeug aus durch die Anliegerstaaten erweitert werden (Abb. 8). In diesem Zusammenhang sollte nicht unerwähnt bleiben, dass Deutschland und Polen zu der Gruppe von Ostseeländern gehören, die die Kontrolle und Aufsicht am Genauesten verfolgen (www.helcom.fi).

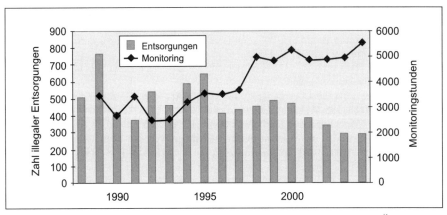

Abb. 8: *Dynamik der Frequenz des illegalen Entsorgens von Altölen und Ölresten aus Schiffen auf der Ostsee (Quelle: www.helcom.fi)*

4 Schlussbemerkungen

Dieser Artikel stellt einen Abriss zu den wichtigsten in der Ostsee beobachteten ökologischen Problemen dar, allerdings nicht in einem erschöpfenden Maße. Es wird aus dieser flüchtigen Betrachtung sichtbar, dass der gegenwärtige Zustand des Ökosystems nicht stabil ist. Andererseits sind bereits positive Signale aufgezeigt, die sich aus den Aktivitäten einzelner Länder ergeben. Sie sind im Rahmen der internationalen Zusammenarbeit vor allem als Richtlinien der Konvention von Helsinki festgelegt. Polen und Deutschland sollten, als Nachbarn und Unterzeichnerstaaten dieser Konvention, besonders daran interessiert sein, die Umweltbedingungen der Ostsee, einer so sehr aus dem Gleichgewicht geratenen Region, in einen Zustand zu überführen, der eine ungeteilten Nutzung durch den Menschen im nächsten Jahrhundert ermöglicht.

5 Literatur

ARNDT, E.-A.: Ecophysiological and adaptational problems confronting animals living in brackish water. *Oikos* 15 (1973), S. 239–245

BREITHOLZ, M.; HILL, C.; BENGTSSON, B.-E.: Toxic substances and reproductive disorders in Baltic Fish and Crustaceans. *Ambio* 30 (2001), S. 210–216

CBSS: *Innovative Cooperation for a Dynamic Region*. Stockholm: CBSS 2005, 1–24

ELMGREN, R.: Understanding Human Impact on the Baltic Ecosystem: Changing Views in Recent Decades. *Ambio* 30 (2001), S. 222–231

ELMGREN, R.; LARSSON, U.: Eutrophication in the Baltic Sea Area. Integrated Coastal Management Issues. In: BODUNGEN, B. von; TURNER, R.K. (eds.): *Science and Integrated Coastal Management*. Berlin: Dahlem University Press 2001 [a], S. 15–35

ELMGREN, R.; LARSSON, U.: Nitrogen and the Baltic Sea: Managing Nitrogen in relation to Phosphorus. *The Scientific World* 1, (2001 [b]), S. 371–377

ELMGREN, R.; HANSSON, S.; LARSSON, U.; SUNDELIN, B.; BOEHM, P.D.: The „Tsesis" Oil „Spill" Acute and Long-Term Impact on the Benthos. *Marine Biology*, 73 (1983), S. 51–65

FINNI, T.; KONONEN, K.; OLSONEN, R.; WALLSTRÖM, K.: The History of Cyanobacterial Blooms in the Baltic Sea. *Ambio* 30 (2001), S. 172–178

HELCOM: The Fourth Baltic Sea Pollution Load Compilation (PLC-4). *Baltic Sea Environment Proceedings* 93 (2004), S. 1–188

JANSSON, B.-O.; DAHLBERG, K.: The Environmental Status of the Baltic Sea in the 1940s, Today, and in the Future. *Ambio* 28 (1999), S. 312–319

KULLENBERG, G.: Physical Oceanography. In: VOIPIO, A. (ed.): *The Baltic Sea*. Amsterdam: Elsevier 1981, S. 135–217

LEPPÄKOSKI, E.: Man's Impact on the Baltic Ecosystem. *Ambio* 9 (1980), S. 174–181

NEHRING, D.; MATTHÄUS, W.: Current trends in hydrographic and chemical parameters and eutrophication in the Baltic. *Internationale Revue der gesamten Hydrobiologie* 76, (1991), S. 276–316

OMSTEDT, A.; ELKEN, J.; LEHMANN, A.; PIECHURA, J.: Knowledge of the Baltic Sea physics gained during the BALTEX and related programmes. *Progress in Oceanography* 68 (2004), S. 1–28

PAERL, H.W.: Nuisance phytoplankton blooms in coastal, estuarine, and inland waters. *Limnology and Oceanography* 33 (1988), S. 823–847

RUMOHR, H.: Photographic evidence of changes in the sediment. *Ambio*, Spec. Rep. 7 (1990): 11–12

SMHI: The Baltic Sea, Kattegat and Skagerrak – sea areas and drainage basins. 2005 [http://www.smhi.se]

Ekkehard Buchhofer

Deutsche und polnische Ostseehäfen – Wettbewerb unter wechselnden wirtschaftsräumlichen Vorzeichen

1 Einleitung

Die südliche Ostseeküste zwischen der Kieler Bucht und der Danziger Bucht gehört heute etwa je zur Hälfte zu Deutschland und zu Polen. In der Glanzzeit der Hanse entwickelte sich hier eine Kette z.T. bedeutender Hafenstädte. Die zunehmende Westverlagerung des europäischen Seeverkehrs hatte spätestens ab dem 17. Jh. eine Aufwertung der Nordseehäfen wie Hamburg, Bremen oder Rotterdam zur Folge, gleichzeitig einen Gewichtsverlust der Ostsee, die mit ihren absterbenden Häfen hinfort die Rolle eines weltwirtschaftlichen Nebenmeeres spielte: In der Folge waren es die genannten Nordseehäfen, die die Verbindung Mitteleuropas mit dem Welthandel herstellten.

Im Zuge der Industrialisierung kam es zu einer weiteren Heraushebung der Position der Nordseehäfen und unter den Ostseehäfen zu einer wachsenden Konzentration der Hafenleistungen in wenigen Standorten. Heute gibt es an den deutschen und den polnischen Küstenabschnitten fünf Universalhäfen mittlerer Größe mit einem Jahresumschlag von jeweils über 10 Mio. t: *Lübeck, Rostock, Stettin/Szczecin* (hier stets einschließlich des Vorhafens *Swinemünde/Świnoujście*), *Gdingen/Gdynia* und *Danzig/Gdańsk* (vgl. Tab. 2). Diese Konstellation hat sich erst im Laufe des 20. Jh. herausgebildet, und zwar letztlich im Gefolge der staatlichen Neuordnungen nach den beiden Weltkriegen und – in jüngster Zeit – nach dem Ende der deutschen und europäischen Teilung.

Im Folgenden soll versucht werden, den Werdegang dieser Hafenkonstellation während des abgelaufenen Jahrhunderts zu skizzieren. Dies soll mit Blick auf vier Zeitabschnitte erfolgen, in denen das Wettbewerbsgefüge der genannten Häfen – soweit sie bereits als größere Häfen fungierten – jeweils ein besonderes Profil erhielt:
– die Zeit am Vorabend des Ersten Weltkrieges (bis 1914),
– die Zwischenkriegszeit (1920–1939),
– die Zeit der Blockbildung (1949–1990),
– die Zeit der marktwirtschaftlichen Neuformierung (seit 1990).
Zwischen diesen Phasen traten die bekannten säkularen Umbrüche im Staatengefüge des Ostseeraumes ein: Staats- und Zollgrenzen unterlagen jeweils weitreichenden Veränderungen, was sich auf die Hinterländer der großen Häfen einschneidend auswirken musste. Die Hafenentwicklung war dabei häufig Ausdruck nationaler Außenwirtschafts- und „Seegeltungs"-Interessen, so dass sich im for-

cierten Ausbau bestimmter Häfen auch umfassende nationale Rivalitäten spiegelten. Damit war die Ostseehafenpolitik deutscher wie (ab 1920) polnischer Regierungen wiederholt auch eine der Waffen im außenpolitischen „Stellungskrieg" (zwischen Polen und Deutschland, zwischen beiden deutschen Staaten zur Zeit des Kalten Krieges).

So war der *Wettbewerb der Häfen um das Hinterland*, der im Mittelpunkt unserer Ausführungen stehen soll, bis um 1990 zumeist nicht wirklich „frei" gewesen, da er durch protektionistische Eingriffe der jeweiligen Staaten in die Außenhandels-, Seeverkehrs- und Bahntarifpolitik im nationalen Interesse weitgehend reguliert war. Ohne solche Manipulationen bildet sich – wenigstens in der Theorie – eine transportökonomisch „rationale" Hinterlandausrichtung auf die einzelnen Häfen heraus. In der Wirklichkeit kommt es zu Vermischungen und Überschneidungen der hafenbezogenen Landtransportströme, variieren die hafenseitigen Angebote, hat jede Güterart ihr eigenes Hinterlandprofil usw. Diese Umstände lassen jede lineare Hinterlandabgrenzung problematisch erscheinen (vgl. ASSMANN 1999:43, 51 ff.).

Alfred RÜHL (1920) hat – mit Blick auf die deutschen Nord- und Ostseehäfen – eine Unterscheidung zwischen *kilometrischem* und *reellem* (d.h. realem) Hafenhinterland postuliert, wobei ersteres sich durch (eisenbahn-)*kilometrische Äquidistanzlinien* zwischen benachbarten Häfen (sogenannte *Isostanten*) auf der Karte klar abgrenzen lässt. In den hier beigefügten Karten (Abb. 1–4) sind diese Linien zwischen den Hafenhinterländern von Hamburg-Lübeck, Rostock (nur in Abb. 3 und 4), Stettin und Danzig grob angedeutet. Sie helfen immerhin, eine erste Hinterlandzuordnung auf rein kilometrischer Distanzbasis – quasi unter störungsfreien Idealbedingungen – zu erstellen. RÜHL selbst weist auf die durch zusätzliche variable Faktoren wie Hafengebühren, Hafenqualitäten, Transportkosten und -geschwindigkeit, Seefrachtgebühren usw. erzwungenen realen Abweichungen des Transportgeschehens von den theoretisch begründeten *Isostanten* hin. Die wirklichen Hinterlandbezüge formieren sich zwar durchaus zu räumlichen Verdichtungen um die jeweiligen Häfen, lösen sich aber randlich durch die erwähnten Interferenzen immer wieder auf: BARCZUK (1966) hat am Beispiel der realen Hafen-Hinterländer von Danzig-Gdingen und Stettin diese Strukturen mit Bezug auf ausgewählte Transportgüter empirisch aufgedeckt. Vor diesem Hintergrund sind die schematisierten, plakativen „Transportorientierungen" in Abb. 1–4 als (in ihren Grundzügen literaturgestützte) heuristische Annäherungen an eine differenziertere Transportwirklichkeit zu lesen.

Die genannten „großen" Ostseehäfen stehen in einem mehrfachen Wettbewerb ums Hinterland: Zunächst mit vielen kleineren Nachbarhäfen wie Kiel, Wismar, Stralsund oder Kolberg/Kołobrzeg und einigen reinen Fährhäfen wie Puttgarden und Sassnitz, wobei diese Wettbewerbsfronten hier vernachlässigt werden. Im Mittelpunkt soll der Wettbewerb der größeren Häfen untereinander stehen. Daneben zieht sich als Konstante der Kampf der Ostseehäfen um das mitteleuropäische Hinterland gegen die zunehmende *Sogwirkung der großen Nordseehäfen* (namentlich Hamburgs) durch das ganze vergangene Jahrhundert. Hier tut sich eine dritte Front auf, die gerade in der Gegenwart die Häfen am südlichen Ostseerand vermehrt zu spüren bekommen.

Erfolge und Misserfolge der Häfen im Wettbewerb lassen sich im Hinterland selbst nur selten verorten. Jedenfalls finden sich in der Literatur nur gelegentliche, meist eher qualitative Hinweise auf die Dominanz eines Ostseehafens in bestimmten Regionen wie Berlin oder Oberschlesien. Dafür sind Verschiebungen in der Rangfolge der Häfen u.a. an der Entwicklung der *Umschlagszahlen* ablesbar (vgl. Tab. 1, 2). Diese Basisdaten sind in international einigermaßen vergleichbarer Qualität noch am ehesten verfügbar.

Damit ist das fundamentale *Datenproblem* angesprochen, das in vielen Arbeiten zur Ostseehafenproblematik beklagt wird. Die Vergleichbarkeit der häufig als primäre Messgröße verwendeten Umschlagszahlen (über die Grenzen hinweg, innerhalb der jeweiligen Zeitreihe) leidet oft an Brüchen der Erhebungsmethodik. Das gilt mehr noch für weitere hafenbezogene Daten, für die Verwendung bestimmter Termini wie Massengut, Stückgut usw. Doch sind die genannten Daten in der Regel durchaus zu verwenden, jedenfalls solange sie eine auch durch andere Quellen gestützte allgemeine Tendenz widerspiegeln.

2 „Bruderhäfen" im deutschen Kaiserreich ?

Der Vorabend des Ersten Weltkrieges sah sämtliche Ostseehäfen zwischen Flensburg und Memel im deutschen Kaiserreich vereint, was einen deutschen Beobachter der 30er Jahre im Rückblick auf jene Zeit zu der idyllisierenden Bewertung bewog: „Der Wettbewerb im deutschen Ostseeraum wurde lediglich unter Bruderhäfen ausgefochten" (KLOSS 1935:5). Tatsächlich hatten die Häfen überwiegend jeweils nur eine kleinräumige Ausstrahlung, ihr norddeutsches Hinterland war rein agrarisch geprägt und sehr dünn besiedelt, so dass sie einen nur geringen Wettbewerbsdruck zu den Nachbarhäfen hin entwickelten.

Im Übrigen wird bereits vor 1914 die enorme *Ausstrahlung des Hamburger Hafens* in den westlichen Ostseeraum hinein deutlich: Seit der Inbetriebnahme des *Nord-Ostsee-Kanals (NOK)* im Jahre 1895 gilt Hamburg faktisch als „westlichster Ostseehafen", eine Position, die bis dahin der Hafen Lübeck innegehabt hatte. Da sich die geographischen Hinterländer beider Hansestädte quasi decken, konnte Lübeck in dem ungleichen Wettbewerb der benachbarten „Bruderhäfen" nur den Kürzeren ziehen. Die Monopolstellung, die Lübecks Hafen dank seiner „Winkellage" (HAEHNKE 1934:17) in der westlichen Ostsee bei der Vermittlung des Skandinavienhandels über die holsteinische Landbrücke hinweg nach Nordwestdeutschland lange innegehabt hatte, war seit 1895 an Hamburg verlorengegangen (erst der moderne LKW-Fährverkehr sollte dem Lübecker Hafen viel später neue Chancen auf diesem Felde eröffnen). Die als Kompensation für die Verluste durch den NOK gedachte Eröffnung des *Elbe-Lübeck-Kanals* (1900) brachte gewisse Vorteile für Lübeck (kurze Verbindung zum Elbe-System), bot aber letztlich keinen Ausgleich (KLOSS 1935:13).

Überhaupt konnten die deutschen Ostseehäfen von einer kaiserlichen Seepolitik wenig erwarten, deren Augenmerk einseitig auf die Nordsee und ihre großen Häfen gerichtet war (BOLLE 1969/71:100). Unter dieser Politik hatte bemerkenswerterweise vor allem Stettin, Preußens bei weitem umschlagsstärkster Hafen

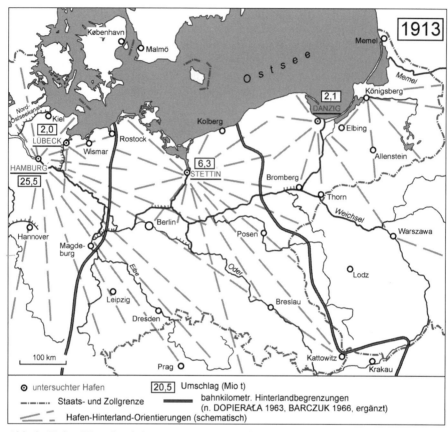

Abb. 1: Hafen-Hinterland-Orientierungen im südlichen Ostseeraum zwischen Hamburg und Danzig 1913 (Entwurf E. Buchhofer, Zeichnung G. Ziehr)

(vgl. Tab. 1) zu leiden: Um die gefährdete Position Hamburgs und Bremens gegen die von nationalen Bahntarifsubventionen begünstigten Häfen Rotterdam und Antwerpen zu stärken, hatte die Reichsbahn einen *Seehafenausnahmetarif (S 5)* eingerichtet, der nur Hafentransporte im Inland ab 200 km Länge begünstigte. Da die für Stettin so bedeutsame Strecke Berlin-Stettin kürzer ist, wurden die Berliner Spediteure auf den (zwar deutlich längeren, dafür aber tarifsubventionierten) Schienenweg nach Hamburg gedrängt.

Ähnlich fatal – aus Stettiner Sicht – wirkte sich der *Bahnsondertarif 2 c* für russische Transite zu deutschen Häfen aus, der nur für Transportstrecken im Inland ab 400 km galt. Sowohl der Stettiner als auch der Danziger Hafen lagen näher an der damaligen russischen Grenze (vgl. Abb. 1), so dass auch die Russland-Transite tarifpolitisch nach Hamburg und Bremen – an den nähergelegenen deutschen Ostseehäfen also vorbei – verwiesen wurden (DOPIERAŁA 1963:56). Schon der NOK hatte Stettin den Hauptanteil am deutschen Nordeuropaverkehr zugunsten Hamburgs abgenommen und somit auch dem traditionellen Stettiner Hinterland kräftig das Wasser abgegraben: Um 1913 füllte der Stettiner Seehafen sein weit ausgreifendes bahnkilometrisches Hinterland längst nicht aus (vgl. Abb. 1), war sogar die nahe Reichshauptstadt bereits überwiegend auf den fernen Hamburger Hafen ausgerichtet (DOPIERAŁA 1963:51 ff.). Gegen den hier angedeuteten Trend stehen allerdings einige Anstrengungen des preußischen Staates, die einer Hinterlandstützung Stettins (insbesondere als „Vorhafen Berlins") hatten dienen sollen, so der recht frühe Anschluss an das Bahnnetz (1843!) und der von 1906–1914 ausgebaute *Berlin-Stettiner Großschifffahrtsweg* (*Hohenzollernkanal*, heute *Oder-Havel-Kanal*), der in Stettin in einen leistungsstarken Binnenhafen mündete.

Auch der *Transitverkehr* mit dem fernen österreichischen (hier vor allem: böhmisch-mährischen) Hinterland, bei dem Stettin dank seiner relativen kilometrischen Nähe im 19. Jh. eine führende Rolle gespielt hatte, war bis 1914 – nicht zuletzt infolge der erwähnten Tarifbegünstigungen – überwiegend auf Hamburg ausgerichtet. Dabei ist es seither geblieben.

DOPIERAŁA hat in seiner Studie zur „Stettiner Hafenkrise" (1963:58) auch auf einen interessanten sozialgeschichtlichen Aspekt der Stettiner Schwäche im Wettbewerb mit Hamburg hingewiesen: Danach verfügte die pommersche Provinzhauptstadt über keine Bürgerschaft mit großer Handelstradition und Überseekultur und mit entsprechendem „hanseatischen" Selbstbewusstsein, wie sie das Hamburger Wirtschaftsmilieu seit je prägte. Stattdessen hatten sich ihre preußischen Verwaltungseliten eher in einem agrarprotektionistisch beruhigten, „junkerlich" geprägten Umfeld zu bewähren gelernt, so dass ihnen – so der Autor – die nötige maritime politische Schlagkraft abgehen musste.

In östlicher und südöstlicher Richtung hatte sich im 19. Jh. das Stettiner Hinterland günstiger entwickelt, wo die oberschlesischen Steinkohlekonzerne und die Posener Agrarüberschussproduzenten ihre Außenhandelstransporte vor allem über Stettin (z.T. über den Oder-Wasserweg und den Stettiner Binnenhafen) zu leiten gewohnt waren. Stettins starke Stellung in dieser Richtung hatte sich teilweise zu Lasten des Danziger Hafens entfaltet, der seit der Zugehörigkeit der alten Hansestadt zu Preußen (1793 bzw. 1814) sein traditionelles polnisches Hinterland oberhalb Thorns größtenteils verloren hatte und kurz zuvor bereits durch den Bau des *Bromberger Kanals* (1774) auch noch Transportabflüsse aus dem „eigenen" westpreußischen Weichselgebiet Richtung Stettin-Hamburg hinzunehmen hatte (KEYSER 1928:236; TUBIELEWICZOWIE 1973:59).

Danzig hatte bekanntlich zur Hansezeit als Polens Haupthafen eine beherrschende Stellung im Ostseeraum errungen (vgl. MÜLLER 2000). Im Rahmen Preußens war die Stadt jedoch ihrer traditionellen Autonomie beraubt und – darin nunmehr Stettin vergleichbar – zu einer (geographisch peripheren) Provinzhauptstadt degradiert worden, die überdies sehr spät und zögernd (1852–57) an das preußische Bahnnetz angeschlossen wurde. Anders als die kanalisierte Oder für Stettin spielte die (oberhalb Thorns unregulierte) Weichsel eine marginale Rolle für den Danziger Seehafen (1913: 14% des landseitigen Warenempfangs, mit rasch abnehmender Tendenz; n. *Die verkehrswirtschaftlichen Aufgaben...*1941:59). Russische Getreide-Durchfuhren erreichten den Danziger Hafen um 1910 – ebenso wie die Getreidehäfen Königsberg, Libau und Riga – nur noch per Bahn (vgl. KEYSER 1928:238 f.). Im ungleich wichtigeren Oberschlesienverkehr (Erzimporte aus Schweden, Steinkohleexporte) der preußischen Ostseehäfen band Stettin 1913 ein Volumen von 3,1 Mio. t, Danzig bei etwa gleicher bahnkilometrischer Transportdistanz (vgl. Abb. 1) von nur 0,7 Mio. t, und dies trotz einer gewissen tarifpolitischen Unterstützung (SERAPHIM 1937:98).

Generell gilt, dass der über die norddeutschen Ostseehäfen abgewickelte Warenverkehr vor allem dem Außenhandel (besonders mit Nordeuropa) und daneben den Rohstoffbedürfnissen der örtlichen hafennahen Industrien (Hochofenwerke in Lübeck und Stettin, Schiffswerften, Düngemittelfabriken u.a.) diente. Dank der rasanten Entwicklung des deutschen Eisenbahnnetzes wurden daneben in wachsendem Umfang Produkte (vor allem Agrarerzeugnisse) aus dem Hinterland der Häfen in ost-westlicher Richtung direkt zu den inländischen Verbrauchszentren (Berlin, Sachsen, Westfalen usw.) auf dem schnelleren Schienenwege bewegt, ohne dass die Häfen in Anspruch genommen wurden. Diese Tendenzen einer Verschiebung des sogenannten *modal split* (Transportartenstruktur) hin zum bequemsten Landtransportmittel wirkten nachhaltig bis in die Gegenwart fort.

3 Harte Kämpfe ums polnische Hinterland in der Zwischenkriegszeit (1920–1939)

Am Ende des Ersten Weltkrieges zerbrach das europäische Staatengefüge östlich des Deutschen Reiches, zerbrach auch das russische Imperium, und es erschien eine Reihe neuer Schifffahrtsnationen auf der Ostsee. Hier sind – neben Finnland und den drei Baltischen Republiken – vor allem Polen und die mit ihm zollpolitisch verbundene Freie Stadt Danzig zu nennen. Polen erhielt durch den *Versailler Vertrag* (1920) einen direkten Zugang zur Danziger Bucht. Das Land sah sich von Beginn an im Westen wie im Osten von eher feindseligen Nachbarn umgeben, da es sich territorial auf deren Kosten etabliert hatte. Während zum bolschewistischen Russland die Beziehungen nahezu eingefroren waren, geriet das Land, das einen Teil des Oberschlesischen Industrieviers sowie die reiche Posener Agrarregion dem Reich abgewonnen hatte und mit dem *Danziger Hafen* durch eine Zollunion und eine gemeinsame Hafenverwaltung eng verbunden worden war, in einen Dauergegensatz zum Deutschen Reich, der sich u.a. in einem verbissen geführten *Zollkrieg* (1925–1934) ausdrückte. Dessen Ziel bestand aus Sicht des Reiches vordergründig in der Abwehr von Kohleimporten aus Polnisch-Oberschlesien, letztlich aber in einer Schwächung des noch nicht wirklich akzeptierten neuen Nachbarstaates. Da die ostoberschlesische Kohle eines der wenigen gefragten Exportgüter Polens war, suchte die bedrängte Warschauer Regierung nach Abnehmern außerhalb Deutschlands, und diese wurden bald vor allem in Skandinavien gefunden. Damit wurden Seetransporte über die Ostsee zu einer lebenswichtigen Nabelschnur der polnischen Wirtschaft.

In dieser Situation sah sich Polen vom Versailler Vertrag auf die freie und ungehinderte Nutzung des Danziger Hafens verwiesen, dessen Verwaltung und Führung in Händen eines paritätischen polnisch-Danziger *Hafenausschusses* (Rada Portu) lag (BUCHHOFER 2004:71 ff.). Die politische Führung des Danziger Freistaates orientierte sich aber weitgehend an den Interessen des Reiches. Das wurde aus der Sicht der polnischen Meerespolitik als latent bedrohlich für Polens strategische

Tab. 1: Hafenumschlagszahlen der untersuchten Häfen von 1913–1938 (Mio. t)

	1913	1928	1932	1938
Hamburg	25,4	26,4	19,8	25,7
Lübeck	2,0	1,7	0,9	2,0
Stettin	6,3	4,5	3,3	8,2
Gdingen/Gdynia	–	1,9	5,1	9,2
Danzig	2,1	8,6	5,4	7,1

Quelle: DOPIERAŁA 1963, ergänzt

und Außenwirtschaftsinteressen betrachtet, und da außerdem die begrenzten Umschlagkapazitäten des bis dahin eher provinziell dimensionierten Danziger Hafens als den nationalen Anforderungen Polens nicht angemessen eingeschätzt wurden, fiel die Entscheidung zum Neubau eines eigenen, hochmodernen Ausweichhafens nördlich von Danzig bei *Gdingen/Gdynia* (vgl. SIEBENEICHEN 1929).

Dessen Bau wurde ab 1924 mit außerordentlicher Energie und zu enormen Kosten vom polnischen Staat betrieben. Gleichzeitig wurde der neue Hafen durch eine besondere Bahnstrecke (*Kohlenmagistrale*) auf kürzestem Wege und unter Umgehung Danzigs mit Polnisch-Oberschlesien verbunden (Bauzeit 1925–32). Da auch der Danziger Hafen durch seinen Hafenausschuss einen deutlichen Ausbau erfuhr und der Aufbau Gdingens schneller als erwartet vorankam, als ferner der britische Bergarbeiterstreik von 1926 der polnischen Steinkohle unversehens gute Exportperspektiven eröffnete, entschloss sich die polnische Regierung zu einer dramatischen Umsteuerung des polnischen Außenhandels vom Land- auf den Seetransport via Danzig-Gdingen: Während 1929 42% des polnischen Außenhandels (nach Gewicht) über diese beiden Häfen liefen, waren es 1938 78% (TUBIELEWICZOWIE 1973:71). Ehe aber einige weitere Instrumente des polnischen Transport-Dirigismus zugunsten der Häfen Danzig-Gdingen näher betrachtet werden, sei ein Blick auf die Situation der deutschen Häfen nach 1920 geworfen.

Hamburg und Lübeck blieben von den gravierenden neuen Grenzverschiebungen im Osten in ihren Hinterlandbeziehungen weitgehend unberührt. Der Hamburger Hafen erhielt um 1930 besondere staatliche Investitionsmittelzuwendungen, was u.a. seinen steten expansiven Tendenzen nach Osten zustatten kommen musste. Hier war der Stettiner Hafen nach 1920 in eine zweifache Bredouille geraten (zum Folgenden vgl. DOPIERAŁA 1963): Von Westen her war der Druck Hamburgs auf das kilometrische Hinterland Stettins eher noch stärker geworden, während dieses gleichzeitig durch die neuen Grenzen im Osten um die ehemalige Provinz Posen und das ebenfalls polnisch gewordene Ost-Oberschlesien empfindlich reduziert worden war (vgl. Abb. 2). Das deutliche Absinken der Stettiner Umschlagszahlen spiegelt diese Entwicklung wider, die sich im Gefolge der Weltwirtschaftskrise gerade hier noch besonders zuspitzte (vgl. Tab. 1). Der Hafen Rostock spielte zu dieser Zeit noch keine überregionale Rolle (Umschlag 1938: 0,58 Mio. t, nach HAGEL 1957:50).

Vor dem Hintergrund des erwähnten deutsch-polnischen Zollkrieges verstärkte die polnische Regierung ihre ehrgeizige und überaus kostspielige Politik der Hafen-

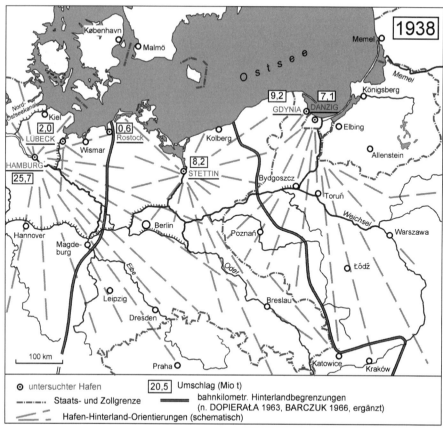

Abb. 2: Hafen-Hinterland-Orientierungen im südlichen Ostseeraum zwischen Hamburg und Danzig 1938 (Entwurf E. Buchhofer, Zeichnung G. Ziehr)

Autarkie durch den forcierten Ausbau Gdingens, der gestützt und begleitet wurde durch die Einführung von Seepräferenzzöllen für Importe und Exportprämien bei einer Nutzung der Häfen Gdingen und Danzig (mit – aus Danziger Sicht – deutlicher Präferenzgewährung für den nationalen Staatshafen Gdingen, vgl. KLOSS 1935:34). In dieses Bild staatlichen Protektionismus gehört auch die polnische Kohlenexportoffensive, die in Skandinavien durch die Gewährung von Dumpingpreisen gestützt wurde, wobei die Kohlenfrachter allzu oft ohne Rückfracht in die Danziger Bucht zurückkehrten, worin SERAPHIM (1937:219 f.) wohl zu Recht eine lange andauernde „Fehlleitung von Verkehrsleistung und Kapital" sah.

Besonders spektakuläre Formen nahm der Kampf ums Hinterland zwischen Stettin und Danzig-Gdingen durch die Tarifdumping-Praxis der beiden Staatsbahnen *(DR, PKP)* ab 1925 an, die das Bild eines regelrechten Schlagabtauschs bot (vgl. DOPIERAŁA 1963:158 ff.). Dabei war auf deutscher Seite 1925 der *Seehandelsdurchfuhrtarif 5 (SD 5)* in Kraft getreten, der Stettin gegen die mit großen Ängsten erwartete moderne Hafenkonkurrenz Gdingens (aber auch Danzigs!) stärken und Teile der traditionellen westpolnischen Hafenkundschaft weiter an Stettin binden sollte. Der *SD 5* begünstigte aber – ähnlich wie die entsprechenden Kampftarife der polnischen Seite – generell auch alle langen Inlandtransporte, so dass gleichzeitig auch der Hamburger Hafen profitieren konnte. Immerhin wirkte der *SD 5* durchaus attraktiv auch auf polnische Agrarexporteure in Westpolen: Noch 1928 wurde die Hälfte der polnischen Zuckerexporte via Stettin verschifft, und sogar 1938 konnten noch 27 000 t Getreide aus Posen auf diesen Weg gebracht werden (DOPIERAŁA 1963:212)! Die Warschauer Regierung, die ihr Gdingen-Projekt mit so großen Opfern förderte, sah solche „Seitensprünge", zu denen sie vor allem in der IHK Posen einige Neigung beobachtete, mit deutlichem Argwohn.

Wirksamer als alle Patriotismus-Appelle waren in solchen Fällen allemal die zahlreichen und komplizierten Ausnahmetarife der Staatsbahn *PKP* zugunsten von Bahngütertransporten über Danzig-Gdingen (1921 gab es zunächst 2, 1932 bereits 65 solcher Tarife! Vgl. DOPIERAŁA 1963:165). So kostete der Bahntransport einer Tonne polnischer Kohle um 1930 von Kattowitz/Katowice nach Stettin (je 100 km) umgerechnet 2,69 RM, von Kattowitz nach Danzig aber 0,56 RM. In entgegengesetzter Richtung liefen die importierten Schwedenerze, deren Transport – in entsprechender Rechnung – von Stettin nach Kattowitz 1,81 RM, von Danzig nach Kattowitz 0,86 RM kostete, bei fast gleicher Länge beider Alternativstrecken (vgl. KLOSS 1935:29).

Die Warschauer Regierung setzte ihre einmal in die Wege geleitete protektionistische Transportpolitik mit äußerster Energie und Beharrlichkeit durch und ließ sich dabei weder von den finanziellen Kosten dieser Strategie beirren noch von den wiederholten Einwänden aus Wirtschaftskreisen Westpolens, die sich die Wahl Stettins oder Hamburgs als Exporthäfen nur ungern nehmen ließen. Schließlich wurde die Entschlossenheit der polnischen Regierung – aus ihrer Sicht – mit Erfolg belohnt: Waren 1926 noch 46% der polnischen seewärtigen Gütertransporte über deutsche Häfen (vor allem Stettin, Hamburg, Königsberg) abgewickelt worden, so war es 1934, am Ende des Zollkrieges, nur noch ein Prozent (SERAPHIM 1937:125). Damit war die deutsche Reichs- und Zollgrenze im Osten faktisch zur realen Scheidelinie zwischen den Hinterländern der Häfen von Stettin und Danzig-Gdingen geworden (vgl. Abb. 2).

Mit dem deutsch-polnischen Nichtangriffspakt von 1934 schien das durch wechselseitige Angst und Missgunst geprägte Klima zwischen den Häfen beider Zollgebiete wie ausgetauscht: Schon vor Beendigung des Zollkrieges hatte die bedrängte Stettiner Hafendirektion über alle Gräben hinweg den Kontakt zum gefürchteten, aber auch fachlich bewunderten Staatshafen Gdingen gesucht. Ab 1934 kam es dann sogar zu wechselseitigen Besuchen der Hafenleitungen, die in einer freundschaftlichen Atmosphäre verlaufen sein sollen. Stettin suchte auf diesem Wege vor allem, sich seinen traditionellen Posener Markt durch friedliche Absprache wieder zu eröffnen. Diese Initiativen blieben allerdings rasch stecken, da die Warschauer Regierung auch in diesem Falle dem Treiben der eigenen „Basis" durch Intervention rasch ein Ende bereitete (DOPIERAŁA 1963:207 f.).

Die Häfen Danzig und vor allem Gdingen waren ab 1925 zu modernen, leistungsstarken Massenguthäfen ausgebaut worden, deren rapide Umschlagsentwicklung in deutlichem Kontrast zu den z.T. rezessiven Tendenzen in den deutschen

Häfen stand (vgl. Tab. 1). Der Stettiner Hafen, der je zur Hälfte kommunales bzw. preußisches Staatseigentum war, hatte auch einen gewissen Ausbau einiger seiner Hafeninfrastrukturen erfahren, seine Umschlagseinrichtungen galten aber (nach einem Bericht des Oberbürgermeisters Faber von 1940) als veraltet (DOPIERAŁA 1963:44). Auch die neue NS-Führung wartete mit Initiativen bis 1938, als sie – bereits mit Blick auf eine künftige Wirtschaftsexpansion gen Osten – mit einem 12-Millionen-Reichsmark-Programm für den Stettiner Hafen aufwartete. Dessen Mittelansätze wurden bis 1943 immerhin noch zur Hälfte investiert. Ein weiteres, viel größeres Investitionsprogramm vom Jahre 1940 sah für die Zeit nach dem erwarteten „Endsieg" des Hitlerreiches den Einsatz von 400 Mio. RM (mit sehr detaillierten Zielansätzen) vor. Der einmal so ausgebaute Hafen Stettin sollte einst 25 Mio. t jährlich umschlagen und sein Hinterland auf den Donauraum, Russland und Ostasien ausdehnen (DOPIERAŁA 1963:47 ff.). Für Danzig und für das 1939 ganz auf die Rolle als „Reichskriegshafen" reduzierte Gdingen („Gotenhafen") wurden – soweit bekannt – derartige Perspektiven nicht eröffnet.

4 Erstarrte Hinterlandgrenzen im Kalten Krieg

Im Gefolge des Zweiten Weltkrieges wurde das Ostseeküstengebiet zwischen Kiel und Königsberg binnen kürzester Frist von den schwerwiegendsten territorialen, demographischen und politisch-wirtschaftlichen Veränderungen seiner Geschichte erfasst. Am Ende dieser Turbulenzen entstanden mit der Deutschen Demokratischen Republik und der Volksrepublik Polen zwei im Rat für Gegenseitige Wirtschaftshilfe (RGW) organisierte „sozialistische" Staaten mit historisch völlig neuen Grenzen. Beide Nachbarn sahen sich vor der Notwendigkeit, ihre seewirtschaftlichen Bedürfnisse neu zu definieren und dies gestützt auf ein unter ganz anderen historischen Bedingungen entstandenes Netz von Häfen mit den dazugehörenden, durch die neuen Grenzen z.T. zerschnittenen Landtransportsystemen.

Während Polen mit dem Erwerb Stettins, Kolbergs und Danzigs alle nur wünschbaren Hafenbedürfnisse erfüllt sah, stand die DDR, deren Küstenabschnitt sich zwischen Lübeck und Stettin drängte und nur über einige kleinere Seehäfen verfügte (Wismar, Rostock, Stralsund), vor einer Lage, die derjenigen Polens in der Zeit nach 1920 nicht unähnlich war: Wie einst der polnische „Korridor" war das Küstengebiet der DDR dünn besiedelt, industriearm und an die Wirtschaftszentren des neuen Staates (Ost-Berlin, Elbegebiet, Sachsen usw.) höchst unzureichend angeschlossen (vgl. HAGEL 1957:43).

Die DDR-Häfen wurden im Rahmen des herrschenden Staatswirtschaftsmodells zentral gesteuert und unterlagen den Zielsetzungen der Volkswirtschaftspläne. Sie wurden vom *VEB Kombinat Seeverkehr und Hafenwirtschaft* geführt und nach dessen Planvorgaben entwickelt. Ganz ähnlich waren die polnischen Ostseehäfen organisiert: Sie waren Teile der staatlichen *Seehafenvereinigung* (Zjednoczenie portów morskich, Sitz Gdingen), die praktisch für alle Aspekte der Häfen – im Rahmen zentraler Plandirektiven – Vollmacht besaß. Unter diesen rigiden, staatsmonopolistischen Bedingungen gab es keinen Wettbewerb zwischen den Häfen innerhalb der sozialistischen Staaten, auch nicht zwischen Häfen benachbarter sozialistischer Staaten. Auch die Hinterland- und die Außenhandelsbeziehungen der Häfen waren prinzipiell zentral geregelt.

Im Rahmen der sozialistischen Zentralverwaltungswirtschaft der DDR und der VRP herrschte eine strenge Autarkiepolitik in fast allen Wirtschaftsbereichen. So galt die allgemeine Regel, den seewärtigen Außenhandel (im Falle Polens etwa ein Drittel des Außenhandelsvolumens) möglichst nur über landeseigene Häfen abzuwickeln und ausländische Häfen nur zu bemühen, wenn es sich aus bestimmten Gründen nicht umgehen ließ (MISZTAL 1996:117 ff.).

Unter marktwirtschaftlichen Bedingungen entwickelte sich nach 1945 hingegen der (kommunale) Lübecker Hafen, der durch die Teilung Deutschlands in eine exponierte Grenzlage geraten war. Dadurch war ihm sein traditionelles (ostwärtiges) Hinterland weitgehend versperrt worden (HAGEL 1957:35 ff.). Andererseits bot ihm die Lage als „östlichster Ostseehafen Westeuropas" (SCHLENNSTEDT 2004:97) ganz neue Vorteile: Er hatte hinfort die geographische Position eines Nadelöhrs bei der Vermittlung des seit den 60er Jahren rapide wachsenden Fähr- und RoRo- (*roll-on-roll-off*) Verkehrs zwischen Westeuropa und Skandinavien inne. Überdies war mit der Errichtung des *Elbe-Seitenkanals* (1976) als Kompensation für den Verlust des Elbe-Hinterlandes für Lübeck (und Hamburg) ein bequemer Massengüterzugang (Schwedenerze!) zu den Industriezentren Salzgitter, Hannover und damit zum Mittellandkanal und zum Ruhrgebiet geschaffen worden.

Für die Entwicklung der südlichen Ostseehäfen (östlich von Lübeck) in den 50er bis 60er Jahren waren zunächst mehrere Hauptfaktoren ausschlaggebend: Als erstes die notwendigen Wiederaufbau- und Anpassungsanstrengungen im Zuge der Etablierung der DDR und der VRP in ihren neuen Grenzen (alle polnischen Häfen waren bei Kriegsende aufs schwerste zerstört worden; MISZTAL 1978:27). Zum anderen sind einige generelle Verschiebungen in der Güterstruktur des transbaltischen Außenhandels zu nennen: Die traditionelle Dominanz der Massengutfrachten (Steinkohle aus Polen, Erze aus Schweden, Holz und Zellstoff aus Finnland), die u.a. im Zuge des autarkistischen Auf- bzw. Ausbaus eigener Hüttenindustrien in der DDR, der ČSSR und in Polen in den 50er und 60er Jahren das Frachtbild auf der südlichen Ostsee prägten, ging stetig zurück. Während der Umschlag der polnischen Häfen 1949 noch – ähnlich wie in den 30er Jahren – zu rund 70% aus Steinkohle bestand, waren es 1970 noch 46%, während der seit je schmale Stückgüteranteil sich von 10 auf 19% verdoppelte (TUBIELEWICZOWIE 1973:126 ff.).

Als neue starke Gütergruppe erschien bereits in den 60er Jahren – im Gefolge des Baus der RGW-Pipeline *Freundschaft* mit den Raffinerien in Płock, Schwedt und ab 1973 Danzig – vermehrt der Rohöltransport auf der südlichen Ostsee, vorerst als west-östliche Importbewegung. Schließlich erreichte die weltweite Containerisierung des Stückgutverkehrs auch die Ostsee. Hier durfte sich Gdingen, das bereits im ersten polnischen Hafenentwicklungsplan von 1947 den Stückgutumschlag als Schwerpunkt zugewiesen erhalten hatte, etwa ab 1970 auf den Umschlag moderner Normcontainer (internationale Maßnorm *TEU: Twenty feet Equivalent Unit*) spezialisieren, während Stettin und Danzig weiterhin wie eh und je vorrangig dem Kohleumschlag dienen sollten. Im Falle der DDR musste der entsprechend ausgebaute Hafen Rostock als einziger Handelshafen von „nationalem" Gewicht praktisch allein die gesamte Güterpalette bedienen, da man sich auf die Dienste der benachbarten „ausländischen" Häfen Lübeck und Hamburg sowie Stettins ja nur ungern stützen mochte.

Der Seeverkehr auf der Ostsee dient auch heute ganz überwiegend dem Außenhandel der Anrainerstaaten. Dabei stand vor 1990 der jeweilige Intra-Block-Handel stets an erster Stelle. Im Falle Lübecks (und Hamburgs) schloss dies einen intensiven Seeverkehr mit den marktwirtschaftlichen EFTA-(heute EU-)Staaten Skandinaviens ein. Der ohnehin vergleichsweise geringe Warenaustausch zwischen den RGW-Staaten bewegte sich ganz überwiegend zu Lande auf der Schiene. Auch die blockübergreifenden Güterbewegungen über die Ostsee hinweg waren relativ gering: Im Jahre 1972 etwa wurden im Außenhandel zwischen Westdeutschland und den drei skandinavischen Ostseestaaten (meist veredelte) Güter im Werte von 4,4 Mrd. US-Dollar bewegt, während die DDR in gleicher Richtung nur Warenwerte von 0,2 und Polen von 0,3 Mrd. US-Dollar austauschten (überwiegend geringwertige Rohstoffe, vgl. ZALESKI, WOJEWÓDKA 1977:288). Bereits an diesen allgemeinen Daten lässt sich die höchst unterschiedliche Qualität zwischen der in Lübeck (bzw. Hamburg oder Kiel) hauptsächlich auf Fähr- und RoRo-Schiffen umgeschlagenen Warenstruktur und den in Stettin oder Danzig umgeschlagenen Gütern im Skandinavienverkehr ablesen.

Die 60er und 70er Jahre waren für alle hier behandelten Häfen eine Zeit bedeutender Investitionen in Richtung auf moderne Transporterfordernisse. Der Hafen Lübeck, der noch um 1970 seinen Schwerpunkt beim Import von Massengütern (Holz, Papier, Kohle) hatte und seine Hinterlandverluste weiter auszugleichen suchte, nutzte entschlossen seine spezifischen Chancen durch Ausbau seines *Skandinavienkais* in Travemünde zu einem der leistungsstärksten Fähr- und RoRo-Terminals Nordeuropas. Damit stärkte Lübeck rechtzeitig seine Position unter den deutschen Fährhäfen der südlichen Ostsee (Kiel und Puttgarden, Warnemünde und Sassnitz), die bis heute in einem hart umkämpften Markt agieren.

In Rostock, einem bis dahin drittrangigen Regionalhafen (nahe Wismar, das bis um 1960 noch Ausbauprioritäten genossen hatte), wurde ab 1960 mit dem *Überseehafen der DDR* ein vollständig neuer Kunsthafen mit breitem Umschlagsspektrum (Öl, Kohle, Erz, Holz, Chemikalien, später Kunstdünger, außerdem Stückgüter) errichtet (NUHN 1997). Die gleichzeitige Hinterlandausweitung auf das ganze DDR-Territorium erforderte den umfassenden Ausbau der landseitigen Anbindungen (Neubauten: Autobahn, Pipeline nach Schwedt und damit nach Leuna u.a.). Eine früh geplante Kanalverbindung ins Hinterland wurde nicht realisiert (HAGEL 1957:72). Es entstand gleichsam ein „zweites Gdingen", in dem ebenfalls – wie einst im polnischen Fall – der Sitz der nationalen Handelsflotte und zahlreiche Liniendienste, u.a. für den Überseeverkehr mit befreundeten Staaten wie Kuba, China, Indien usw., stationiert wurden. Trotz enormer Steigerung der Umschlagszahlen (vgl. Tab. 2) mündete der stürmische Hafenausbau z.T. in Überkapazitäten (NUHN 1997:9). Diese unterlagen nach 1990 einer kritischen Überprüfung.

Auch die polnischen Häfen erfuhren einschneidende Neuerungen, durch welche die in den nationalen Perspektivplänen für sie festgeschriebenen Funktionen gestärkt wurden. So wurde der 65 km von der Küste entfernte Stettiner Stadthafen, der nur über einen verschlammungsgefährdeten Seekanal erreichbar ist, ab 1968 durch den Neubau eines großen Massengutterminals in Küstenlage in Swinemün-

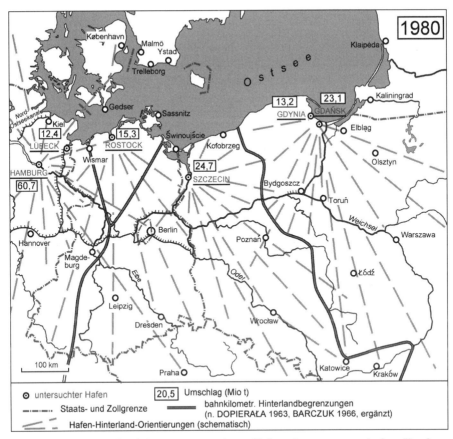

Abb. 3: Hafen-Hinterland-Orientierungen im südlichen Ostseeraum zwischen Hamburg und Danzig 1980 (Entwurf E. Buchhofer, Zeichnung G. Ziehr)

de/Świnoujście ergänzt (*Świnoport I – IV*), der heute fast die Hälfte des Stettiner Gesamtumschlags beisteuert. Beide Häfen bilden gemeinsam mit dem Werkshafen der Kunstdüngerfabrik *Police* eine geographisch weitgespannte Hafengruppe. Gdingen erhielt ab 1976 Polens ersten (und bislang einzigen) modernen *Container-Terminal* (heute: der *BCT*, vgl. Abschnitt 5) und schärfte damit entscheidend sein Profil als führender Stückguthafen des Landes.

Dieses Projekt war ein zentraler Bestandteil des polnischen *Hafeninvestitionsprogramms bis 1985* von 1967/68. In diesem Dokument wurde auch ein noch größeres Vorhaben, nämlich der spektakuläre Neubau des *Danziger Nordhafens* (Port Północny) als Polens einziger wirklicher Tiefwasserhafen (Kaitiefe bis 15 m) angekündigt. Der Nordhafen, dessen erste Bauphase in die Jahre 1970–1975 (Kohlepier, Ölpier) fiel, stärkte die ohnehin seit 1920 vorhandene, erdrückende Massengut- und Rohstoffdominanz im Danziger Hafengeschehen weiter, in dem auch der Holz-, Phosphat- und der Schwefelumschlag besondere Akzente setzten (vgl. TUBIELEWICZOWIE 1973:146 ff., 198 f.).

In den 80er Jahren war an den Küsten der südlichen Ostsee eine recht stabile Hinterlandaufteilung der fünf großen Häfen eingetreten, die sich grob an den Staats- bzw. Blockgrenzen orientierte (vgl. Abb. 3). Die Grenze zwischen den Stettiner und den Danzig-Gdingener Bereichen innerhalb Polens war dagegen weniger deutlich ausgeprägt und zeigte – je nach Gütergruppen – z.T. beträchtliche Bereichsüberschneidungen. In der Summe aller Güterströme war aber eine Orientierung an der Eisenbahn-Äquidistanzlinie zwischen beiden Hafenregionen erkennbar (vgl. BARCZUK 1966, dort Grafiken 33, 34). Daneben darf nicht übersehen werden, dass es vielfältige *Transitströme* über die Staats- und Blockgrenzen hinweg gab. So war die ČSSR als sozialistischer Binnenstaat größter Transitkunde der polnischen Häfen (namentlich Stettins), die um 1970 jährlich über 3 Mio. t Güter mit Ziel oder Ursprung in diesem Nachbarstaat abwickelten (ROLOW 1971:221). Darüber hinaus nahmen auch ungarische Güter diesen Weg. Doch auch DDR-Häfen leisteten der ČSSR Transitdienste (1972: 1,1 Mio. t, n. ZALESKI, WOJEWÓDKA 1977:363). All diese Bewegungen beruhten jeweils auf staatsvertraglicher Regelung.

Waren diese Transitströme ganz innerhalb des RGW angesiedelt, so trifft dies nicht für andere – z.T. beträchtliche – Warenbewegungen zu, die täglich die Blockgrenzen im Kalten Krieg überschritten. So verzeichnete der Hamburger Hafen 1972 fast 3 Mio. t Transitgüter im Verkehr mit der DDR. Das Gewicht dieser Zahl wird deutlicher, wenn man berücksichtigt, dass der monopolistische Staatshafen Rostock im selben Jahr knapp 13 Mio. t Güter umschlug. So bewährte sich die traditionelle Ausstrahlungskraft des Hamburger Hafens in östlicher Richtung selbst unter den historisch widrigsten Bedingungen. An diese somit nie ganz verschütteten Transporttraditionen konnte der nach 1990 zunehmend befreite Handel in Mitteleuropa anknüpfen.

5 Deutsche und polnische Ostseehäfen vor neuen Bewährungen seit 1990

Der Zusammenbruch der europäischen Blockkonfrontation um 1990 hatte auch im südlichen Ostseeraum zu den bekannten gravierenden Veränderungen geführt. Die Auflösung der planwirtschaftlichen Strukturen in den Küstenräumen östlich Lübecks mündete auch hier in eine marktwirtschaftliche Wettbewerbsordnung, in eine rasche Liberalisierung auch der Transportmärkte. Das brachte neue Orientierungen in die Transportströme auf der Ostsee (vgl. BREITZMANN 2002).

Diese Vorgänge unterschieden sich auf dem Hafensektor in der nach Osten zu vergrößerten Bundesrepublik von denen in Polen bereits durch die geographischen Lagebesonderheiten in diesem Raum: Die nun vereinten deutschen Ostseehäfen konnten sich – an schmalen Meeresübergängen mit kurzen Seezeiten für die Fährschifffahrt gelegen – voll in den schon vor 1990 boomenden Skandinavienverkehr einschalten. Dieser war längst durch den Einsatz moderner maritimer Transporttechnologien im Stückgutbereich (RoRo- und Containertransport, z.T. mit Schnellfähren) gekennzeichnet, während die größten polnischen Häfen sich z.T. noch weiter schwer tun, sich vom lastenden Erbe des einseitigen Massengutumschlages (mit seinem steten Blick auf die Bedürfnisse der alten Montanindustrien im Süden des Landes) zu lösen.

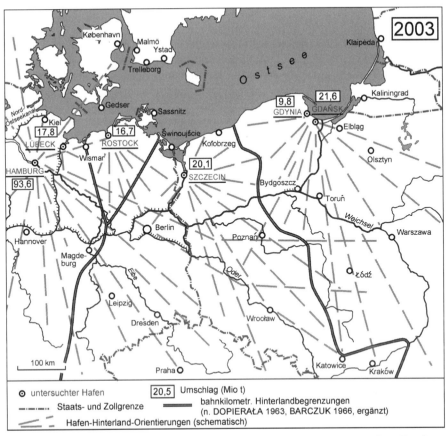

Abb. 4: Hafen-Hinterland-Orientierungen im südlichen Ostseeraum zwischen Hamburg und Danzig 2003 (Entwurf E. Buchhofer, Zeichnung G. Ziehr)

Es empfiehlt sich, die neuen Tendenzen in den Ostseehäfen beider Länder hier zunächst je für sich zu skizzieren, zumal sie nicht allzu viele direkte Berührungsflächen miteinander haben. Am Ende wird aber der immer expansivere Wettbewerbspartner Hamburg (als westlicher Bündelungspunkt eines Großteils der Ostseeschifffahrt) wieder in den Blick zu rücken sein mit all seinen Fernwirkungen auf das in Bewegung geratene Hinterlandgefüge der deutschen wie der polnischen Ostseehäfen.

Anders als für Polen ist die Ostsee für Deutschland ein Nebenschauplatz seiner Seeschifffahrt: Während rund 30% des in *deutschen Seehäfen* umgeschlagenen Gütervolumens auf den Verkehr mit dem Ostseegebiet entfallen, liegt der Anteil der deutschen Ostseehäfen am gesamten nationalen Umschlagvolumen deutlich darunter, nämlich bei etwa 20% (Statist. Jb. f. d. Bundesrepublik Deutschland 2004:473 f.). Daraus folgt, dass erhebliche Teile des seewärtigen deutschen Handels mit dem Ostseeraum von Nordseehäfen aus (namentlich Hamburg, in deutlich geringerem Umfang Bremerhaven) bedient werden. An diesen Zahlen zeigen sich bereits die Wurzeln für die Tendenz einer Hinterlandexpansion der Nordseehäfen ins mittel- und nordostdeutsche Binnenland hinein.

Das betrifft vor allem den rapide wachsenden Containerverkehr, der in Rostock 2003 – letztlich zu Gunsten Hamburgs – nahezu eingestellt wurde (vgl. Tab. 4), während gleichzeitig in Lübeck (auf Grund hamburgischer Initiative!) der neue *Container Terminal Lübeck (CTL)* in Betrieb genommen wurde: Dieser wurde – explizit als Außenposten des Hamburger Hafens an der Ostsee! – mit Hilfe der *HHLA (Hamburger Hafen- und Lagerhaus AG)* errichtet. Er ist mit Ganzzügen, die im Shuttlebetrieb verkehren, direkt an die modernsten Hamburger Container-Umschlagterminals (*Altenwerder, Burchardkai*) angeschlossen und soll den lebhaften *Feeder*- (Zubringer-) Verkehr der Containerschifffahrt auf der Ostsee von der Fahrt durch den Nord-Ostsee-Kanal (NOK) etwa nach Bremerhaven oder Rotterdam abbringen (vgl. BUCHHOFER 2003:65). Das neue Angebot wird allerdings vorerst von den Reedern sehr zögernd angenommen. Der Verkehr durch den NOK verzeichnet dafür derzeit Jahr für Jahr zweistellige Zuwachsraten, gerade im Container-Feeder-Bereich, dessen zunehmenden Anforderungen die Abmessungen des Kanals immer weniger gewachsen sind.

Anders als beim Containerumschlag, bei dem die deutschen Ostseehäfen mit der erdrückenden Attraktivität Hamburgs nicht in Wettstreit treten können, bauen sie ihre gewachsenen, lagebedingten Kompetenzen im Fährschiff- und RoRo-Schiffsverkehr mit Skandinavien konsequent aus (TESCH 1996). Die hohen Stückgutanteile am Umschlag (Lübeck 2002: 90%, Rostock 56%, nach SCHLENNSTEDT 2004:106, 137) werden fast vollständig im Behälterverkehr der Fähr- und RoRo-Linienschifffahrt bewegt (Russland und das Baltikum haben hier derzeit als Transportpartner noch ein minimales Gewicht). Deren Anleger (Lübeck-Travemünde: *Skandinavienkai*, Rostock: *Warnowkai*) werden daher als Hauptwachstumsträger weiterhin mit Hochdruck ausgebaut und modernisiert.

Die Wiedervereinigung Deutschlands hat vor allem die bisherigen Positionen Rostocks als Überseehafen sowie als Containerumschlagplatz entwertet, dafür seine Fährhafenperspektiven gestärkt, die – mit öffentlichen Sondermitteln massiv gefördert – den Hafen zu einem ernsten Konkurrenten Lübecks in dessen Domäne haben werden lassen. Das zeigen u.a. die derzeit hohen wöchentlichen Abfahrfrequenzen der Fährlinien (Lübeck ca. 150, Rostock 135, n. SCHLENNSTEDT 2004:117, 148). Die gravierenden Umstellungsprobleme Rostocks nach 1990 lassen sich an den Umschlageinbrüchen nach 1989 ablesen (Tab. 2). Der hier nach wie vor bestehende (stagnierende!) hohe Massengutumschlag darf z.T. als später Reflex der „universalen" Ausbaustrategie der DDR-Hafenplanungen gelten. Die Modernisierung des Rostocker Hafens ist noch nicht in allen Teilen abgeschlossen.

Die sich verschärfende Konkurrenz zwischen den benachbarten Fährhäfen Lübeck und Rostock ist nicht nur auf die Anzahl der eingeworbenen Fährlinien und deren jeweilige skandinavische Frachtmärkte zu beziehen, sondern auch auf das deutsche Hinterland beider Häfen. Dieses ist im Falle Rostocks rein bahnkilometrisch gesehen überaus schmal (vgl. Abb. 3, 4) und hatte zu DDR-Zeiten nur durch den Staatsdirigismus „republikweit" ausgeweitet werden können (vgl. dazu den Fall Gdingen in Polen vor 1939!). In der Realität sind heute die Fährverkehre beider Häfen zu 70–75% auf Deutschland als Hinterland zu beziehen (mit jeweiligen Schwerpunkten: Lübeck in Nordwestdeutschland, Rostock in Berlin und Ostdeutschland). Auch im außerdeutschen Hinterland beider Fährhäfen zeigt sich diese – zu erwartende – geographische Richtungsdivergenz: 19% des Lübecker Fährumschlags beziehen sich auf Westeuropa, im Falle Rostocks aber 24% auf Südosteuropa (BREITZMANN 1998:21). Die wichtigsten Frachtmärkte beider Fährhäfen liegen sicherlich weiterhin eher in den leistungsstarken Regionen Westdeutschlands und der Beneluxländer, und da scheint Lübeck langfristig besser positioniert. Aber mit wachsender Realisierung der *Verkehrsprojekte Deutsche Einheit* (2004 wurde auch Rostock endlich durch die *A 20* an die genannten Räume angeschlossen!) dürften die Chancen Rostocks eher wachsen, vor allem auf dem interessanten Transportsegment der besonders zeitsensiblen Güter: Rostocks Fährverkehre verfügen meist über kürzere Seezeiten als diejenigen Lübecks.

Der Hafenwettbewerb zwischen Lübeck und Rostock wird derzeit noch durch staatliche Sonderförderungsmaßnahmen zu Gunsten Rostocks verzerrt, was in Lübeck naturgemäß beklagt wird. Allerdings konnten beide Häfen in der Zeit seit 1990 jeweils beträchtliche Investitionsmittel in Höhe von über 200 Mio. Euro einsetzen, wobei Rostock davon einen deutlichen Teil in grundlegende Anpassungs- und nachholende Modernisierungsmaßnahmen stecken musste, was Lübeck weitgehend erspart blieb. Es darf also heute grundsätzlich von einem annähernd fairen Wettbewerbsverhältnis gesprochen werden. Die Grundlagen dafür zu stärken, wurden in den 90er Jahren die institutionellen Strukturen beider Häfen durch Privatisierungen und Bereichsausgliederungen (*outsourcing*) neu aufgefächert. Diesem Prozess unterlagen im Übrigen gleichzeitig auch die großen polnischen Häfen, wie noch zu zeigen sein wird.

Derzeit ist der Kern des Lübecker Hafens (mit 90% der Gesamtumschlagsleistung) in der handelsrechtlichen Form einer GmbH mit 100%-Stadtbeteiligung organisiert (*Lübecker Hafengesellschaft mbH, LHG*). Ausgegliedert wurden zahlreiche hafenbezogene Logistik- und sonstige Dienstleistungsbereiche und (in der Regel mit LHG-Beteiligung) privatisiert. Analog dazu besteht in Rostock eine *Hafen-Entwicklungsgesellschaft Rostock mbH, HERO* (mit ca. 75% Stadt- und 25% Landesbeteiligung). Von ihr wurde allerdings der zentrale Bereich Umschlag/Lagerung/Logistik abgetrennt und in einer besonderen Umschlagsgesellschaft mbH organisiert, die inzwischen von einem britischen Investor übernommen wurde. Daneben wurden auch hier zahlreiche weitere Outsourcing-Maßnahmen durchgeführt. Mit Hilfe des so neu geschaffenen Mixes unabhängiger, geschäftsfähiger Firmen hofft man, externe Investitionsmittel einzuwerben sowie die Flexibilität und Kundennähe der vielgestaltigen Hafenprozesse zu steigern, um im internationalen Hafenwettbewerb bestehen zu können.

Während die größeren deutschen Ostseehäfen eingespannt sind in den dichten Fährverkehr zwischen hochentwickelten westeuropäischen Volkswirtschaften, liegen die *polnischen Häfen* abseits dieser Schiene (zum Folgenden vgl. CZERMAŃSKA 1996; MISZTAL 2000). Angesichts der schwachen transkontinentalen Transportbedürfnisse in der Linie Skandinavien – Polen – Südosteuropa sind die Ostseehäfen Polens stärker auf die Transportnachfrage im eigenen Lande verwiesen. Dessen Wirtschaft zeigt insgesamt gute Wachstumserfolge. Deren außenwirtschaftliche Reflexe schlagen sich allerdings vor allem auf den westöstlichen Landtransportwe-

Tab. 2: Hafenumschlagszahlen der untersuchten Häfen von 1960–2003 (Mio. t)

	1960	1970	1980	1989	1995	2000	2003
Hamburg	30,8	46,9	60,7	53,9	66,0	77,0	93,6
Lübeck	3,0	5,7	12,4	11,8	14,4	18,0	17,8
Rostock	1,4	10,1	15,3	20,8	16,2	18,6	16,7
Stettin/Szczecin	8,8	16,5	24,7	19,3	22,5	22,5	20,1
Gdingen/Gdynia	7,1	9,5	13,2	9,5	7,7	8,4	9,8
Danzig/Gdańsk	5,9	10,2	23,1	18,9	18,6	16,7	21,6

Quelle: Statist. Jahrbücher der BRD, der DDR und Polens

Tab. 3: Güterstruktur im Hafenumschlag polnischer Häfen 1985, 1999 und 2003
(Hafenumschlag insgesamt jeweils = 100)

	Stettin/Szczecin			Gdingen/Gdynia			Danzig/Gdańsk		
	1985	1999	2003	1985	1999	2003	1985	1999	2003
Kohle, Koks	43,4	42,5	29,6	33,9	26,8	15,1	50,9	38,1	27,4
Erze	19,6	9,7	10,4	17,5	0,1	0,0	0,2	1.0	0,5
Getreide	3,8	4,8	5,2	12,5	7,9	8,9	4,2	2,0	1,8
Holz, Pap.	3,6	0,2	0,2	0,1	0,6	0,0	5,1	0,4	0,0
Öl, Ölprod.	2,8	4,9	1,8	1,2	5,2	1,0	10,0	36,9	45,8
Stückgut	8,5	18,5	29,2	30,0	51,4	59,0	6,2	8,2	11,6
Übrige	18,3	19,4	23,6	4,8	8,0	16,0	23,4	13,4	12,9
Insges.	100,0	100,0	100,0	100,0	100,0	100,0	100,0	100,0	100,0

Szczecin einschl. Świnoujście, Police
Quelle: berechnet und zusammengestellt nach Rocznik statyst. gospod. morskiej 1996, 2000, Transport – Wyniki działalności w 2003 r.

gen nieder: Deutschland hatte 2003 mit – wertmäßig – 28% bei weitem den größten Außenhandelsanteil, gefolgt von Frankreich und Russland mit 7 bzw. 6%. Die drei skandinavischen Ostseeländer – also die entscheidenden seewärtigen Partner Polens im Norden – deckten demgegenüber zusammen nur 6% des polnischen Außenhandels ab (MRS 2004:361). Die polnischen Häfen sind in einer weit nördlich der wirtschaftlichen Hauptzentren des Landes gelegenen Linie angesiedelt und mit diesen schlecht verbunden. Generell hat sich der Anteil der polnischen Seehäfen am Außenhandelsvolumen, der 1938 unter extremer Staatsprotektion bei 78% gelegen hatte, nunmehr unter marktwirtschaftlichen Bedingungen auf (1999) 36% reduziert (CWIKLIŃSKI 2001). Dieser Wert gilt jedoch immer noch als recht hoch.

Anders als Rostock erlitten Polens Häfen bereits in den 80er Jahren die entscheidenden Umschlagseinbußen, die sie bis heute (mengenmäßig) nicht wettmachen konnten (vgl. Tab. 2). Auch bei ihnen zeigten sich weitere Umschichtungen in der Struktur der umgeschlagenen Güter (vgl. Tab. 3), vor allem im Falle Gdingens, in Richtung auf eine Stärkung der Stückgut- und eine entsprechende Abschwächung der traditionell dominierenden Kohle-Erz-Komponenten: Der Stückgutanteil hat sich in den polnischen Seehäfen insgesamt von (1988) 15,7 auf (2003) 27,5% erhöht. Freilich sind nach wie vor die „schwarzen" Segmente (Kohle, Erze) tragende Säulen im Hafengeschehen Stettin-Swinemündes und auch Danzigs. Gdingen aber hat seinen Umstrukturierungsprozess inzwischen so weit vorangetrieben, dass es mit seinem Umschlagsprofil den Standards westeuropäischer Universalhäfen weitgehend entspricht. Die allgemein noch starke Bindung an die frühere Kohledominanz wird u.a. daran ablesbar, dass in den polnischen Häfen wie eh und je auch heute noch der Güterversand den Empfang gewichtsmäßig übertrifft, während es in den deutschen Ostseehäfen ebenso konstant umgekehrt ist. Die weitere Entwicklung der Umschlagstrukturen wird wesentlich vom Verlauf des von der Regierung noch abgebremsten Strukturwandels in den Montanindustriezentren des Südens abhängen.

Mit dem Beitritt Polens zur EU (2004) wurde das ganze Küstengebiet zwischen Hamburg und Danzig wieder – wie um 1914 – zu einem einheitlichen großen Zollgebiet, in dem auch weitgehend einheitliche Transport-Reglements gelten. Zuvor waren in Polen vielfältige Anpassungen an EU-Standards (in punkto Marktliberalisierung, Transportrecht, bei transporttechnischen Standards und Normen, Umwelt- und Sicherheitsstandards u.a.) vorgenommen worden (MISZTAL 2000:12 ff.). Damit wurde das Transportwesen des Landes neuen, großräumig geltenden Wettbewerbsbedingungen unterworfen. Dabei sind sich polnische Beobachter weithin darin einig, dass die Häfen des Landes nun zunehmend in „schwere See" geraten werden, da sie die Bürden der noch nicht vollendeten Industrietransformation ebenso zu tragen haben wie einen gravierenden Mangel an Investitionskapital, das zur Steigerung der Wettbewerbsfähigkeit im anspruchsvollen EU-Rahmen unbedingt benötigt wird.

Überblickt man die zuvor geschilderte Problemvielfalt, mit der Polens Häfen spätestens seit 1990 konfrontiert sind, so wird verständlich, dass MISZTAL (2002:19 ff.) durch den EU-Beitritt sogar eine Bedrohung der polnischen Häfen befürchtet. Dabei hat er vor allem die Gefahr einer weiteren *Penetration* (penetrowanie) des polnischen Hinterlandes durch die großen Nordseehäfen im Auge. Diese Gefahr werde verstärkt durch die mangelnde Beachtung der nationalen Hafenbelange seitens der Warschauer Regierung, die den zentral gelegenen Ost-West-Korridor (*Paneuropäischer Transportkorridor II*: Berlin – Posen – Warschau) u.a. durch den Bau der polnischen *A 2* in dieser Linie prioritär fördere und daneben die äußerst defizitären Hinterlandanbindungen der Häfen in der Nordsüdrichtung vernachlässige.

Tatsächlich ist die befürchtete Erosion der bis 1990 künstlich stabilisierten Hinterlandzuordnungen längst im Gange, auch wenn diese Tendenzen noch kaum durch Zahlen zu belegen sind. Betroffen sind gerade die heutigen Schlüsselbereiche des Fähr- und des Container-Feederverkehrs. Das zeigt sich z.B. an der jüngsten Entwicklung im polnischen Fährterminal Swinemünde. Dieser vermittelt seit 1964 den Fährlinienverkehr Nordpolens mit dem südschwedischen Ystad und konzentriert etwa 95% des von Polen aus operierenden Fährverkehrs auf sich. Dieser (seit einiger Zeit stagnierende) Fährdienst ist bereits durch die hochfrequenten und ständig modernisierten Liniendienste deutscher Häfen (Warnemünde – Ged-

Tab. 4: Normcontainer-Umschlag in den untersuchten Häfen 1995–2004
  (Tsd. TEU = Twenty feet Equivalent Units)

	1995	2000	2003	2004
Hamburg	2 890,2	4 248,2	6 137,9	7 003,5
Lübeck	93,5	82,3	106,7	137,2
Rostock	0,8	1,3	0,2	-
Stettin/Szczecin	13,2	21,9	21,6	27,7
Gdingen/Gdynia	140,4	188,3	308,6	377,2
Danzig/Gdańsk	3,1	18,0	22,5	41,2

Quelle: http://www.hafen-hamburg.org/de/mafo/mafo.php (22.03.2005)

ser bzw. Trelleborg, Sassnitz – Trelleborg) in Bedrängnis geraten (CZERMAŃSKA 1996:37,40), da die nordostdeutschen Wettbewerber u.a. auch in diesem Falle mit kürzeren Seezeiten aufwarten können und mit einer deutlich größeren Transportnachfrage umzugehen gewohnt sind. Die bevorstehende Fertigstellung des östlichen Teilstücks der deutschen *A 20* (Rostock – Stettin) wird diesen Sog wohl eher noch verstärken.

Ist der Swinemünder Fährlinienverkehr heute von eher nachrangiger Bedeutung, so trifft dies gewiss nicht auf den rapide anwachsenden Containerverkehr in der Ost-West-Richtung zu. Dieser wird überwiegend teils auf der Schiene, teils per Feederverkehr über die Ostsee betrieben. Die Frage stellt sich, ob Polens Seehäfen in diesem expansiven und logistisch anspruchsvollen Transportsegment eine offensive Rolle spielen können. Hier ist daran zu erinnern, dass Gdingens *Baltic Container Terminal (BCT)* einst bei seiner Errichtung in den 70er Jahren eine Monopolstellung im Lande zugewiesen erhalten hatte und diese sich bis heute weitgehend erhalten konnte (vgl. Tab. 4).

Die Containerisierung des Stückgutverkehrs ist z.B. im Hamburger Hafen quasi abgeschlossen, in den polnischen Häfen gibt es in dieser Hinsicht noch erheblichen Nachholbedarf. Jedenfalls spielt der moderne Normcontainer in den *Transportketten* zwischen Deutschland und Polen – vor allem auf den Seestrecken – eine wachsende Rolle. Da stellt sich die Frage, wie weit die polnischen Häfen (insbesondere der *BCT*) in der Lage sind, das wachsende Containeraufkommen des polnischen Binnenlandes – wie vor 1990 – auf sich zu konzentrieren bzw. wie weit dieses Frachtsegment den direkten (nunmehr geöffneten) Landweg zu den Nordseehäfen wählt, wenn es um den Warenverkehr mit den gewichtigen Märkten West- und Südeuropas geht.

Tatsächlich sind auch auf diesem zentralen Schauplatz bereits Abzugseffekte in Richtung Westen (Hamburg, Bremerhaven) zu beobachten, und hieran ist sogar die *Polnische Staatsbahn (PKP)* mitbeteiligt (!): Seit 1992 bewegt das deutsch-polnische Logistikunternehmen *Polzug GmbH* (Sitz Hamburg; Anteilseigner: *HHLA, DB Cargo, PKP*) mit einem fast täglichen, fahrplanmäßigen Ganzzugverkehr vor allem Container zwischen Hamburg bzw. Bremerhaven und vier firmeneigenen Containerterminals im Hinterland der polnischen Häfen (Laufzeit der Züge 30–40 Stunden). Um die Größenordnung dieser Abzüge zu verdeutlichen: 2004 wurden so annähernd 67 000 TEU an den polnischen Seehäfen „vorbeibewegt", während diese im selben Jahr insgesamt 450 000 TEU umschlugen (darunter auch einen gewissen Anteil im Rahmen des Skandinavienverkehrs, für den das Polzug-Angebot aus geographischen Gründen nicht relevant ist).

Angesichts der Marktverluste in Richtung Nordseehäfen sucht auch die Gdingener Hafenverwaltung durch eine von ihr mehrheitlich getragene Speditionsfirma *(Spedcont Sp. z o.o.)* mit ganz ähnlichen Mitteln der bedrohlichen Markterosion im eigenen Hinterhof zu begegnen: Ebenfalls mit regelmäßigem Ganzzugverkehr bewegte dieses Unternehmen (2004) 43 000 TEU zwischen Gdingen und fünf firmeneigenen Container-Terminals im polnischen Binnenland. Der Danziger Hafen bemüht sich gar um eine noch weiter greifende Hinterlandexpansion auf dem Containersektor: Seit 2001 verkehren auf Grund einer polnisch-ukrainischen Regierungsvereinbarung Ganzzüge mit Containern zwischen Odessa und dem Danziger Hafen, der u.a. mit Hamburg durch Feeder-Linienverkehr verbunden ist. Mit Hilfe dieses sogenannten „Korridors Danzig – Odessa" wird die lange Mittelmeerroute für ukrainische Exportcontainer mit Westeuropa-Destinationen entscheidend verkürzt.

Anders als zu RGW-Zeiten sind heute auch die polnischen Seehäfen zu selbstständig agierenden Wettbewerbern geworden. Während früher im Rahmen nationaler Planansätze eine Funktions- (und Mittel-)zuweisung „von oben" erfolgte, treten nun die Häfen direkt gegeneinander im Wettbewerb um die Frachtmärkte an. Voraussetzung war ihre unternehmerische Verselbstständigung, die nach 1990 ähnlich wie etwa in Rostock verlief: Die Hafenverwaltungen wurden in Polen in Aktiengesellschaften (mit unterschiedlicher Beteiligung des Fiskus) umgewandelt *(Zarząd Morskich Portów Szczecin i Świnoujście SA, Port of Gdynia Authority SA, Port of Gdańsk Authority SA)*, aus denen zahlreiche Servicebereiche als Tochterfirmen ausgegliedert wurden. Diesen privatisierten Töchtern fehlt es in der Regel noch sehr an Kapital, so dass sie auf den Einstieg von Investoren angewiesen sind.

Es ist sicher richtig, wenn CZERMAŃSKA (1996:38) darauf hinweist, dass es heute aus der Sicht der internationalen Spediteure – wenigstens in Mitteleuropa – weniger auf die Qualität der Häfen ankommt als vielmehr auf diejenige der gesamten *Transportkette von-Haus-zu-Haus* im Rahmen des *kombinierten Verkehrs (KV)*, und da zeigen Unternehmen wie *Polzug, Spedcont* und andere, welche Vorteile für die Seehäfen mit einer verbesserten logistischen Organisation erzielbar sind. Heute kommt gerade diesen multimodalen, international operierenden Transportketten im *kombinierten Land-See-Güterverkehr* zunehmend jene Rolle zu, die einst die „Sondertarife" der nationalen Staatsbahnen bei der Steuerung der Transportströme gespielt hatten. In diesen Transportketten können aber nur entsprechend ausgestattete Seehäfen als leistungsfähige Schnittstellen zwischen Land- und Seestrecken dienen. Daher sind die polnischen Häfen weiterhin bestrebt, ihre Infrastrukturen zu modernisieren, um im harten Wettbewerb um die Vermittlung der Güterströme mithalten zu können. Das zeigt sich gegenwärtig besonders dramatisch am Beispiel des Wettbewerbs der unmittelbar benachbarten Häfen Gdingen und Danzig um die künftige Führerschaft auf dem zukunftsträchtigen Containersektor.

Der moderne Stückguthafen Gdingen verfügt mit dem *BCT*, der (2004) mit 377 000 TEU allein ca. 85% des seewärtigen polnischen Containerumschlags bewältigt (vgl. Tab. 4), bereits über einen Containerterminal mit „Weltstandard"

(CZERMAŃSKA 1996:37). Er wird (2003) regelmäßig von 15 spezialisierten Container-Feeder-Linien (darunter einer polnischen Linie mit Sitz in Gdingen) bedient. Von diesen verbinden ihn 7 mit Hamburg bzw. Bremerhaven. Der *BCT* wurde aus der Gdingener Hafen AG als GmbH ausgegliedert und fand in einem internationalen Bieterverfahren mit der philippinischen *International Container Terminal Services Inc. (ICTSI)* einen erfahrenen und global agierenden Containerterminal-Betreiber als Käufer. Der neue Eigner legte vertragsgemäß Anfang 2004 ein 15-Jahres-Ausbauprogramm vor, in dessen Verlauf in den *BCT* 80 Mio. US-Dollar investiert werden sollen (www.port.gdynia.pl/a_news_show.php, 27.04.2004). Der Ausbau ist inzwischen offenbar auf gutem Wege, doch stößt er langfristig an physische Grenzen, die durch den Mangel an Reserveflächen gesetzt sind.

Derartige Erweiterungsflächen sind im benachbarten Danziger Nordhafen verfügbar. Die dortige Hafenverwaltung hatte zunächst 1998 im alten Hafen einen Containerterminal errichtet, der sich inzwischen bereits als zu klein erwies. So unterzeichnete sie Anfang 2004 einen Vertrag mit einem britischen Konsortium *(Deepwater Container Terminal Gdańsk SA, DCT)* über den Neubau des größten Tiefwasser-Containerterminals Polens im Danziger Nordhafen. Die Kosten wurden auf 175 Mio. US-Dollar veranschlagt. Am Ende der ersten Bauphase (etwa bis 2007) soll eine Kapazität von zunächst jährlich 500 000 TEU erreicht sein. Nach Abschluss einer zweiten Phase sollen 1 Mio. TEU pro Jahr umgeschlagen werden können (www.portgdansk.pl/a_news_show.php?id, 22.03.2005). Die Frage nach der wirtschaftlichen Tragfähigkeit zweier direkt miteinander konkurrierender Terminals der oberen Größenordnung an der Danziger Bucht mag hier nur angedeutet werden. Noch handelt es sich um Planungen, wobei die Bauarbeiten an beiden Projekten bis Mitte 2005 bereits angelaufen sein sollten. Jedenfalls zeigen diese Anstrengungen einen unbedingten Wettbewerbsehrgeiz beider Häfen beim Kampf um die (geographisch identischen) Hinterlandmärkte Ostmittel- und Osteuropas an.

Interessant ist dabei, dass Danzig sich offenbar endlich von seiner traditionellen einseitigen Massengutbindung lösen will und den Einstieg in die oberen Etagen moderner Seefrachtlogistik anstrebt: Unmittelbar neben dem geplanten *DCT*-Komplex ist ergänzend die Errichtung eines riesigen Logistikzentrums *(Pomeranian Logistics Center)* vorgesehen. Einstweilen fällt die jüngste Umschlagsentwicklung des Danziger Hafens allerdings erneut durch rapide ansteigende Rohstoffverladungen auf: 2004 bestand bereits etwa die Hälfte des Hafenumschlags aus dem Versand von Rohöl, das als russisch-osteuropäisches Transitgut per Pipeline im Danziger Nordhafen eintrifft (2004: über 8 Mio. t), sowie aus Ölprodukten der benachbarten Raffinerie (vgl. Tab. 3).

Damit gehört Danzig nun zu den größten Ölexportplätzen für die GUS-Staaten an der Ostsee. Es ist gleichzeitig erstmals Polens größter *Transithafen* (nach Warengewicht). In den Häfen Stettin und Gdingen halten Tschechien, Ungarn und andere Binnenstaaten seit je gewisse Transitanteile am dortigen Umschlag. Diese sind jedoch seit Einführung der Transportliberalisierung gesunken: Sie betragen (2003) im Falle Stettins noch 14,9%, im Falle Gdingens 4,4%; Danzigs Transitanteil liegt aber bereits bei 38,2%! (MRS 2004:345 f.). Hier ist unversehens eine neuartige kontinentale Hinterlanddimension polnischer Häfen ins Bild getreten, deren Perspektiven freilich nicht allein in polnischen Händen liegen (Stichworte:

russische Ölexportpolitik, allgemeine Ölpreisentwicklung). Konkurrenten Danzigs sind in diesem Falle einmal nicht die westlichen Ostseehäfen oder Hamburg, sondern solche einseitigen Ölexportterminals des Ostens wie Būtingė (Litauen), Ventspils (Lettland) und Primorsk (Russland).

6 Resümee

Gegenstand ist die jüngere historische Entwicklung der derzeit fünf größten Ostseehäfen Deutschlands und Polens: Lübeck, Rostock, Stettin/Szczecin, Gdingen/Gdynia und Danzig/Gdańsk. Dabei steht der sich wandelnde Wettbewerb dieser Häfen um das jeweilige Hinterland im Mittelpunkt. Erst seit 1990 und insbesondere seit dem EU-Beitritt Polens (2004) darf dabei von einem weitgehend „freien" Wettbewerb gesprochen werden. Dagegen hatten in den Zeiten davor vielfältige Regulierungen des Transportsektors im Rahmen wechselnder nationaler Seehafenplanungen wiederholt zu subventionierten Erstarrungen in den Hafen-Hinterland-Beziehungen geführt. Dies wird vor allem an den – sehr unterschiedlichen – Beispielen der Republik Polen (nach 1920) und der zentralplanwirtschaftlich organisierten RGW-Staaten DDR und Volksrepublik Polen (etwa ab 1949 bis 1990) verdeutlicht.

Im Laufe der Untersuchung wird die regulierende Rolle der jeweiligen Staats- und Zollgrenzen sowie der nationalen Bahntarifpolitiken in der Vergangenheit verdeutlicht. Spätestens seit 1990 ist jedoch europaweit ein wachsendes Angebot international agierender *Transportketten* im *von-Haus-zu-Haus*-Verkehr (unter Einschluss des Kurzstrecken-Seeverkehrs/*Short-Sea-Shipping*) zu beobachten. Damit treten jene Erosionstendenzen der Seetransportmärkte im Hinterland der deutschen und polnischen Ostseehäfen zu Gunsten der hervorragend ausgestatteten großen Nordseehäfen (vor allem Hamburgs) verstärkt in Erscheinung, die bis dahin durch protektionistische Maßnahmen der Staaten lange eingedämmt bzw. verdeckt waren.

Literatur

ASSMANN, Til: *Hafenverkehrswirtschaften mit grenzüberschreitendem Transitverkehr – Transithäfen der Ostsee am Beispiel des Hafens Tallinn/Estland*. Diss. TU Berlin. Berlin 1999
BARCZUK, Witold: *Krajowe zaplecze portów polskich*. Gdynia 1966
BOLLE, Arved: Ostseehäfen im Wandel. *Jahrbuch der Hafenbautechnischen Gesellschaft* 32. (1969/71), S. 97–110
BREITZMANN, Karl-Heinz: Entwicklungstendenzen der deutsche Ostseehäfen bis 2010. In: BREITZMANN, Karl-Heinz (Hrsg.): *Mecklenburg-Vorpommern im Ostseeraum. Wirtschaft – Verkehr – Tourismus*. Rostock 1998, S. 11–23
BREITZMANN, Karl-Heinz: Ostseeverkehr – Entwicklung, Struktur und künftige Herausforderungen. *Internationales Verkehrswesen* 54 (2002), 7/8, S. 328–333
BUCHHOFER, Ekkehard: Die Rolle des Short-Sea-Shipping in den TINA-Verkehrsnetzen des Ostseeraumes. *Europa Regional* 11 (2003), 2, S. 57–69
BUCHHOFER, Ekkehard: Instytucjonalne formy niemiecko-polskiej współpracy na terenach przygranicznych w okresie międzywojennym. *Przegląd Zachodni* 60 (2004), 4, S. 53–80

CWIKLIŃSKI, Henryk: *The ports of the Pomeranian region in Poland as a factor of economic growth.* Gdansk 2004 [http://secure.rogerbooth.co.uk/rsa/gdansk/Cwiklinski.doc., 27.04.2004]

CZERMAŃSKA, Renata: Sea-land multimodal transportation through Polish sea ports. *Bulletin of the Marine Institute Gdańsk* 23 (1996), 1, S. 35–44

Die verkehrswirtschaftlichen Aufgaben der wichtigen deutschen Ostseehäfen unter besonderer Berücksichtigung ihrer künftigen Bedeutung für den deutschen Ostraum. Bearbeitet im Institut für Weltwirtschaft an der Universität Kiel. Mai 1941

DOPIERAŁA, Bogdan: *Kryzys gospodarki morskiej Szczecina w latach 1919–1939.* Poznań 1963

HAEHNKE, Otto: *Lübecks Stellung im Ostseehandel.* Hamburg 1934

HAGEL, Jürgen: *Auswirkungen der Teilung Deutschlands auf die deutschen Seehäfen.* Marburg 1957 (= Marburger Geographische Schriften; 9)

KEYSER, Erich: *Danzigs Geschichte.* Danzig 1928

KLOSS, Richard: *Die Seehandelsstellung der deutschen Ostseehäfen, unter besonderer Berücksichtigung der Wettbewerbslage Stettins, Danzigs und Gdingens.* Köln 1935

MISZTAL, Konrad: The place of Polish sea ports in the Baltic Sea basin. In: BREITZMANN, Karl-Heinz (Hrsg.): *Marktwirtschaftliche Transformation und Strukturveränderungen im Seeverkehr der Ostseeländer.* Rostock 1996, S. 117–124

MISZTAL, Konrad: *Polskie porty morskie wobec wymogów i standardów Unii Europejskiej.* In: *Transport morski Polski w zintegrowanej Europie.* Gdańsk 2000, S. 9–22

MISZTAL, Konrad: Handel morski w Europie bałtyckiej. In: *Transport i handel morski.* Pod red. Janusza ŻURKA. Gdańsk 2002, S. 17–27

MISZTAL, Zdzisław: *Gospodarka morska w Polsce w latach 1945–1975.* Gdańsk 1978

MRS 2004: *Mały rocznik statystyczny 2004*

MÜLLER, Michael G.: Danzig – Grenze und Wirtschaft in der Frühen Neuzeit. In: STÖBER, Georg und MAIER, Robert (Hrsg.): *Grenzen und Grenzräume in der deutschen und polnischen Geschichte.* Hannover 2000 (= Studien zur internationalen Schulbuchforschung; 104), S. 171–181

NUHN, Helmut: Hansestadt Rostock. Vom maritimen Tor zur Welt zum Regionalhafen für die Ostsee. *Europa Regional* 5 (1997), 2, S. 8–22

Rocznik statystyczny [verschiedene Jahrgänge]

Rocznik statystyczny gospodarki morskiej 1996, 2000, 2004

ROLOW, Aleksander: *Polska – Czechosłowacja. Gospodarka, współpraca.* Warszawa 1971

RÜHL, Alfred: *Die Nord- und Ostseehäfen im deutschen Außenhandel.* Berlin 1920

SCHLENNSTEDT, Jobst: *Wirtschaftsraum Ostsee – Wettbewerbsperspektiven deutscher Ostseefährhäfen unter besonderer Berücksichtigung der Entwicklung im osteuropäischen Markt.* Bayreuth 2004

SERAPHIM, Peter-Heinz: *Die Ostseehäfen und der Ostseeverkehr.* Berlin 1937

SIEBENEICHEN, Alfred: *Le port de Dantzig 1919–1928.* Dantzig 1929

Statistisches Jahrbuch für das Deutsche Reich [verschiedene Jahrgänge]

Statistisches Jahrbuch für die Bundesrepublik Deutschland [verschiedene Jahrgänge]

Statistisches Jahrbuch der Deutschen Demokratischen Republik [verschiedene Jahrgänge]

TESCH, Gernot: Die Veränderungen im Ostseefährverkehr seit 1990. In: BREITZMANN, Karl-Heinz (Hrsg.): *Marktwirtschaftliche Transformation und Strukturveränderungen im Seeverkehr der Ostseeländer.* Rostock 1996, S. 45–89

Transport – Wyniki działalności w 2003 r. Ed. GUS Warszawa, lipiec 2004 r.

TUBIELEWICZOWIE, Witold i Andrzej: *Porty wybrzeża Gdańskiego. Ich dzieje i perspektywy rozwojowe.* Gdańsk 1973

ZALESKI, Jerzy; WOJEWÓDKA, Czesław: *Europa Bałtycka. Zarys monografii gospodarczej.* Wrocław, Warszawa, Kraków, Gdańsk 1977

[diverse aktuelle Internet-Informationen von Häfen und Firmen]

Marlies Schulz

Die Ostseebäder der Insel Usedom beiderseits der deutsch-polnischen Grenze

Schwerpunkt des Beitrages ist die Darstellung der Veränderung der Struktur und Funktion der Ostseebäder im zeitlichen Wandel. Die Herausbildung des Ostseebäderwesens beginnt im Jahre 1793 mit der Gründung des ersten Seebades Heiligendamm in der Nähe von Bad Doberan. In der Folge entstanden auch an anderen Küstenbereichen der Ostsee Badeorte, und 1824 wurde dann in Swinemünde die erste Badesaison eröffnet. Die Zahl der Gäste in den Seebädern erhöhte sich sehr schnell. Die Gästestruktur und die Aufenthaltsdauer haben sich über die Zeit stark verändert. Heute sind in den deutschen Ostseebädern mehr als 18 Millionen Übernachtungen (Angaben des Jahres 2004) zu verzeichnen, davon konzentrieren sich zwei Drittel in den Bädern des Landes Mecklenburg-Vorpommern (siehe Tab. 1). Die Zahl der Übernachtungen in den polnischen Ostseebädern wird statistisch nicht erfasst.

Der Beitrag konzentriert sich räumlich auf die drei östlichsten deutschen Seebäder auf Usedom, die „Kaiserbäder" Bansin, Heringsdorf und Ahlbeck, und auf das polnische Seebad Swinemünde auf der Insel Usedom sowie das Seebad Misdroy auf der Insel Wollin (siehe Abb. 1). Zeitlich werden insbesondere die Entwicklung des Tourismus nach 1990 und die Möglichkeiten und Probleme seit der EU-Osterweiterung betrachtet. Als Grundlage des Beitrages dienten zahlreichen Quellen, wie Literatur und Sekundärstatistiken, die für die Bundesrepublik Deutschland und Polen in sehr unterschiedlicher Differenzierung und Aussagekraft zur Verfügung stehen. Um neuere Entwicklungen aufzeigen zu können, wurden in den Jahren 2004 und 2005 zahlreiche Gespräche mit Experten in den deutschen Seebädern geführt.

Tab. 1: Ankünfte, Übernachtungen und Aufenthaltsdauer in den deutschen Ostseebädern 2004[1]

	Ankünfte	Übernachtungen	Aufenthaltsdauer[2]
Bundesland Schleswig-Holstein			
Ostseebäder	287 828	1 421 232	4,9
Ostseeheilbäder	846 785	4 860 871	5,8
Gesamt	1 132 613	6 282 103	5,5
Bundesland Mecklenburg-Vorpommern			
Ostseebäder	1 613 099	8 632 776	5,4
Ostseeheilbäder	602 898	3 649 205	6,1
Gesamt	2 215 997	12 281 981	5,5
Gesamt	3 348 610	18 564 084	5,5

1): Die Daten beziehen sich auf Beherbergungsstätten mit mehr als acht Betten (einschließlich Jugendherbergen)
2): Rechnerischer Wert Übernachtungen/Ankünfte

Quelle: Statistisches Landesamt Mecklenburg-Vorpommern, Statistische Berichte, Tourismus in Mecklenburg-Vorpommern Jahr 2004, S.36; Angaben des Statistischen Landesamtes Schleswig-Holsteins

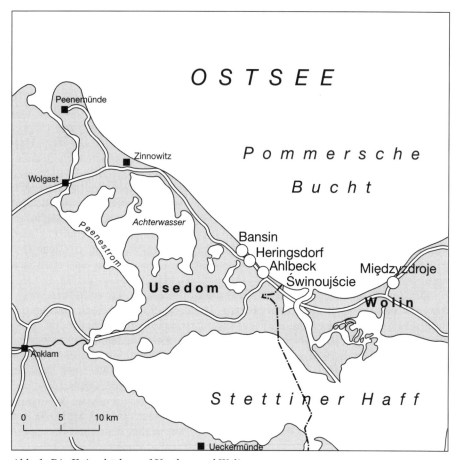

Abb. 1: Die Kaiserbäder auf Usedom und Wolin

1 Charakteristik der Inseln Usedom und Wollin

Beide Inseln zeichnen sich durch eine Vielfalt an landschaftlichen Formen aus. Wald, Wiesen und Äcker; verschiedene Küstenformen mit breiten feinsandigen Stränden (bis 100 m) und imposanten Steilufern, Wasserflächen, die von Hügelketten umgeben sind, vermoorte Niederungen, Strandwall- und Dünenlandschaften sind charakteristische Elemente der Landschaft. Die Bildung des Naturparks „Insel Usedom" und des Nationalparks Wollin schützt die landschaftlichen Reize (siehe Tab. 2). Ein großer Teil der Flächen des Naturparks und des Nationalparks sind Küsten- und Meeresbereiche. Seit April 2000 gibt es einen Partnerschaftsvertrag zwischen dem Nationalpark Wollin und dem Naturpark Usedom.

Kleine Dörfer und als Kontrast die Seebäder, die sich an der Außenküste befinden, sind prägende Siedlungen der Inseln. In den Seebädern konzentriert sich der Fremdenverkehr. Er ist einer der wichtigsten Wirtschaftsfaktoren in diesem Gebiet.

Tab. 2: Naturpark Usedom und Nationalpark Wollin

	Naturpark Insel Usedom	Nationalpark Wollin
Gründung	16.12.1999	3.3.1960
Größe (in ha)	63 200	10 937
Zahl der Naturschutzgebiete	14	6
Flächenanteil der Naturschutzgebiete (in %)	6	5

Quelle: Naturpark Usedom (Hrsg.): Natur ohne Grenzen – Naturschutz an der Odermündung

2 Überblick über die historische Entwicklung des Bäderwesens bis 1990

Im Folgenden werden zwei Phasen der Entwicklung unterschieden.

2.1 Entwicklung bis zum Ende des II. Weltkrieges

Die Insel Usedom gehört vom Beginn des 19. Jahrhunderts bis 1945 zum Regierungsbezirk Stettin. Die Inseln Usedom-Wollin werden am 1. Januar 1818 zum Landkreis Usedom-Wollin mit der Kreisstadt Swinemünde zusammengeschlossen. Auf Usedom gibt es bis zum Beginn des I. Weltkrieges 16 Amtsbezirke. Es existieren zwei Amtsgerichte, eines in der Stadt Usedom und eines in Swinemünde.

Zu Beginn des 19. Jahrhunderts spielen neben der Landwirtschaft die Fischerei und die Forstwirtschaft eine wichtige Rolle im Wirtschaftsleben der Insel Usedom. Die Stadt Swinemünde, die 1764 gegründet wird, profitiert von den Auswirkungen der napoleonischen Kontinentalsperre und entwickelt in den ersten Jahrzehnten des 19. Jahrhunderts einen umfangreichen Seehandel. Der Umbau des Hafens, die Errichtung steinerner Molen und die Vertiefung des Fahrwassers führen aber dazu, dass das Leichtern der Schiffe für die Fahrt nach Stettin nicht mehr notwendig ist, so dass ein Rückgang der Hafenwirtschaft einsetzt. Eine Verlagerung des Schiffverkehrs nach Stettin ist die Folge. Ab 1880 mit der Eröffnung der „Kaiserfahrt" – ein völlig neuer Durchstich, der den Seeweg zwischen Swinemünde und Stettin verkürzt und für größere Schiffe passierbar macht – verschärft sich die wirtschaftliche Situation weiter. Die Hafenfunktion verringert sich und damit gehen viele Arbeitsplätze im Hafen verloren. Das sich entwickelnde Bäderwesen bringt einen wirtschaftlichen Ausgleich.

Im 2. und 3. Jahrzehnt des 19. Jahrhunderts erlebt der bis dahin ärmste Teil Usedoms – die Außenküste – einen wirtschaftlichen Aufschwung durch die Entstehung des Bäderwesens. Bis dahin ist das Gebiet durch seine kargen Sandböden und die große Überflutungsgefahr wenig besiedelt. Der Ausgangspunkt der Entwicklung sind unregelmäßig vor der Küste vorbeiziehende Heringszüge. Deshalb entstehen zwischen 1810 und 1830 mehrere Heringspackereien, in denen der gefangene Fisch weiterverarbeitet wird. Als Folge entstehen neue Siedlungen. Zu Orten, die dieser Tatsache ihre Existenz verdanken bzw. einen Entwicklungsschub erhalten, zählen Ahlbeck und Heringsdorf.

1822 gründet sich in Swinemünde ein Bürgerverein für die Errichtung einer Seebadeanstalt. Zwei Jahre später, 1824, beginnt die erste Badesaison in Swinemünde. 1826/27 werden die ersten Kureinrichtungen gebaut und der Kurpark wird

Tab. 3: Entwicklung des Bäderwesens

	Bansin	Heringsdorf	Ahlbeck	Swinemünde	Misdroy
Beginn des Badebetriebes	1897	1824	1859	1824	1835
Gäste 1905	4 960	16 820	18 480	32 930	ca. 20 000
Gäste 1911	9 205	16 585	22 290	44 120	17 560 (1912)
Gäste im Sommerhalbjahr 1938	285 898	311 828	522 237	435 046	412 950
Einwohner 1939	932	2 027	4 110	26 593	4 145

Quellen: WIESE 1999, S.74; SCHLEINERT 2005, S. 132; bei der WIEDEN, SCHMIDT (Hrsg.) 1996, S. 145, 160, 206, 237 und 299

angelegt. Die Einwohnerzahl steigt und 1829 leben bereits 4000 Menschen in Swinemünde.

1824 beginnt auch die erste Badesaison in Heringsdorf. Heringsdorf wird von dem damaligen Besitzer, dem Oberforstmeister von Bülow, dank seiner guten Beziehungen zum preußischen Königshaus – u.a. zum späteren König Friedrich Wilhelm – ausgebaut. Mehr als 25 Jahre bleiben Swinemünde und Heringsdorf die einzigen Bäder, dann erhält auch Ahlbeck 1851 die Erlaubnis zur Durchführung des Bäderbetriebes. In Misdroy auf der Insel Wollin beginnt ab 1835 der Badebetrieb. Der eigentliche Aufschwung des Bäderwesens erfolgt dann nach 1871 mit der Reichsgründung und den Gründerjahren. Alle genannten Ostseebäder erleben diesen Aufschwung und entwickeln sich mit einer hohen Dynamik. Viele neue Gebäude wie Hotels und Pensionen werden errichtet. Die Region Usedom-Wollin wird zur „Badewanne Berlins".

Das größte Seebad der Insel ist bis zum Beginn des II. Weltkrieges die Kreisstadt Swinemünde. Dort entsteht ab 1887 in unmittelbarer Nähe des Strandes und in einiger Entfernung zur Stadt ein eigenes Viertel, das nur für den Badebetrieb errichtet wird. Im Jahre 1898 wird eine hölzerne Seebrücke fertiggestellt. 1911 hat Swinemünde 44 000 Badegäste. 1938 steigt die Zahl der Badegäste auf 50 000 mit insgesamt 435 000 Übernachtungen. Heringsdorf entwickelt sich zum Anlaufpunkt der gehobenen Gesellschaftsschichten. 1871 gründen die Brüder Delbrück eine Aktiengesellschaft, die maßgeblich den Ausbau des Ortes zum zweitwichtigsten Badeort Usedoms bestimmt. 1879 erhält Heringsdorf vom Kaiser bzw. preußischen König den amtlichen Status als selbständiges Seebad verliehen. Es wird sehr mondän gestaltet. Deshalb wird es zu dieser Zeit auch als das „Nizza der Ostsee" bezeichnet Die Bankfamilie Delbrück kauft auch den an der Küste gelegenen Teil des Dorfes Bansin und errichtet dort ab 1897 das Seebad Bansin. Ahlbeck profiliert sich dagegen von Beginn an mehr als Familienbad für die etwas niedrigeren Schichten der Bevölkerung (siehe Tabelle 3).

Der damalige Badebetrieb unterscheidet sich sehr von der heutigen Form. Freibäder und Strandkörbe gibt es erst in den letzten Jahren vor dem II. Weltkrieg. Swinemünde, Heringsdorf und Misdroy sind auch Sol- und Moorbäder. Deshalb gibt es Kurhäuser, Kurparks, Strandpromenaden sowie zusätzliche Angebote wie Casinos, Pferdebahnen, Tennisplätze u.a. Der offizielle Badebetrieb endet während des II. Weltkrieges und die Einrichtungen werden zum Teil anderweitig genutzt.

Der Aufstieg des Bäderwesens steht in direkten Zusammenhang mit der Industrialisierung. Wichtig für die Wirtschaft der Insel Usedom ist der Eisenbahnbau. 1843 wird die Verbindung Berlin – Stettin gebaut, und 1876 wird die Inselverbindung Ducherow – Karnin – Swinemünde eingeweiht. Ab 1892 werden Schnellzüge zur Beförderung der Badegäste aus Berlin eingesetzt, und 1907 erfolgt ein zweigleisiger Streckenausbau. Der letzte Ausbau wird mit der 1933 fertiggestellten und ein Jahr später in Betrieb genommenen neuen Hubbrücke in Karnin realisiert. Von Swinemünde aus wird 1894 die Bahnlinie nach Heringsdorf verlängert. Im Jahre 1911 dauert eine Bahnfahrt von Berlin nach Swinemünde drei Stunden und acht Minuten und nach Heringsdorf drei Stunden und 32 Minuten (FRIEDERICHSEN 1912:56/57).

Mitte des 19. Jahrhunderts wird Swinemünde Marine- und Werftstandort. Typisch für die Wirtschaft des Kreises Usedom-Wollin ist das verarbeitende Gewerbe. Swinemünde ist 1939 durch eine breite Wirtschaftsstruktur gekennzeichnet mit zwei Schiffswerften, zwei Eisengießereien, fünf Sägewerken, eine Färberei und Wäscherei, eine Möbelfabrik, eine Eisfabrik, eine Korbfabrik, zwei Likörfabriken und die Gas-, Elektrizitäts- und Wasserwerke. 1939 gibt es in Ahlbeck und Bansin Sägewerke und in Heringsdorf eine Strandkorbfabrik (SCHLEINERT 2005:129/130).

Swinemünde, Misdroy und Heringsdorf sind lange die dominierenden Seebäder in der Region. Entscheidende Ursache dafür ist auch deren Erreichbarkeit durch Dampfschiffe und später die Eisenbahn. Seit Mitte des 19. Jahrhunderts gibt es regelmäßige Dampfschifffahrtverbindungen. Neben der Verbindung Stettin und Swinemünde bedienen die Reedereien auch die Seebäder, die dafür wegen der fehlenden natürlichen Häfen die charakteristischen Seebrücken als Anlegestege errichten. Beispielsweise wird 1884 in Misdroy die Seebrücke – Kaiser-Friedrich-Brücke – erbaut, die 1906 auf 360 Meter verlängert wird. Bei einer Sturmflut 1913 wird die Seebrücke zerstört, aber 1921 wird eine neue mit 200 Meter Länge eröffnet (www.miedzyzdroye.pl). In den Jahren von 1891–1893 wird in Heringsdorf mit 500 Meter Länge die größte Seebrücke der deutschen Seebäder, die Kaiser-Wilhelm-Brücke erbaut (www.heringsdorf-info.de) und 1898 die Seebrücke in Ahlbeck.

Die Veränderungen der Wirtschaft, insbesondere die Entwicklung des Bäderwesens, führen auch zu einer deutlichen Differenzierung der Lebensgewohnheiten und damit zum Neubau von Dienstleistungsgebäuden wie Bahnhöfen und Postgebäuden und auch von Leuchttürmen. Dazu gehört auch der 1857 errichtete neue Leuchtturm in Swinemünde, der noch heute mit 68 Metern der höchste der Ostseeküste ist. Einen regelrechten Bauboom hat diese Entwicklung in den Seebädern zur Folge. Es entwickelt sich eine eigene architektonische Stilrichtung, die Bäderarchitektur, die prägend für die Badeorte wird. Diese neuen Gebäude werden entsprechend der Bedürfnisse der Badegäste gestaltet.

Die dargestellte Entwicklung bewirkt auch einen Aufschwung in Kunst und Kultur. Zu den Personen, die die Badeorte der Insel besuchen, gehören u.a. Theodor Fontane (Kindheit in Swinemünde), Hans Werner Richter, Lyonel Feininger, Otto Manigk, Otto Niemeyer-Holstein.

Swinemünde wird nach dem I. Weltkrieg Marinestützpunkt. Bereits vorher finden dort seit 1879 Flottenparaden und Marinemanöver statt. Zum Ende des II. Weltkrieges wird Swinemünde Zwischenstation für die aus den Ostgebieten evakuierten Zivilisten und Wehrmachtseinheiten. Die Zahl der sich in Swinemünde aufhaltenden Personen ist mit etwa 100 000 mehr als das Dreifache der Einwohnerzahl (SCHLEINERT 2005:142). Am 12. März 1945 werden die Stadt und der Hafen von 600 amerikanischen Bomben sehr stark zerstört, insbesondere die Innenstadt und das Kurviertel. Rund 23 000 Menschen kommen dabei ums Leben. Mehr als 55% der Bebauung von Swinemünde wird zerstört. Die Kaiserbäder und das Seebad Misdroy werden während des Krieges nicht zerstört. Ende April 1945 sprengen deutsche Einheiten die drei Brücken, die Usedom mit dem Festland verbinden. Am 4. Mai wird die Insel Usedom vollständig von sowjetischen Truppen eingenommen.

2.2 Entwicklung bis 1990

2.2.1 Festlegung des Grenzverlaufs

Mit dem Befehl Nr. 5 vom 9.7.1945 bildet die Sowjetische Militäradministration (SMAD) das Land Mecklenburg–Vorpommern. Zu dieser Zeit existiert der alte Kreis Usedom–Wollin noch in seinen Vorkriegsgrenzen. Die von der Besatzungsmacht eingesetzte Kreisverwaltung nimmt ihre Arbeit in Swinemünde auf. Die Beschlüsse des Potsdamer Abkommens mit den Ausformulierungen des Grenzverlaufs haben erhebliche Konsequenzen für den Kreis Usedom–Wollin. In den ersten Wochen nach dem Potsdamer Abkommen herrscht ziemliche Unklarheit darüber, wie die neue Ostgrenze verlaufen soll. Am 21.9.1945 einigen sich die Vertreter der Sowjetunion und Polens über den Grenzverlauf. Die Grenze soll unmittelbar westlich von der Kreisstadt Swinemünde liegen. Die Kreiskommandantur ordnet am 27.9.1945 die Räumung der Insel Wollin und der Stadt Swinemünde bis zum 4.10.1945 an (SCHLEINERT 2005:149).

2.2.2 Der Kreis Usedom (1945 bis 1952)

Als neuer Sitz der Kreisverwaltung auf deutschem Gebiet wird Bansin ausgewählt, im März 1946 wird der Sitz nach Ahlbeck verlegt. Für die Verwaltung werden vorhandene Erholungsbauten genutzt. Diese administrative Gliederung besteht bis 1952. Lange Zeit herrscht große Unsicherheit unter der Bevölkerung, ob der Grenzverlauf dauerhaft sein wird, da an anderen Teilen der Grenze noch später Verlegungen in westlicher Richtung durch die polnische Armee stattfinden.

Die Insel, die vor dem II. Weltkrieg relativ zentral in der Provinz Pommern lag, ist jetzt Grenzgebiet und hat ihre größte und bedeutendste Siedlung, die Stadt Swinemünde, verloren. Der neue Kreis Usedom ist flächenmäßig klein und wirtschaftlich schwach. Die Insel Usedom ist wegen der Brückensprengungen nicht mit dem Festland verbunden. 1950 erfolgt mit dem Bau einer Brücke in Wolgast wieder die Verbindung zum Festland. Die Südostverbindung der Insel zum Festland bei Zecherin folgt erst im Jahre 1956. Der Wiederaufbau der Karniner Eisenbahnbrücke ist zu diesem Zeitpunkt nicht möglich, da die Gleise der Bahnstrecke Ducherow – Swinemünde als Reparationsleistung für die Sowjetunion demontiert worden waren. Diese Verbindung existiert bis heute nicht.

Ein großes Problem stellt die Unterbringung und Versorgung der Bevölkerung dar, die aus den östlichen Gebieten vertrieben worden war. In mehreren Orten werden Umsiedlerlager (Umsiedler war die Bezeichnung für die Flüchtlinge und Vertriebenen in der SBZ und der DDR) eingerichtet, zum Beispiel in Ahlbeck. Außerdem werden Erholungsbauten als Wohngebäude genutzt.

Bereits 1946 wird die erste Badesaison im neuen Kreis Usedom durchgeführt. Neu ist die staatliche Lenkung und Kontrolle und der Anstieg des gewerkschaftlich organisierten Erholungsurlaubs. Private Anbieter stellen 1950 nur noch knapp 50% der Bettenkapazität.

2.2.3 Die deutschen Seebäder im Kreis Wolgast in der Zeit der DDR

1952 werden in der DDR die fünf Länder aufgelöst und Bezirke gebildet. Der Teil der Insel Usedom, der zur DDR gehört, wird Teil des neuen Bezirks Rostock. Es ist ein Teil des neu gebildeten Kreises Wolgast, in dem die Stadt Wolgast auf dem Festland die Funktion der Kreisstadt ausübt.

Schwerpunkt der Wirtschaft ist auf der Insel das Erholungswesen und die Landwirtschaft. 1951 haben fast alle Seebäder Usedoms wieder die Gästezahlen des Vorkriegsstandes erreicht. Ahlbeck bildet eine Ausnahme. Die Zahl der Gäste ist wesentlich geringer, da viele Erholungsbauten durch die Kreisverwaltung und die sowjetischen Dienststellen genutzt werden. Im März 1953 werden durch eine große Polizeiaktion, die unter dem Namen „Aktion Rose" durchgeführt wird, private Hoteliers und Pensionsbesitzer enteignet. Die enteigneten Gebäude werden vom FDGB (Gewerkschaft der DDR), gesellschaftlichen Organisationen, Betrieben und staatlichen Einrichtungen als Erholungsobjekte genutzt. Der private Sektor spielt ebenso wie das staatliche Reisebüro kaum noch eine Rolle.

Die Politik der DDR orientiert vorrangig auf die Quantität des Tourismusangebotes, eine bedürfnisgerechte Qualität wird nicht angestrebt (ALBRECHT 1991:94). Die Bäder Bansin, Heringsdorf und Ahlbeck verlieren gegenüber der Situation vor dem II. Weltkrieg an Bedeutung, obwohl ihre Bettenkapazität erweitert wird, da in anderen Orten der Insel, Zinnowitz und Ückeritz, ein starker Ausbau u.a. durch große Zeltplätze unmittelbar im Küstenschutzwald erfolgt. In den drei Bädern dominieren Einrichtungen des FDGB (ALBRECHT 1991:97). Die meisten Urlauber sind Inlandbesucher, die in organisierten Durchgängen (11 Tage) über ihren Betrieb den Ferienplatz erhalten. Die Versorgung der Urlauber erfolgt in den einzelnen Einrichtungen bzw. zentralisiert in großen Heimen. In den Seebädern werden nur sehr wenige Erholungsheime neu gebaut. Es werden die alten Gebäude genutzt und mit neuen Namen versehen, z.B. „Solidarität" oder „Völkerfreundschaft". Von Kaiserbädern ist nicht mehr die Rede. In die alten Gebäude wird wenig investiert bzw. die Gebäude werden unter dem Gesichtspunkt der Zweckmäßigkeit und des Bettenzuwachses umgebaut. So werden auch typische Elemente der Bäderarchitektur beseitigt. Starke Verfallserscheinungen kennzeichnen die Bausubstanz und der Verfall nimmt über die Jahre erheblich zu. Da kaum ein Neubau erfolgt, wird die vorhandene Struktur der Siedlungen nur unwesentlich verändert. Ein Beispiel für einen Neubau sind zwei große Plattenbauten mit elf Stockwerken in Heringsdorf in zentraler Lage in unmittelbarer Strandnähe. In den drei Bädern ist wie in allen Seebädern der DDR ein hochsubventionierter, staatlich gesteuerter anspruchsloser Massentourismus typisch (BREUSTE 1992:663). Rund 190 000 Gästen erholen sich im Durchschnitt jährlich in Bansin, Heringsdorf und Ahlbeck, das sind rund 30% der Urlauber Usedoms (ALBRECHT 1991:102). Dienstleistungseinrichtungen für die Versorgung der Urlauber über die Gewerkschaftsheime und betrieblichen Einrichtungen hinaus sind nur in geringer Zahl vorhanden und weisen einen geringen Standard auf, so dass während der Saison erhebliche Versorgungsschwierigkeiten für die Urlauber und Bewohner auftreten.

2.2.4 Die polnischen Seebäder

In Swinemünde und in Misdroy auf der Insel Wollin dominiert in den ersten zehn Jahren nach der Vertreibung der deutschen Bevölkerung die sowjetische Besatzungsmacht. Besonders in den westlichen Stadtteilen Swinemündes konzentriert sich die sowjetische Armee. In der Zeit von 1945 bis 1955 leben rund 20 000 sowjetische Soldaten in der Stadt (www.insel-usedom.wollin.de). Das Hafengelände wird ein wichtiger sowjetischer Marinestützpunkt, der dort seinen Standort bis 1992 hat. In der Stadt und auf der Insel Wollin wird polnische Bevölkerung aus den östlichen Gebieten Polens, die von der Sowjetunion annektiert wurden, angesiedelt. Später siedelt sich auch polnische Bevölkerung aus anderen Regionen an (www.wolin.net). Bis 1957 werden die Gebiete durch die sowjetische Armee verwaltet. Die polnische Bevölkerung konzentriert sich in den ersten Jahren nach dem II. Weltkrieg auf die östlich der Swine gelegenen Stadtteile von Swinemünde. 1950 leben in der Stadt nur 5 000 Einwohner.

In den östlichen Stadtgebieten beginnt der Wiederaufbau zuerst. Ab Anfang der fünfziger Jahre des vorigen Jahrhunderts werden Teile des Hafens von der sowjetischen Armee freigegeben. So beginnt ab 1958, nachdem die polnische Regierung den Ausbau der Häfen Stettin und Swinemünde beschlossen hatte, der Ausbau des Handelshafens. In diesem Zusammenhang entsteht auch der Schifffahrtsweg Swinemünde–Stettin. 1968 wird ein Fährterminal für die Verbindungen nach Ystad, Kopenhagen, Bornholm und Trelleborg errichtet.

Die westlich der Swine gelegenen Stadtteile, dort, wo vor dem II. Weltkrieg das Stadtzentrum und das Kurviertel lagen, sind bis 1956 weitgehend unbewohnt. Teile der Stadt werden bis 1992 durch die sowjetische Armee genutzt. Die alte Innenstadt und das Kurviertel mit der Strandpromenade werden seit den 1980er Jahren saniert und wiederaufgebaut.

Erst in den 1960er Jahren beginnt der Bäderbetrieb in Misdroy und Swinemünde wieder. Da das Seebad Misdroy nicht zerstört worden war, sind die Bedingungen für eine Reaktivierung günstiger als in Swinemünde. Swinemünde erlangt seine Funktion als Kurort erst Ende der 1960er Jahre wieder, nachdem die sowjetischen Truppen 1965 das Kurviertel verlassen (NIESS 2003:23).

Beide Bäder werden zu beliebten Urlaubszielen für die polnische Bevölkerung. Wie in den Seebädern der DDR dominiert auch in den polnischen Seebädern die

Nutzung der alten Erholungseinrichtungen durch die Gewerkschaft, staatliche Organisationen und große Betriebe. Es erfolgt nur eine geringe Sanierung der alten Bausubstanz, so dass erhebliche Verfallserscheinungen zu verzeichnen sind. Stärker als in der DDR werden neue große Ferienunterkünfte gebaut, die durch sehr uniforme Bauweise und einfachen Standard gekennzeichnet sind. Dadurch wird die vorhandene Siedlungsstruktur zum Teil stark verändert. Es dominiert der organisierte Massentourismus. Neben dem staatlichen Kurbetrieb gibt es kleinere private Pensionen.

Zwischen der DDR und Polen gibt es während dieser Zeit in dem Grenzgebiet zahlreiche Streitigkeiten z.B. bei der Fischereizonenabgrenzung und Schelfteilung. Für die Bevölkerung auf beiden Seiten der Grenze ist die Grenze bis 1972 undurchlässig. Nach ihrer Öffnung 1972 entwickelt sich ein reger Grenzverkehr, der jedoch 1981 mit der politischen Entwicklung in Polen (Solidarność-Bewegung) von der Seite der DDR unterbunden wird, da man Auswirkungen auf das Gebiet der DDR befürchtet. Erst 1989 wird die Grenze wieder passierbar.

3 Veränderung des Tourismus in den Seebädern nach 1990

3.1 Die deutschen Seebäder

Die Situation in den Seebädern ändert sich grundlegend. Als Folge der politischen Veränderungen setzen wie in allen Gebieten der neuen Bundesländer Transformationsprozesse in allen Wirtschafts- und Lebensbereichen ein. Diese Prozesse haben auch erheblichen Einfluss auf den Tourismus. Mit der Umstrukturierung des Wirtschaftssystems ist u.a. eine Veränderung der Eigentumsstruktur und des Standards der Erholungseinrichtungen verbunden. Es setzen Privatisierungs- und Reprivatisierungsvorgänge ein, die auf der Grundlage des Einigungsvertrages erfolgen. Diese Prozesse werden von der Herausbildung eines Bodenmarktes und Immobilienmarktes begleitet. In den ersten Jahren nach der politischen Wende wird die Entwicklung teilweise durch ungeklärte Eigentumsverhältnisse der alten Gebäude behindert.

Der Tourismus wird auf der Insel Usedom zum wichtigsten Wirtschaftsfaktor. Zum Konzept der Entwicklung gehört die Wiederbelebung des „klassischen Bäderprofils" (BREUSTE 1992:667). Deshalb wird u.a. ein großer Teil der alten Gebäude in den Kaiserbädern unter Denkmalschutz gestellt. Und die drei Gemeinden verabschieden zum Erhalt der typischen Bäderarchitektur eine Gestaltungssatzung für Teilgebiete der Gemeinden.

Ab Mitte der 1990er Jahre erfolgen nach Klärung der meisten Eigentumsfragen durch die neuen und die alten Eigentümer sehr aufwendige Sanierungen der alten Gebäude. Außerdem werden viele neue Gebäude mit Ferienwohnungen in einem an die Bäderarchitektur angepassten Stil und mit hochwertiger Ausstattung errichtet. Es existieren in diesen Jahren insbesondere für Investoren aus den alten Bundesländern sehr gute Investitionsbedingungen. In zahlreichen restaurierten alten Hotelgebäuden und Villen, die zum Teil die Namen wie vor dem II. Weltkrieg tragen, befinden sich Hotels mit gehobenem Standard. In allen drei Seebädern sind heute nur noch wenige unsanierte Gebäude vorhanden. Die vorhandenen Gebäude

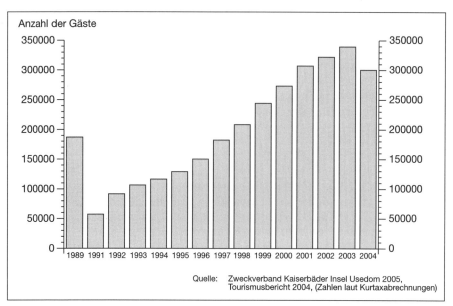

Abb. 2: Entwicklung der Gästezahlen in den Kaiserbädern von 1989, 1991–2004

in der typischen Bäderarchitektur insbesondere in unmittelbarer Seenähe in den drei ineinander übergehenden Seebädern ist im Ostseeraum die größte räumliche Konzentration dieser Art, da in anderen Gebieten der Ostseeküste in der Regel nur ein Seebad diese Bebauung aufweist wie beispielsweise auf der Insel Rügen das Seebad Binz.

In den ersten Jahren nach 1990 ist der Tourismus durch ein „Wegbrechen" der vormaligen Gästeklientel gekennzeichnet (siehe Abb. 2). Außerdem ist für den Tourismus hinderlich, dass die Seebäder einen relativ geringen gesamtdeutschen und internationalen Bekanntheitsgrad aufweisen. Die Gästezahlen sinken rapide. Es ist eine Neuorientierung notwendig, da einerseits ein verändertes Urlauberverhalten festzustellen ist und andererseits jetzt Konkurrenz existiert durch andere Gebiete in Deutschland und im Ausland.

Nach anfänglicher Konkurrenz der drei Seebäder untereinander, was durch die bis zum Frühjahr 2005 vorhandene Verwaltungsstruktur (drei Gemeinden) begünstigt wird, entschließen sich die Gemeinden gemeinsam den Tourismus zu organisieren. Die drei Seebäder Bansin, Heringsdorf und Ahlbeck, die seit 1997 staatlich anerkannte Seeheilbäder sind, knüpfen baulich, vom Standard der Tourismusangebote und mit dem Namen „Kaiserbäder" an die historische Tradition an und haben sich für das Tourismusmarketing 1998 zu dem Zweckverband „KAISERBÄDER INSEL USEDOM" zusammengeschlossen.

Im Jahr 2004 gab es in den drei Seebädern rund 17 000 Betten. In den letzten Jahren wurden pro Jahr mehr als 2 Millionen Übernachtungen registriert. Damit konzentrieren sich rund 51% aller jährlichen Übernachtungen auf dem deutschen Teil der Insel Usedom in den drei Seebädern (BIRRINGER/HEINZ/KLÜTER 2004:106).

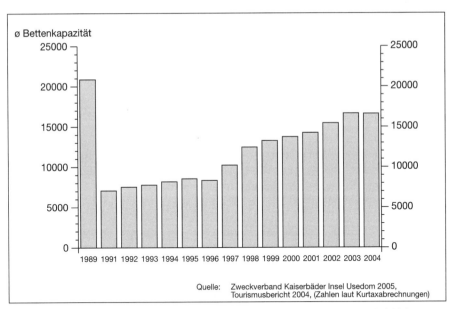

Abb. 3: Entwicklung der Bettenzahlen in den Kaiserbädern von 1989, 1991–2004

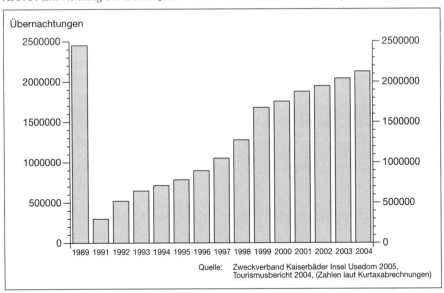

Abb. 4: Entwicklung der Übernachtungen in den Kaiserbädern von 1989, 1991–2004

Hinsichtlich der Entwicklung der Zahl der Betten, der Gäste und der Übernachtungen lassen sich sehr unterschiedliche Tendenzen feststellen (siehe Abb. 2, 3 und 4). Während die Zahl der Gäste seit 1998 höher ist als in der Zeit der DDR, sind die Bettenkapazität und die Zahl der Übernachtungen geringer als 1989. Diese

Sachverhalte sind einerseits Ausdruck einer Reduzierung der Bettenzahl durch die verbesserte Ausstattung und Zunahme des Komforts der Unterkünfte und andererseits Ausdruck des veränderten Reiseverhaltens – kürzere Aufenthaltszeiten – der Urlauber. 2004 betrug die durchschnittliche Aufenthaltsdauer 5,5 Tage. Die Auslastung an Tagen im Jahr hat sich von 32,2% im Jahr 1989 leicht verbessert auf 35,1% im Jahre 2004. Sie ist im Vergleich mit allen Ostseebädern des Landes Mecklenburg-Vorpommerns die höchste. Wesentlich hat sich die Angebotsstruktur verändert. Rund 40% der vorhandenen Bettenkapazität befindet sich in Hotels mit vier oder fünf Sternen und Pensionen. Etwas mehr als 50% der Betten befinden sich in Erholungsheimen, privaten Ferienwohnungen und Ferienzimmern. Die Urlauber sind überwiegend aus Deutschland. Der Anteil ausländischer Gäste ist sehr gering. Rund ein Drittel der Urlauber kommen aus den Bundesländern Berlin und Brandenburg und jeweils 10% aus den Ländern Nordrhein-Westfalen und Sachsen.

Innerhalb der drei Seebäder hat Heringsdorf die führende Position, denn 46% aller Betten sind dort lokalisiert. 54% aller Gäste halten sich in diesem Seeheilbad auf und 48% aller Übernachtungen erfolgen dort.

Die drei Seebäder sind durch eine acht Kilometer lange Promenade miteinander verbunden. Der Urlauber bemerkt beim Gang entlang der Promenade kaum den Übergang von einem Seebad zum anderen Seebad. Besondere Attraktionen in den Orten sind die drei Seebrücken. Durch ihre unterschiedliche bauliche Gestaltung bilden sie eine gelungene Kombination. Die Seebrücke in Ahlbeck ist die älteste noch erhaltene Seebrücke an der Ostseeküste, und die neue Seebrücke in Heringsdorf, die 1995 eingeweiht wurde, ist mit 508 Meter eine der längsten in Kontinentaleuropa. Sie wurde mit maßgeblicher Unterstützung der Delbrück-Bank errichtet. Beide Seebrücken sind mit ihren Gaststätten und mit der Einkaufspassage auf der Heringsdorfer Brücke zu Wahrzeichen der Seebäder geworden. 1994 wurde eine neue Seebrücke in Bansin errichtet. Von allen drei Seebrücken hat man die Möglichkeit, per Schiff Swinemünde und die Insel Rügen anzufahren.

Das Zentrum der drei Kaiserbäder ist das Forum USEDOM mit dem Kursaal, Spielbank (seit 1998) und dem Hotel Kaiserhof in Heringsdorf, das 1997 eingeweiht wurde. Im Jahre 1996 wurde die OstseeTherme Usedom in Ahlbeck mit der Heringsdorfer Jodsole eröffnet. Sie wurde von den drei Gemeinden gemeinsam errichtet. Damit hat sich die Attraktivität der Seebäder für die Zeit außerhalb der Sommersaison erheblich erhöht. Diesem Zweck dient auch die seit 1999 in Heringsdorf vorhandene Kunsteisbahn. In allen drei Seebädern befinden sich vielfältige Einrichtungen, die ganzjährig Kultur- und Sportveranstaltungen anbieten. Einige Veranstaltungen haben überregionale Bedeutung, wie beispielsweise das im Herbst stattfindende Usedomer Musikfestival und im Frühjahr „Heringsdorf goes Fashion".

In den letzen Jahren orientiert sich der Tourismus besonders auf gesundheitsorientierte Angebote insbesondere im Wellness- und Kurbereich. In Ahlbeck und Heringsdorf sind mehrere Rehakliniken eingerichtet worden. Der Zweckverband wirbt mit dem Werbeslogan „Ostsee für Genießer". Man setzt auf die Kombination Ostseestrand & Seebrücken & Naturpark & Aktivurlaub & Bäderarchitektur & Geschichte. Das touristische Leitbild bis zum Jahr 2015, das 1998/99 entwickelt wurde, orientiert auf eine Erhöhung der Qualität des Tourismus und Erhalt der vorhandenen Quantität. Angestrebt wird eine Internationalisierung des Tourismus in den drei Seebädern.

Förderlich für den Tourismus und dessen Gestaltung ist die Tatsache, dass im Rahmen der Gebietsreform des Landes Mecklenburg-Vorpommern die drei Gemeinden im Jahr 2005 zu einer Gemeinde zusammengefasst wurden. Die neue Gemeinde hat rund 10 000 Einwohner.

3.2 Die polnischen Seebäder

Seit dem Zusammenbruch des sozialistischen Systems finden in Polen Reformprozesse in Politik und Wirtschaft statt. Es erfolgt ein schrittweiser Übergang zur markwirtschaftlichen Entwicklung. Auch hier verändern sich die Eigentumsverhältnisse und es erfolgt zum Teil eine Privatisierung. In Polen geht die Entwicklung wesentlich langsamer voran im Vergleich zu den neuen Bundesländern in Deutschland. Das betrifft auch das Erholungswesen. Akteure in der Umgestaltung des Tourismus in Swinemünde und Misdroy sind die Nachfolger der ehemals sozialistischen Organisationen, private polnische und westeuropäische Investoren. Daten über die Entwicklung des Tourismus in den beiden Seebädern sind kaum zu erhalten. Die vorhandenen Daten belegen wie in den Kaiserbädern einen deutlichen Rückgang der Bettenkapazität und der Anzahl der Gäste. In Swinemünde wurden im Jahr 2000 ca. 130 000 Gäste und rund 1,2 Millionen Übernachtungen gezählt. In Misdroy wurden im selben Jahr rund 0,7 Millionen Übernachtungen ermittelt (NIESS 2003:30–31). Verglichen mit den registrierten Übernachtungen in den drei Kaiserbädern entspricht das etwa zwei Drittel. In Swinemünde gab es im Jahr 2000 ca. 7 000 Betten in Erholungsheimen, Hotels, Pensionen, Privatunterkünften und in Kur- und Heileinrichtungen. In Misdroy beträgt die Bettenkapazität rund 6 000 Betten. Insgesamt entspricht die Bettenkapazität der beiden polnischen Seebäder derjenigen in den drei Kaiserbädern im selben Jahr. Der größte Anteil der Betten befindet sich in Erholungsheimen und weist einen einfachen Standard auf. Nur rund 8% der Betten sind in Hotels und Pensionen (NIESS 2003:33–34). Der Tourismus konzentriert sich in Misdroy stark auf die Sommersaison.

Die noch vorhandene historische Bausubstanz wird zum Teil saniert. Ein Beispiel dafür ist das mit österreichischem Kapital in Misdroy errichtete Viersternehotel Amber BALTIC mit eigenem Golfplatz. Außerdem werden neue Gebäude errichtet. So wird im Kurviertel von Swinemünde ein Reihe von Erholungsbauten unmittelbar an der Düne gebaut. Auf den Werbeschildern wird um deutsche Käufer geworben. In beiden Seebädern ist ein starker Kontrast der vorhandenen Einrichtungen und touristischen Infrastruktur festzustellen, da es alte sanierte Bauten mit Bäderarchitektur, verfallene alte Villen, Bauten aus der sozialistischen Zeit, einige neue Appartementhäuser sowie Gaststätten sehr unterschiedlichen Niveaus, Verkaufsbuden, Spielotheken u.v.m. gibt.

In den beiden Seebädern gibt es ein breites Angebot von Kulturveranstaltungen. Im Juli findet jährlich ein Filmfestival statt, das eine große Resonanz besitzt. Misdroy wird auch als das polnische Cannes bezeichnet. Eine Attraktion ist auch die Seebrücke mit seiner Einkaufspassage und den auf der Strandpromenade aufgestellten Buden mit einem breiten Warenangebot. Vor allem junge Menschen frequentieren das Seebad, in dem ca. 6000 Menschen leben. Dazu tragen auch die Diskotheken und modernen Sportangebote wie Bungeejumping bei. Swinemünde besitzt durch seine Größe mit rund 41 000 Menschen und seiner Funktion als Mittelzentrum mit Teilfunktionen eines Oberzentrums ein breites Kulturangebot mit zahlreichen Galerien, Theater u.ä.. Außerdem gibt es trotz der Zerstörung am Ende des II. Weltkrieges einige zum Teil rekonstruierte historische Sehenswürdigkeiten. Jährlich findet im Sommer ein Studentenfestival statt, bei dem viele Straßentheater- und Musikgruppen in der Stadt auftreten. Swinemünde und Misdroy sind wichtige und bedeutende Seebäder Polens mit ihren feinkörnigen und breiten Sandstränden und Kurorte mit eigenen Sol- und Heiltorfquellen.

Ein Vergleich der Seebäder zeigt, dass sich die deutschen und polnischen Seebäder stark voneinander unterscheiden. Unterschiede existieren insbesondere in der Eigentumsstruktur der Erholungseinrichtungen und in dem Standard der Angebote. In den polnischen Seebädern ist ein Hotelangebot im Drei- bis Fünf-Sterne-Bereich nur in sehr geringem Umfang vorhanden. Die Übernachtungspreise in den polnischen Seebädern liegen in der Regel unter denen der Preise in den Kaiserbädern. Weitere Unterschiede sind bei der Struktur der Gäste feststellbar. Der Anteil der ausländischen Urlauber ist in Swinemünde deutlich höher als in den drei Kaiserbädern. Es sind vorwiegend ausländische Urlauber aus Dänemark und Schweden, die mit den vorhandenen Fährlinien in das polnische Seebad kommen (NIESS 2003:38). Mit den Kulturangeboten in den beiden polnischen Seebädern wird stark auf junge Gäste orientiert, während in den Kaiserbädern das Angebot auf die anderen Altersgruppen der Urlauber ausgerichtet ist.

Seit Anfang 2000 gibt es ein deutsch-polnisches Tourismusforum. Ziel ist die Organisation gegenseitiger Information und die Erarbeitung gemeinsamer Marketingaktivitäten. Bisher haben zwei Treffen stattgefunden. Gegenwärtig findet in diesem Rahmen kein Austausch statt. Die polnischen Partner haben kein gemeinsames Leitbild entwickelt und Swinemünde und Misdroy arbeiten kaum miteinander, sondern sind Konkurrenten (Ostsee-Zeitung 27./28. September 2003, Gespräch mit dem Kurdirektor der Kaiserbäder Herrn Gutsche am 21. 03.2005).

Eine wesentliche Voraussetzung für eine touristische Zusammenarbeit ist der Aufbau einer leistungsfähigen Verkehrsinfrastruktur zwischen den deutschen und den polnischen Seebädern Usedoms und Wollins.

3.3 Verkehrsinfrastruktur

Eine verkehrliche Erreichbarkeit ist notwendig um die Beziehungen zwischen den beiden Grenzgebieten zu ermöglichen und Voraussetzung für eine Kooperation im Rahmen des Tourismus. Seit dem EU-Beitritt Polens bestehen einfachere Bedingungen für den Grenzübergang. Entsprechend der geltenden rechtlichen Rahmenbedingungen erfolgen Personenkontrollen an der deutsch-polnischen Grenze. Erst mit dem Beitritt Polens zum Schengener Abkommen werden diese entfallen.

Ein wesentlicher Ausdruck der Beziehungen zwischen den Gebieten beiderseits der Grenze ist der grenzüberschreitende Verkehr. Es besteht die Möglichkeit, über den Grenzübergang in Ahlbeck die jeweiligen Gebiete des Nachbarlandes zu

Tab. 4: Grenzüberschreitender Einreiseverkehr nach Grenzübergangsstellen[1]

	Seebrücke Heringsdorf	Seebrücke Ahlbeck	Grenzübergang Ahlbeck
2000	282 618	270 297	2 708 969
2002	109 342	124 274	1 702 568
2004[2]	64 157	51 663	1 656 215

1) Die Seebrücken besitzen die Funktion als Grenzübergang.
2) Im Jahr 2004 umfassen die Zahlen nur die Monate Januar bis September.
Quelle. Angaben der Bundesgrenzschutz Inspektion Ahlbeck

besuchen (Bild 1). Der Grenzübergang kann nur von Fußgängern und Radfahrern genutzt werden. Außerdem kann man von den Seebrücken der drei Kaiserbäder mit dem Schiff nach Swinemünde fahren. Die Daten in Tabelle 4 zeigen die Entwicklung des grenzüberschreitenden Verkehrs. Sie belegen für die letzten Jahre eine deutliche Abnahme der Personen, die die Grenze überschreiten. Besonders stark ist die Abnahme an den beiden Seebrücken. Eine Ursache dafür ist sicher die Einstellung des Duty-free-Einkaufs zum 1.5.2004 auf den Schiffen.

Wegen der unterschiedlichen wirtschaftlichen Bedingungen und der vorhandenen Wirtschaftsstruktur ist ein deutlicher Unterschied im Preisgefüge zwischen den beiden Gebieten festzustellen. In den 1990er Jahren hat sich an der deutsch-polnischen Grenze eine Vielzahl spezifischer Formen des Grenzhandels herausgebildet, die aus dem Preisgefälle für Waren und Dienstleistungen resultieren. Die bekannteste Form sind die Grenzmärkte. Einen Grenzmarkt gibt es auch in Swinemünde (Bild 2). Der wirtschaftliche Aufschwung der westlichen Grenzgebiete Polens geht auf diesen seit langer Zeit florierenden Basarhandel zurück (Friedrich-Ebert-Stiftung 2003:17). Es werden Lebensmittel, Zigaretten, und Kleidung verkauft. Zahlreiche Deutsche nutzen dieses Angebot. Die einstigen Preisvorteile haben sich aber in den letzten Jahren deutlich reduziert. Ein Ausdruck dafür ist vermutlich auch die Abnahme der Zahl der grenzüberschreitenden Personen in Ahlbeck.

Politisches Leitbild der Entwicklung des Gebietes ist das Zusammenwachsen der Region Usedom-Wollin zu einem europäischen Verflechtungsraum. Ein wesentliches Element ist die Verkehrsinfrastruktur. Zielstellungen zur Entwicklung der Verkehrsinfrastruktur sind im „Strukturkonzept zur nachhaltigen Entwicklung der Inseln Usedom-Wollin" enthalten. Dieses Konzept ist als Kooperations- und Handlungsgrundlage im Jahr 2000 beschlossen worden (DOLNY 2003:115). Es enthält Orientierungen für die Entwicklung der verschiedenen Verkehrsträger (Bahn, Bus, Pkw und Schiff).

Da der Grenzübergang Ahlbeck nur für Fußgänger und Radfahrer zugelassen ist und nur über die B 111 mit Pkw oder Bus zu erreichen ist, gibt es verschiedene Aktivitäten, die Verkehrsanbindung des Grenzübergangs zu verbessern.

3.3.1 Bahn

Für die Anbindung mit der Bahn wird 1997 die Verlängerung der Bahnlinie der UBB (Usedomer Bäderbahn GmbH – eine 100%ige Tochter der Deutschen Bahn

AG) um drei Kilometer vom Bahnhof Ahlbeck bis zum Grenzübergang Ahlbeck realisiert. Die Bahn fährt in der Sommersaison im 30-Minuten-Takt. Das entspricht städtischen Verkehrsbedingungen. Zurzeit nutzen jährlich rund 200 000 Fahrgäste die Linie auf den Stationen zwischen Heringsdorf und der Grenzstation Ahlbeck, davon sind etwa 10% polnische Fahrgäste.

Eine weitere neue Trassierung, die in zwei Realisierungsetappen erfolgen soll, ist vorgesehen. Das Vorhaben wurde 1999 in Swinemünde zwischen der Deutschen Bahn AG, den polnischen Staatsbahnen und der Stadt Swinemünde unterzeichnet. Die erste Etappe umfasst eine Verlängerung um 1,6 km von der Grenze bis zum Zentrum von Swinemünde. Beabsichtigt ist ferner, die Stadt mit dem Regionalflughafen Heringsdorf zu verbinden. Später soll die Strecke in einer zweiten Etappe weiter über die Karniner Brücke bis zur Strecke Berlin–Stralsund verbunden werden. Diese Strecke ist auch im Bundesverkehrswegeplan unter erweitertem Bedarf genannt. Voraussetzung dafür ist der Neubau einer Brücke in Karnin. Die Verbindung per Bahn nach Berlin würde sich damit erheblich verbessern. Gegenwärtig benötigt man vier Stunden und 30 Minuten für die Strecke Berlin–Heringsdorf. Nach Realisierung der zweiten Etappe würden nur eine Stunde und 40 Minuten benötigt werden (BIRRINGER/HEINZ/KLÜTER 2004:29). Die schrittweise Umsetzung des ersten Teils der ersten Etappe, die Verlängerung der Bahnstrecke nach Swinemünde, erweist sich nach Auskunft des Geschäftsführers der UBB und nach Presseartikeln als sehr schwierig. Pläne der Verlängerung nach Swinemünde werden inzwischen kontrovers diskutiert und verändern sich mit neuen politischen Akteuren in Swinemünde (www.ostsee-zeitung.de 20.11.2004, 29.12.2004, 8. und 9.2.2005). Das Land Mecklenburg-Vorpommern möchte erst eine Verlängerung der Bahnstrecken und später einen durchgängigen Busverkehr. Die Stadt Swinemünde präferiert zurzeit die Einführung eines durchgängigen Busverkehrs.

3.3.2 Bus

Ein Beispiel für eine erfolgreiche bilaterale Vereinbarung ist die Buslinie „Europa Linie". Sie ist eine Gemeinschaftslinie von der Ostseebus GmbH und Komunikacji autobusowa. Die Busse fahren ab Bansin über Heringsdorf und Ahlbeck zur Grenze. Der Fahrgast geht zu Fuß über die Grenze und steigt dann auf der polnischen Seite direkt hinter der Grenze in einen polnischen Bus und fährt bis ins Zentrum Swinemündes bzw. ins Kurviertel. Analog kann in der anderen Richtung verfahren werden. Die Fahrpläne sind aufeinander abgestimmt. Der Fahrpreis kann auf der jeweiligen Seite der Grenze in der Landeswährung bezahlt werden. Rund 100 000 Fahrgäste nutzen jährlich diese Line.

3.3.3 Pkw und Lkw

Eine Öffnung der Grenze für Pkw und Lkw wird von vielen Akteuren angestrebt. Eine Änderung der gegenwärtigen Situation ist nur durch eine entsprechende Entscheidung der deutsch-polnischen Grenzkommission möglich. Es sind dafür staatliche Interessen, Interessen der Bundesländer und Wojewodschaften und regionale Interessen abzuwägen. Eine Öffnung der Grenze für den Straßenverkehr hätte einerseits Vorteile, hätte aber auch eine erhebliche Belastung des Straßennetzes der Insel Usedom zur Folge. Gegenwärtig ist eine Öffnung von staatlicher Seite sowohl von deutscher als auch von polnischer Seite nicht vorgesehen. Um von Swinemünde nach Anklam mit dem Pkw zu fahren, muss man zur Zeit 190 km über Stettin zurücklegen, eine Öffnung der Grenze für Pkw und Lkw würde dazu führen, dass nur 45 km benötigt werden. Erschwert wird die Verkehrssituation insbesondere dadurch, dass zwischen den beiden Inseln Usedom und Wollin nur eine Verbindung mit zwei Fähren möglich ist. Eine Brücke gibt es bisher nicht.

3.3.4 Schiffsvekehr

Für den Schiffstourismus gibt es von der natürlichen Seite ausgezeichnete Voraussetzungen mit dem Hafen von Swinemünde und den Seebrücken in den Seebädern. Die Nutzung dieser Möglichkeiten für den Verkehr zwischen beiden Ländern ist jedoch mit zahlreichen Problemen verbunden. Mit dem Bau der Seebrücken in Heringsdorf (Bild 3) und Bansin ist neben der Seebrücke Ahlbeck von allen drei deutschen Seebädern eine Schiffsfahrt nach Swinemünde möglich. Bis zum 1.5.2004 war das besonders attraktiv sowohl für viele Urlauber als auch für Bewohner des Gebietes wegen des Duty-free-Einkaufs auf den Schiffen. Die Passagierzahlen gingen nach dem 1.5.2004 um 75% zurück, und die Reederei musste die Zahl der Schiffe und der Beschäftigten reduzieren. Heute werden die Schiffe ausschließlich zu touristischen Zwecken genutzt. Für den Touristen besteht die günstige Möglichkeit der Nutzung eines Gemeinschaftsticket zwischen der UBB bzw. der Ostseebus GmbH und der deutschen Reederei, die den Schiffsverkehr auf der Ostsee betreibt. Außerdem sind die Fahrpläne zeitlich aufeinander abgestimmt (www.ostsee-zeitung.de 29.12.2004). Die Schiffe, die von den Kaiserbädern kommen, legen in Swinemünde im Nordbecken des Hafens an. Der Weg von dort in die Stadt ist relativ lang. Die Reederei ist bemüht, die Anlegestelle mit den Grenzkontrollen in das Zentrum der Stadt zu verlegen, um die Bedingungen für die Touristen zu verbessern. Diese Bemühungen, die auch vom Stadtpräsidenten von Swinemünde unterstützt werden, sind bisher nicht erfolgreich. Das Stettiner Meeresamt genehmigt den Antrag wegen Sicherheitsbedenken nicht.

Seit 1997 hat die Reederei einen Ausbau des Schiffstourismus zur Insel Wollin nach Misdroy geplant. Die deutsche Reederei finanzierte die Verlängerung der Seebrücke in Misdroy mit insgesamt zwei Millionen Euro, nachdem im Jahre 2003 die Verlängerung der Seebrücke durch die Wojewodschaft genehmigt wurde. Am 19.3.2005 wurde die neue, jetzt 395 m lange Seebrücke mit der Ankunft des ersten deutschen Schiffes nach Kriegsende und vielen Gästen eingeweiht. Mehr als 2000 Menschen waren Zuschauer. Viermal täglich soll von den drei Kaiserbädern das Seebad Misdoy angelaufen werden. Von Misdroy sind Busfahrten in den Naturpark Wollin, nach Stettin und Kolberg und auf der deutschen Seite sind Fahrten zu Sehenswürdigkeiten der Insel Usedom geplant. Nach vier Fahrten musste der Verkehr eingestellt werden, da von den polnischen Schifffahrtsbehörden die Brücke nicht als Anlegestelle klassifiziert ist und nicht den Status einer Grenzübergangsstelle besitzt (UsedomKurier 21.3.2005). Die polnischen Behörden hatten die dafür notwendigen Verfahren in der Gemeinde, den Ministerien, dem Sejm nicht eingeleitet. Mehrere Gespräche zwischen deutschen und polnischen Akteuren verschiedener Verwaltungsebenen waren erfolglos. Trotz Angeboten von deutscher Seite zur Kompromissfindung, die auch von den polnischen örtlichen Vertretern und der Wojewodschaft unterstützt werden, dauerte es lange, eine Lösung zu realisieren: Seit Ende September 2006 ist nun der Schiffsverkehr von den Kaiserbädern direkt nach Misdroy zur Seebrücke möglich.

3.3.5 Flugverkehr

Günstiger ist die Situation im Flugverkehr. Der Regionalflughafen Heringsdorf wird seit 2004 auch von der polnischen Fluglinie White Eagle Aviation angeflogen. In den Monaten Mai bis Oktober gibt es jeweils freitags und sonntags Verbindungen von Stettin und Warschau nach Heringsdorf und von dort nach Mönchengladbach und Münster und zurück. Nach Angaben der Flugaufsicht des Regionalflughafens erfolgen pro Jahr insgesamt rund 9 000 Landungen, und ca. 30 000 Passagiere werden befördert.

Diese Sachverhalte belegen die Notwendigkeit eines von deutscher und polnischer Seite getragenen Verkehrskonzeptes. Ein Verkehrsmanagementkonzept für die Region Usedom-Wollin wird seit 2004 im Rahmen eines umfangreichen Forschungsprojektes durch die PTV Planung Transport Verkehr AG unter Beteiligung eines Büros in Stettin und universitärer deutscher Einrichtungen erarbeitet. Das Ziel für die Region ist ein Konzept, das als Leitbild das Motto „gut erreichbar, verkehrsarm, aber sehr mobil" hat (nach Materialien der PTV Planung Transport Verkehr AG). Es sollte 2005 in zehn Arbeitsgruppen mit deutschen und polnischen Entscheidungsträgern diskutiert und Anfang des Jahres 2006 vorgelegt werden.

4 Fazit

Die EU-Osterweiterung ist mit Begriffen wie Hoffnung, Herausforderung und Chance aber auch Verlustangst, Unsicherheit und Abschottung belegt. Die bisherigen Erfahrungen in der Region Usedom-Wollin bei der grenzüberschreitenden Kooperation zeigen, dass transnationale interregionale Zusammenarbeit oder Verknüpfung schwierig ist und offensichtlich eines längeren Zeitraumes bedarf.

Die Grenze ist mental und in der Kooperation noch eine große Barriere. Dies erklärt sich aus der historischen Entwicklung, den wechselvollen Veränderungen des gemeinsamen Grenzraumes und den damit verbundenen entstandenen ökonomischen, sozialen und kulturellen Gegebenheiten. Die Zeit für gemeinsame Erfahrungen ist noch viel zu kurz. Eigentlich bestehen annähernd normale Beziehungen zwischen den Gebieten erst seit 1990. Hinzu kommt, dass die polnische Bevölkerung des Gebietes keine traditionellen über Jahrhunderte gewachsenen Beziehungen zu dem Gebiet insbesondere des deutschen Teils der Insel Usedom besitzt. Außerdem ist ein deutliches Sprachproblem auf beiden Seiten zu spüren. Es ist wichtig, formelle und informelle Netzwerke und Vertrauen zu bilden. Es besteht die Notwendigkeit sich über eine Neubestimmung, Widmung und Abgrenzung von Gebieten oder Flächen, gemeinsame Planungen von Nutzungsformen durch Verfügungsrechte oder Zugangsregelungen und über die Festlegung von gemeinsamen Perspektiven zu verständigen.

Bild 1: Grenzübergang Ahlbeck, Blick nach Swinemünde

Bild 2: Markt an der Grenze in Swinemünde

Bild 3: Seebrücke in Heringsdorf

Bild 4: Strandbereich Kaiserbäder, Blick nach Bansin

Bild 5: Villa in Heringsdorf an der Strandpromenade

Bild 6: Bäderarchitektur in Ahlbeck
Alle Photos: M. Schulz, 11.05.2005

Literatur

ALBRECHT, Wolfgang unter Mitarbeit von Gertrud Albrecht, Iris Breuste, Martin Bütow: Tourismus und Erholungswesen als Entwicklungsfaktoren des Bundeslandes Mecklenburg-Vorpommern – Analyse und Prognose. *Zeitschrift für Wirtschaftsgeographie* 35 (1991), 2, S. 94–105

BIRRINGER, Christian; HEINZ, Michael; KLÜTER, Helmut: *Studie zur Gemeindegebietsreform auf Usedom.* Rostock/Greifswald 2004

BREUSTE, Iris und BREUSTE, Jürgen: Tourismus und Landschaftsschutz an der Ostseeküste. *Geographische Rundschau* 44 (1992), 11, S. 662–669.

DOLNY, Agnes: *Die Euroregion Pommerania – grenzüberschreitendes Zusammenwachsen am Beispiel der Verkehrsinfrastruktur.* Diplomarbeit am Geographischen Institut der Humboldt Universität zu Berlin 2003 [unveröffentlicht]

FRIEDERICHSEN, Max: *Vorpommerns Küsten und Seebäder.* Greifswald 1912

Friedrich-Ebert-Stiftung: *Der Beitritt naht: der deutsche und der polnische Mittelstand zwischen Hoffnung und Skepsis.* Berlin 2003 (Reihe Wirtschaftspolitische Diskurse; 156)

Inselfreunde Usedom e.V. – Verband zum Schutz, zur Pflege und Entwicklung der Region in Zusammenarbeit mit der Usedomer Bäderbahn GmbH, der Stadtverwaltung Swinemünde, dem Verband der Gemeinden der Insel Wollin, den Naturpark Insel Usedom, dem Nationalpark Wollin (Hrsg.): *Die Weichen sind gestellt – Zwei Inseln stellen sich vor – Wege in eine gemeinsame Zukunft: Kierunek został wytyczony – dwie wyspy się ę przedstawiają – Drogi do wspolnej przyszłości.* [o.O., o.J.]

Naturpark Usedom (Hrsg.): *Natur ohne Grenzen – Naturschutz an der Oder.* [o.O., o.J.]

NIESS, Ronny: *Wie verändern sich die Bedingungen im Fremdenverkehr für die Seebäder Bansin, Heringsdorf und Ahlbeck durch den bevorstehenden EU-Beitritt Polens?* Diplomarbeit am Geographischen Institut der Humboldt Universität zu Berlin 2003 [unveröffentlicht]

Ostsee-Zeitung, 27./28.2003: Staatspräsident kommt zum Touristikerforum. S.14

RICHTER, Egon: *Ahlbeck, Heringsdorf & Bansin – Die Usedomer Kaiserbäder.* Schwerin 1998

SCHLEINERT, Dirk: *Die Geschichte der Insel Usedom.* Rostock 2005

TÖNSPETEROTTO, Erich; SCHRÖDER, Ralf: *Usedom.* Hamm 1994

UsedomKurier, 21.3.2005, Inselzeitung: Neue Seebrücke in Misdroy eingeweiht.

UsedomKurier, 21.3.2005: Schiffsverkehr nach Misdroy vorerst gestoppt.

WIEDEN, Helge bei der; SCHMIDT, Roderich (Hrsg.): *Mecklenburg/Pommern.* Handbuch der historischen Stätten Deutschlands, Zwölfter Band. Stuttgart 1996

WIESE, Adalbert und WIESE, Hannelore: *Ostsee- und Sonneninsel Usedom.* Münster 1999

Prospekt Europa-Linie, Ostseebus GmbH 2005

Internetadressen:

http://www.heringsdorf-info.de
http://www.insel-usedom-wollin.de
http://www.insel-usedom.net
http://www.kaiserbaeder.de
http://www.miedzyzdroje.pl
http://www.ostsee-zeitung.de
http://www.wolinpn.pl
http://www.wolin.net

Gespräche:

Abraham, W. – ehemaliger Leiter des Koordinierungsbüros Strukturentwicklung Usedom-Wollin am 5.3.2003 in Ahlbeck und am 21.3.2005 in Bansin
Boße, J.– Geschäftsführer der Usedomer Bäderbahn GmbH am 22.3.2005 in Heringsdorf
Flugaufsicht des Regionalflughafens Heringsdorf am 10.5.2005
Gutsche, D. – Kurdirektor des Zweckverbands Kaiserbäder Insel Usedom am 21.3.2005 in Ahlbeck
Müller, A. – Kapitän und Betriebsleiter der Insel- und Halligreederei Betriebsteil Seebad Heringsdorf am 21.3.2005 in Heringsdorf; Telefonate am 23.5.2005 und 21.09.2005
Reiter, U. – Prokurist, Leiter der Niederlassung Berlin PTV Planung Transport Verkehr AG am 3.5.2005 in Berlin

Marek Dutkowski

Szczecin – „Metropolitanes europäisches Wachstumsgebiet" oder „Dorf mit Straßenbahn"?

1 Einführung

Für Geographen bleibt Szczecin (dt. Stettin) noch zu entdecken. Jahrelang ohne Universität, ohne Institut für Geographie, ist diese Stadt bis heute relativ wenig bekannt, auch in der Öffentlichkeit, und wurde bislang kaum beschrieben. Man kann nur hoffen, dass die laufenden Forschungsarbeiten diese Situation deutlich verbessern werden (DUTKOWSKI/JUREK 2005). Dieser kurze Beitrag kann eine solch große Wissenslücke nicht füllen, auch nicht in sehr allgemeinem Sinne. Sein Hauptziel ist viel bescheidener und konkreter. Es geht um die Erörterung der unterschiedlichen Antworten auf eine dringende praktische Frage, die wohl im Kompetenzbereich der Geo- und Raumwissenschaften liegt. Es handelt sich um die deutlich sichtbare Diskrepanz zwischen dem „objektiven" und dem „subjektiven" Bild der Stadt. Als „objektives" Bild verstehen wir das Konstrukt des wissenschaftlichen Diskurses. Alle anderen Bilder, als Konstrukte anderer Diskurse, sind „subjektiv" zu verstehen. Eine solche Diskrepanz ist nicht überraschend für die Forscher, die sich mit der Perzeption geographischer Objekte beschäftigen. Überraschend ist die Tiefe dieser Diskrepanz. In dem offiziellen Forschungsbericht von ESPON 2003 wird Szczecin als zwar „schwaches", aber doch „metropolitanes europäisches Wachstumsgebiet" eingestuft (ESPON 2004). Im Raumentwicklungskonzept des Landes gilt die Stadt auch als „existierende Metropole" (KPZK 2005). Die in der Tab. 1 zusammengestellten Daten zeigen eindeutig, dass sich Szczecin von anderen polnischen Großstädten kaum unterscheidet, abgesehen von der Größe.

Warum ist, vor dem Hintergrund des objektiv festgestellten großen Potentials und der bemerkenswerten Aktivität der Einwohner, die von den Medien verbreitete öffentliche Meinung über die Perspektiven der Entwicklung von Szczecin so pessimistisch? Warum meint man, dass die besten jungen Leute ihre Heimatstadt verlassen? Warum glaubt man, dass sehr wenige Investoren in die Stadt an der Oder kommen? In der Marketingsprache würde es heißen, woher kommt ein so schlechtes Image von Szczecin? Man kann auch fragen, warum haben die Bürger von Szczecin ein so falsches Bewusstsein? Oder sind sie mit ihrem lokalen Wissen besser informiert und es verbirgt sich hinter den positiven Zahlen ein weniger positives Bild der Stadt?

Die hypothetischen Elemente dieses wahrscheinlich nur teilweise falschen Bewusstseins können in diesem Text nicht mit allen notwendigen Quellen und Beweisen belegt werden. Es geht eher um die Zusammenstellung der verbreiteten Meinungen, die offensichtlich ein Hemmnis für eine objektive Perzeption der Stadt und ihrer Entwicklungsperspektiven bilden. Im weiteren Teil des Aufsatzes werden verschiedene Erklärungsansätze der angeblich schlechten Lage der Stadt metaphorisch genannt und kurz vorgestellt: Geliehene Stadt, „Schlechte" soziale

Tab. 1: Szczecin im Vergleich mit anderen Großstädten Polens (2003)

Stadt	Fläche in km²	Einwohner in 1000	Wanderungssaldo pro 1000 Einwohner	Kommunale Ausgaben in PLN pro Kopf	Wohnungen pro 1000 Einwohner	Beschäftigung pro 1000 Einwohner (in Firmen ab 10 Beschäftigten)	Firmen registriert in REGON* (mit Eigenbeschäftigung) pro 1000 Einwohner	Arbeitslosenquote	Durchschnittlicher Bruttolohn (Polen=100)
Warszawa	517	1690	4,3	3022	432	424	163	6,3	145,5
Łódź	294	779	-1,2	1983	425	257	119	19,1	93,5
Kraków	327	758	1,6	2107	376	323	135	8,3	100,4
Wrocław	293	638	0,3	2386	381	287	149	12,9	102,3
Poznań	261	574	-2,7	2492	377	376	152	7,1	108,2
Gdańsk	262	461	-0,9	2078	364	284	129	12,7	112,8
Szczecin	301	414	-0,4	1781	367	258	153	16,2	102,2
Bydgoszcz	174	370	-2,7	1700	365	295	129	12,9	93,4
Lublin	148	357	-2,6	1812	360	286	112	13,5	95,4
Katowice	164	322	-3,6	2534	410	453	129	8,4	131,1

* REGON = Staatliches polnisches Verzeichnis von Wirtschaftsbetrieben
Quelle: Rocznik Statystyczny Województw 2004, GUS, Warszawa.

Struktur der Siedler, Vergessene Stadt, Fehlende Elite, Zusammenbruch der Meereswirtschaft, Fehlende Identität, Fehlende Koalition, Periphere Lage.

Existieren sie wirklich, oder nur als Konstrukt des falschen Bewusstseins? Dieses Wissen ist wichtig nicht nur für die Stadt- und Regionalverwaltung, sondern auch für die deutschen und skandinavischen Nachbarn und Partnern. Das Metropolgebiet von Szczecin ist der größte Verdichtungsraum zwischen Hamburg und Gdańsk – Sopot – Gdynia. Szczecin ist die größte Stadt an der deutsch-polnischen Grenze. Szczecin ist das „richtige", aber heute immer noch nur potentielle Oberzentrum für eine zukünftige europäische Grenzregion Pomerania. Die internationale Zusammenarbeit mit den Bundesländern Mecklenburg-Vorpommern, Berlin und Brandenburg sowie mit der Region Skåne in Schweden und Dänemark gilt als wichtige Entwicklungsperspektive. Aber die Konkurrenz anderer Städte und Regionen ist sehr groß. In vielen Gremien ist die Meinung verbreitet, dass Szczecin in diesem Konkurrenzkampf verliert.

2 Geschichte

Die folgende geschichtliche Einführung ist notwendig für ein besseres Verständnis der erörterten Frage. Viele Erklärungsansätze des schwachen Images von Szczecin greifen in die Geschichte der Stadt zurück. Eine kurze Skizze der Vergangenheit ermöglicht die richtige Abschätzung der darauf folgenden Antworten (PISKORSKI/ WACHOWIAK/WŁODARCZYK 2002).

Szczecin (dt. Stettin) ist eine 750 Jahre alte Stadt an der Odermündung. Sie liegt ca. 65 Kilometer von der Ostseeküste entfernt, besitzt aber einen Meeres- und Binnenwasserhafen und den großen aber flachen See Dąbie (Dammscher See) in ihren Grenzen. Deswegen gilt Szczecin als Hafenstadt und Ostseestadt. Die Stadt zählte in ihren administrativen Grenzen im Jahre 2005 411 119 Einwohner mit sinkender Tendenz. Mit den umgrenzenden Dorfgemeinden und Städten Stargard Szczeciński (dt. Stargard), Gryfino (dt. Greifenhagen), Police (dt. Pölitz) und Goleniów (dt. Gollnow) bildet Szczecin das metropolitane Gebiet mit ca. 630 Tausend Einwohnern (GOLECKI 2005; RYDZEWSKI 2005).

Die Geschichte der Stadt ist kompliziert. Szczecin war zunächst slawisch geprägt, dann deutsch (genauer gesagt „deutsch-pommeranisch"), dann schwedisch, preußisch, für eine kurze Zeit sogar französisch, wieder preußisch, dann „reichsdeutsch" und jetzt polnisch. Im Vergleich mit anderen für die polnische Geschichte relevanten Städten war Szczecin nur für eine sehr kurze Zeit polnisch (Tab. 2). Mehrmals wurde die Stadt von verschiedenen Armeen belagert, besetzt und zerstört. Die städtische Agglomeration Szczecin etablierte sich als Hauptstadt der Provinz Pommern des deutschen Staates, als Hafen- und Großstadt noch vor dem Ersten Weltkrieg. Im Zuge der Industrialisierung und Modernisierung wurden die wichtigen Bahnverbindungen nach Berlin im Jahre 1843 und nach Poznań (dt. Posen) 1846 gebaut. Der Hafen wurde ausgebaut und die Oder nach Świnoujście (dt. Swinemünde) vertieft. Schiffbau (Vulkan-Werft), Zement- und Papierfabriken, Lebens- und Genussmittelindustrie, Chemie- und Metallindustrie, Maschinenbau und sogar eine Eisenhütte haben im Wirtschaftsleben der Stadt die Schifffahrt und die Hafenwirtschaft ergänzt. Dank der Abschaffung des Festungsrechts im Jahre 1873, entstand ein modernes Stadtzentrum und wurden die Wasserversorgung und die Kanalisation, die Gasversorgung und das Straßenbahnnetz eingeführt. Das Militär und die Ämter blieben jedoch in der Stadt, prägten das Stadtleben und die Stadtlandschaft. Die Einwohnerzahl wuchs von 21,5 Tausend 1816 auf 236 Tausend 1910. Aber im Konkurrenzkampf gegen die mächtigen Hafenstädte Hamburg, Bremen und sogar Danzig[1] waren die Stettiner Kaufleute und Industriellen auf verlorenem Posten. Auch die Nähe zur Hauptstadt Berlin trug zur gewissen Provinzialisierung der Stadt bei. Es fehlten Hochschulen und kulturelle Institutionen. Sehr spät entstanden ein Theater, ein Konzertsaal, ein Museum und eine Bibliothek. Zwischen den Kriegen, abgeschnitten vom polnisch gewordenen Hinterland, war die Wirtschaft der Stadt stark von der Rezession betroffen. Trotzdem wurden große Stadtentwicklungspläne vorbereitet, das Territorium „Groß-Stettins" wurde erweitert und die Autobahn nach Berlin gebaut. Der Zweite Weltkrieg brachte zunächst eine starke Entwicklung der Rüstungsindustrie und der chemischen Industrie. So

---

1 Vgl. den Beitrag von Ekkehard Buchhofer in diesem Band.

Tab. 2: Zugehörigkeit ausgewählter Städte zu Polen in den Jahren 966–2005

Name der Stadt		Im Zeitraum 966–2005 zum polnischen Staat gehörig [Anteil]	Bemerkungen
Polnisch	Deutsch		
Toruń	Thorn	66%	Einschließlich der polnischen Burg aus der Zeit vor der Stadtgründung durch den Deutschen Orden
Gdańsk	Danzig	55%	*De facto* lange unabhängig
Lwów	Lemberg	43%	
Wilno	Wilna	41%	Beginnend mit der polnisch-litauischen Union in Krewo 1385
Wrocław	Breslau	38%	Bei Wertung der Zeit bis 1335 als polnisch
Witebsk	Witebsk	37%	
Olsztyn	Allenstein	24%	
Smoleńsk	Smolensk	15%	
Szczecin	Stettin	12%	Einschließlich des Zeitraums 1121–1189

Quelle: Stomma 2006, 19–20.

entstand eine gigantische Fabrik für synthetisches Benzin in Police (dt. Pölitz). Dann kamen schwere Bombardierungen, der Tod für 10 Tausend Menschen und große Zerstörungen, vor allem in der Altstadt und im Hafen.

Infolge der Entscheidung der Alliierten in Jalta und Potsdam, wurde Stettin als Szczecin ins polnische Territorium eingegliedert. Diese Eingliederung war zunächst nicht offensichtlich, weil Szczecin ja vorwiegend am westlichen Ufer des neuen Grenzflusses Oder liegt. Deswegen kam ein großer Teil der zunächst geflohenen Stettiner (ca. 80 Tausend Menschen) nach der Kapitulation des Dritten Reichs zurück in die Stadt. Gleichzeitig kamen erste polnische Siedler und Vertreter der zivilen Verwaltung in die Stadt. Einige Monate lang war Stettin/Szczecin 1945 eine theoretisch polnische Stadt mit deutscher Bevölkerung und mit zwei Stadtverwaltungen, in der der sowjetische Kriegskommandant die eigentliche Macht innehatte. Die drängenden Forderungen der Vertreter der sog. Lubliner Regierung, die direkt bei Stalin vorstellig wurden, wurden berücksichtigt. Vorpommern blieb deutsch, Szczecin und Hinterpommern (als *Pomorze Zachodnie* – was Westpommern bedeutet) – wurden polnisch. Erst am 5. Juli 1945 übergab der deutsche Bürgermeister, Erich Wisner (übrigens ein Kommunist), dem polnischen Stadtpräsidenten, dem später legendären Piotr Zaremba, die Macht. Dann, in den Jahren 1946–47, wurde die deutsche Bevölkerung vertrieben. Nach Szczecin kamen langsam Tausende polnischer Siedler, vorwiegend aus Zentralpolen, und teilweise die Vertriebenen aus dem von der Sowjetunion annektierten Osten der ehemaligen Republik Polen. Die Einwohnerzahl erreichte 1950 180 Tausend. Aber ein Teil des Hafens blieb bis 1955 unter direktem Kommando der sowjetischen Armee.

Nach dem Wiederaufbau[2] und Ausbau des Hafens wurde Szczecin (mit dem Tiefseehafen Świnoujście, dt. Swinemünde) das zweite Zentrum der polnischen Meereswirtschaft – neben den Häfen in Gdańsk und Gdynia, (dt. Danzig, Gdingen). Einer der wichtigsten Jahre in der Stadtgeschichte war 1970. Im Dezember unterzeichneten die Bundesrepublik Deutschland (Regierung Willy Brandt) und die Volksrepublik Polen das Abkommen über die gegenseitige und endgültige Anerkennung der Oder-Neiße-Grenze. Einige Tage später legten die Werftarbeiter in Gdańsk, Gdynia, Elbląg (dt. Elbing) und Szczecin aus Protest gegen die Preispolitik der kommunistischen Partei die Arbeit nieder und gingen auf die Straße. Die Partei reagierte sehr brutal. Es gab Schüsse, Tote und Verwundete. Seit dieser Zeit wurden die Werften sowohl vom Regime, als auch von den Bürgern als „Wiegen des Widerstands" angesehen. Infolge der „Dezember-Ereignisse" wechselte die Partei- und Staatsführung. Der neue Erste Sekretär, Edward Gierek, und seine Genossen schlugen einen neuen, etwas milderen und offeneren Kurs ein. Die Arbeiter in Szczecin forderten in direkten Verhandlungen mit der neuen Führung mehr Investitionen und Aufmerksamkeit für die Stadt.

Die siebziger Jahre gehören zu den besten in der Nachkriegsgeschichte von Szczecin. Nach den langen Jahren „der Vergessenheit" hat man viel investiert in die Häfen in Szczecin und Świnoujście, in die Werften und andere Industriebetriebe. Günstige Kontrakte mit der Sowjetunion garantierten eine Konjunktur im Schiffbau. Die PŻM (*Polska Żegluga Morska*) war eine der größten Reedereien in der Welt. Dazu wurde die Grenze zur DDR teilweise geöffnet, und Tausende von Handelstouristen besuchten die bisher wenig bekannte und fremde Stadt an der Oder. Hinzu kam ein demographischer *boom*. Szczecin galt als die „jüngste" Großstadt Polens. Die Technische Hochschule, die Hochschule für die Handelsflotte, die Medizinische Hochschule und die Hochschule für Landwirtschaft bildeten hochqualifizierte Mitarbeiter aus.

3 Transformation

Die gute Konjunktur dauerte in Polen und auch in Szczecin nur bis 1980. Die wirtschaftliche Krise der staatlichen Kommandowirtschaft und der politische Widerstand der Untergrundopposition führten zu einer breiten bürgerlichen Rebellion, die als „Solidarność-Bewegung" auch in Szczecin einen wichtigen Schwerpunkt hatte. Nach dem Kriegszustand und zehn Jahren der wirtschaftlichen und politischen Stagnation kam es im Jahre 1989 zur friedlichen Abschaffung des bisherigen wirtschaftlichen und politischen Systems – was als „Transformation" bezeichnet wird. Leider wurde die Wirtschaft Szczecins von negativen Effekten dieser Transformation schwer getroffen. Die Großbetriebe der Meereswirtschaft, der freien Konkurrenz ausgesetzt, wurden geschlossen und von neuen Firmen nur teilweise ersetzt. Die Arbeitslosigkeit wuchs sowohl in der Stadt als auch in der Region bis 25%. Im Zuge der Transformation verliert die Stadt langsam ihre industrielle Funktion, dafür wird Szczecin zunehmend eine Dienstleistungsmetropole (ROGACKI 2005). Ein wichtiges Ereignis im kulturellen und geistigen Leben der

---

2 Zu Planung und Stadtentwicklung nach 1945 vgl. a. HACKMANN (2000).

Stadt war die Gründung einer Universität. Diese Veränderungen haben natürlich großen Einfluss auf die starke Differenzierung des Lebensniveaus und vor allem auf die soziale Schichtung der Stadtbevölkerung. Heute ist die Stadt politisch geteilt, die Koalitionen im Stadtrat sind schwach und wackelig.

Der Beitritt Polens zur NATO und EU hatte auch für Szczecin eine wichtige Bedeutung. Die Grenze verschwindet langsam, es gibt immer mehr alltägliche Kontakte nach Deutschland (vor allem Hamburg und Berlin), Dänemark und Schweden. Szczecin ist Sitz des Hauptquartiers des Multinationalen Korps „Nord-Ost" und damit ein wichtiger Stützpunkt der künftigen europäischen Streitkräfte. Die Einstellung der breiten Bevölkerung Szczecins zu diesen Veränderungen ist positiv. Die Ergebnisse des Referendums über den Beitritt Polens zur EU sowie der soziologischen Forschungen zeigen es eindeutig (KAVETSKYY 2005). Die Stadt wird immer internationaler und sieht in der Öffnung auf die Welt ihre große Entwicklungsperspektive (DECKERS 2004).

Gleichzeitig aber ist in Szczecin ein „Klima der Unmöglichkeit" spürbar. Fast jeder erzählt von verlorenen Chancen. Junge Leute, auch qualifizierte Akademiker, suchen ihren ersten Arbeitsplatz in Poznań oder Warszawa. Man bezeichnet die eigene schöne Heimatstadt als „Dorf mit Straßenbahn". Man ist frustriert und unzufrieden. Diese verbreitete Einstellung (gewiss übertrieben und teilweise falsch) hat einen objektiven Charakter und bremst die notwendigen Veränderungen in Szczecin. Sie sollte untersucht, interpretiert und korrigiert werden. Dies liegt nicht nur im Interesse der Stadt, sondern auch der Region, ganz Polens und der deutschen, schwedischen und dänischen Nachbarn.

4 Geliehene Stadt

Die verbreitete Meinung, dass Szczecin nur „geliehen" worden sei und früher oder später zurück nach Deutschland „gegeben" werde, ist teilweise historisch begründet (siehe Tab. 1). Fehlende Investitionen und spürbare „Vergessenheit" durch die zentrale Regierung in Warszawa stärkte noch diese Meinung. Die Unsicherheit der Siedler erreichte ihren Gipfelpunkt im Jahre 1956 – damals wollte der Nachfolger Stalins, Nikita Khruschtschev, Szczecin der DDR zurückgeben und dafür Kaliningrad (dt. Königsberg) an Polen abtreten – und blieb latent bis 1970. Auch 1980, aus Angst vor einer „internationalen Hilfe" der „Bruderstaaten", waren die Einwohner Szczecins wieder unsicher. Die Stimmung des ständigen Provisoriums prägt bis heute das soziale Leben der Stadt und das Funktionieren vieler Firmen und Institutionen. Auch die teilweise nicht geregelten Grund- und Eigentumsverhältnisse tragen hierzu beträchtlich bei. Mit dem Erklärungsansatz der „geliehenen Stadt" werden heute verschiedene Phänomene erklärt und gerechtfertigt. Vor allem wird argumentiert, dass Szczecin jahrelang mit notwendigen (damals ausschließlich staatlichen) Investitionen „unterversorgt" gewesen sei. Zudem entschuldigt man die Eigentümer für gewisse Versäumnisse mit dem Argument, dass sie sich nicht „zuhause" fühlten. Die Stimmung des Provisoriums schadet heute dem Image der Stadt. Deutsche Investoren lassen sich mit dem Vorwurf eines Wiederaufkaufs Szczecins von der Konkurrenz leicht bekämpfen. Gleichzeitig ist aber die wachsende alltägliche Anwesenheit der Deutschen (und auch anderer Ausländer) in Szczecin erkennbar, akzeptiert und aus geschäftlichen Gründen sehr erwünscht.

5 „Schlechte" soziale Struktur der Siedler

Die angeblich bessere Konjunktur in Wrocław (dt. Breslau) und Gdańsk, von Warszawa, Kraków und Poznań abgesehen, wird mit der Herkunft der ersten Siedler erklärt. Im Gegensatz zu Wrocław, wo sich die große Gruppe der polnischen Vertriebenen aus Lwów (dt. Lemberg) angesiedelt haben, oder von Gdańsk, wo viele Städter aus Wilno (dt. Wilna) und Pomorze (dt. Westpreußen) kamen, stammten die ersten Bürger von Szczecin aus armen, schwach urbanisierten Gebieten Zentralpolens. Es gab auch eine relativ große Gruppe von Juden, die den Holocaust in der Sowjetunion überlebt hatten und später ins gerade entstandene Israel auswanderten. Sehr oft werden die ersten Jahre des „wilden Westens" mit viel Kriminalität als Erklärung für spätere spektakuläre Affären der sog. „Mafia von Szczecin" in Zusammenhang gebracht. Ohne Zweifel waren die polnischen Dörfler mit der Technologie einer modernen Stadt zunächst überfordert. Heute sieht man ein anderes Phänomen. Viele Bürger von Szczecin, schon lange eingelebt in die erhalten gebliebene materielle Struktur der Stadt, verhalten sich etwas anders, als die Einwohner polnischer Großstädte mit einer anderen Vergangenheit. Z.B. benehmen sich die Autofahrer rücksichtloser. Neue Weltmode ist sehr schnell auf der Strasse zu sehen. Die „Biergartenkultur" blüht, aber „man/frau" trifft sich auch zu Kaffee und Kuchen in zahlreichen Cafés. Die gepflegten Grünanlagen und Konzerte an der freien Luft ziehen an jedem Wochenende ganze Familien an. Es gibt keinen Grund für die Behauptung, dass Szczecin weniger sozial urbanisiert sei als die anderen Großstädte Polens. Die soziale Herkunft der ersten Siedler hat heute keine Bedeutung mehr.

6 Vergessene Stadt

Die Überzeugung, Szczecin sei eine „vergessene Stadt", ist relativ weit verbreitet und teilweise richtig. Angesichts der (inoffiziellen) Unsicherheit der Staatszugehörigkeit von Szczecin wurden die Interessen der Stadt sehr lange nicht ausreichend berücksichtigt. Dies besserte sich später, aber das Argument einer Vergessenheit wurde vor kurzem erst bei der Diskussion über die Verteilung der EU-Fonds für die Transportinfrastruktur wieder aufgegriffen. In den überregionalen polnischen Medien war und ist Szczecin sehr selten zu sehen. Sehr wenige Polen haben Szczecin besucht, was verständlich ist, denn die Stadt hat keine Transitbedeutung und besitzt keine historischen Denkmäler, die eine Massentouristen anziehen könnten. Die Fährverbindung von Świnoujście nach Skandinavien ist zwar wichtig, aber die zahlreichen Reisenden müssen Szczecin keinen Besuch abstatten. Dasselbe gilt für Millionen von Touristen, die die sonnigen Strände von Świnoujście bis Kołobrzeg (dt. Kolberg) bevölkern. Abgesehen von der Realität, ist die tiefe Überzeugung, dass die Stadt schlechter als die anderen behandelt werde, in Szczecin sehr verbreitet. Das begründet eine Einstellung, dass eigene Projekte mit allen Kräften angegangen werden müssen, wenn sie verwirklicht werden sollen. Um dieses Ziel zu erreichen, versucht man oft sie zu überdimensionieren.

7 Zusammenbruch der Meereswirtschaft

Ohne Zweifel war die sog. Meereswirtschaft ein wichtiges Element der staatlichen Kommandowirtschaft. Die Agglomerationen Szczecin und Gdańsk – Sopot – Gdynia waren Zentren dieses Systems, wenngleich ohne Verwaltungsfunktionen. Die Außenhandelzentralen, die die erwünschten Devisen aus dem Export von Schiffen und Fisch erzielten, waren in Warschau. Nichtsdestoweniger galten die beiden Küstenagglomerationen in der Volksrepublik Polen als „Paradiese". Die Werftarbeiter wurden wirklich gut entlohnt. Tausende von Seeleuten und Hafenmitarbeitern hatten Zugang zu Devisen, was bei den künstlichen Umrechnungskursen große Extragewinne erbrachte. Die Transformation hat dieses System völlig zerstört. Die Handelsverbindungen in die Sowjetunion bzw. nach Russland sind radikal zurückgegangen. In kurzer Zeit sahen sich die Unternehmen der Meereswirtschaft der internationalen Konkurrenz ausgesetzt. Die Mehrheit dieser Firmen war infolge der Überbeschäftigung unrentabel. Massive Entlassungen, auch hoch qualifizierter Mitarbeiter, verursachten Unmut. Darüber hinaus wurden die Privatisierungsprozesse in diesem Sektor sehr oft rechtswidrig durchgeführt. Tausende von Werftarbeitern, Dockern, Fischern und Seeleuten fühlen sich verraten durch den Staat und bestohlen durch die Privaten. Der Zusammenbruch der Meereswirtschaft in Szczecin ist ein Faktum, zumindest teilweise unnötig und durch eine fehlende staatliche „Meerespolitik" verursacht. Vor diesem Hintergrund entstand das Mythos „alter goldener Zeiten" und eine Stimmung „verlorener Chancen" griff um sich. Immer wieder werden daher Ideen des Wiederaufbaus der Meereswirtschaft in die politische Diskussion gebracht, obwohl die Antriebskraft solcher Aktivitäten in der heutigen Lage der polnische Wirtschaft sehr begrenzt ist.

8 Fehlende Elite

Der positive Einfluss des Hochschulwesens auf die wirtschaftliche Entwicklung einer Stadt muss nicht bewiesen werden. Auch in dieser Hinsicht hatte Stettin wieder Pech. Die Universitäten und Technischen Hochschulen im westlichen und nördlichen Teil Polens (Poznań, Wrocław, Toruń und Gdańsk) hatten eine gewisse humanistische Tradition, teilweise mitgebracht aus Lwów und Wilno. Die Technische Hochschule (Politechnika) sowie die Hochschule für die Handelsflotte (Akademia Morska) in Szczecin sind dagegen als Elemente der Meereswirtschaft entstanden. Darüber hinaus waren sie zunächst Filialen der länger existierenden akademischen Anstalten in Gdańsk und Gdynia. Ihr einziges Ziel war, hochqualifizierte Kader für die Werften, Häfen und die Flotte auszubilden. Eine eigene Universität war für Szczecin ein Traum, der paradoxerweise erst von dem Militärregime zur Zeit des Kriegsrechts im Jahre 1985 verwirklich wurde. Der damalige Partei- und Staatschef General Wojciech Jaruzelski war in seiner Dienstkarriere persönlich mit Szczecin verbunden. Die Stadtverwaltung (aber auch das Militär) hat für die materielle und personelle Ausstattung der jungen Universität viel geleistet. Insbesondere die wirtschaftswissenschaftlichen Fakultäten haben in den letzten 20 Jahren viele hochqualifizierte Mitarbeiter auf den Arbeitsmarkt gebracht. Die eigentliche, einflussreiche Elite (wenn dieses Wort in einer Massenmediengesellschaft immer noch etwas bedeutet) von Szczecin entwickelt sich langsam und braucht noch Zeit, um die Interessen der Stadt effektiv zu formulieren und zu gestalten. Z.Z. ist sie zu zerstritten und zu sehr mit sich selbst beschäftigt. Die starke Auswanderung hochqualifizierter jungen Szczeciner nach Poznań und Warszawa, und seit neuem auch ins Ausland, bedroht zusätzlich diesen Prozess.

9 Fehlende Identität

Viele Kenner von Szczecin betonen, dass ein echtes und vielleicht gar besonders wichtiges Problem der Stadt ihre fehlende Identität sei. Zwar gab es Versuche, diese Identität zu schaffen. Am Anfang war es eine Identität der Pioniere, die die Grenzpfosten an der Oder errichteten und die „urslawische" Stadt Szczecin dem Mutterland (poln. *Macierz*) wiedergaben. Diese Einstellung spiegelt sich deutlich in der Symbolik von Straßen- und Ortsnamen. Die junge Generation versucht in den letzten Jahren, diese einseitige Einstellung zu überwinden (vgl. www.sedina.pl). Dann gab es eine Identität der Seestadt, was bereits oben angesprochen wurde. Diese Identität ist durch den Zusammenbruch der Meereswirtschaft nicht mehr glaubwürdig. Langsam gestaltet sich eine Identität der international geprägten, offenen Dienstleistungsmetropole.

Die alten Identitäten wurden nicht ganz verworfen und können noch immer leicht politisch benutzt werden, was tatsächlich geschieht. Die einzelnen Bürger von Szczecin, aber auch Institutionen und Vereine, identifizieren sich mit verschiedenen Ereignissen und Personen aus der Stadtgeschichte[3], mit verschiedenen Orten in der Stadt usw. Die konkurrierenden Identitäten tragen zur Zersplitterung der Stadtgemeinschaft bei. Die deutsche Vergangenheit der Stadt wurde verdrängt, die slawischen Spuren mythologisiert, was die Zukunftsdebatte beeinflusst. Man darf diese Gegensätze nicht überschätzen, aber die fehlende gemeinsame, selbstverständliche Identität der Stadt erschwert viele wichtige Entscheidungen in der kommunalen Politik. Dies ist auch ungünstig für das Marketing der Stadt und ihrer Produkte.

10 Fehlende Koalition

In den letzten 15 Jahren der demokratisch gewählten Stadtverwaltung trat zu den alten (angeblichen) Schwächen von Szczecin eine weitere hinzu. Wenn auch Organisation und Effizienz des Stadtamtes sowie der anderen kommunalen Dienste in Szczecin hoch sind, was auch unabhängige Institutionen bestätigen, wird die Stadtverwaltung sehr kritisch betrachtet. Fast jeder Stadtrat und jeder Stadtpräsi-

---

3   Als bekannteste Persönlichkeit aus der Stadtgeschichte gilt Professor Piotr Zaremba, Städtebauer und langjähriger Präsident der Stadt (vgl. HACKMANN 2000). Bekannt und anerkannt ist auch Herrmann Haken, der Oberbürgermeister von Stettin in den Jahren 1877–1907.

dent gefällt einer großen Gruppe von Bürgern nicht. Große Korruptionsskandale blieben Szczecin zwar erspart. Die Spannungen und Konflikte im Stadtrat paralysieren aber die notwendigen großen Entscheidungen in der Stadt. Diese Situation wird von den Bürgern negativ beurteilt und die Schuld der aktuellen Exekutive zugeschrieben. Insgesamt fehlt in Szczecin eine stabile politische Koalition, die weitere Veränderungen in der Stadtentwicklungspolitik durchführen könnte.

11 Periphere Lage

Am Schluss soll der relativ selten erwähnte, aber wichtige Entwicklungsfaktor von Szczecin angesprochen werden: die periphere Lage und relative Isolierung. Die Auto- und Bahnreisezeit von Szczecin nach Warszawa überschreitet 6 Stunden. Berlin (2 Stunden) und Poznań (3 Stunden) sind eindeutig näher, aber die Kontakte nach der Hauptstadt spielen in Polen immer noch die wichtigste Rolle. Die weitere Entwicklung des Luftverkehrs wird diese Entfernung mildern, aber nur begrenzt, weil sich der Flughafen von Szczecin in Goleniów und damit relativ weit von der Stadt entfernt befindet. Die Isolierung der Stadt wird durch die niedrige und weiter sinkende Bevölkerungs- und Siedlungsdichte in der ganzen Region westlich und östlich der Oder verstärkt (vgl. HWWA Report 262 2006: 31, 40). Für die Mehrheit der Polen liegt Szczecin „am Ende der Welt". Wenn ähnliches wohl auch für die Einwohner von Nord- und Ostdeutschland gelten dürfte, ist eine solche Vorstellung doch mit Sicherheit kein Anziehungsfaktor für Kapital und neue Einwohner.

12 Zusammenfassung

In der öffentlichen Meinung ist Szczecin eine Stadt mit großem Entwicklungspotential, das nicht richtig genutzt wird. Eine objektive Datenanalyse zeigt jedoch, dass die Lage der Stadt gar nicht so kritisch ist. Wie oben begründet wurde, herrscht in dieser Hinsicht ein falsches Bewusstsein. Die bestehenden Probleme werden oft übertrieben, die zweifellosen Errungenschaften unterschätzt. Viele oben besprochene negative Bedingungen der weiteren Stadtentwicklung sind im einzelnen auch in den anderen Großstädten Polens und Europas zu beobachten. Sie haben sich in Szczecin in einer ungünstigen Weise konzentriert und gegenseitig verstärkt. Nur die weitere Öffnung der Stadt und Erweiterung der Kontakte, sowie die Verbesserung der Ausbildung kann dieses falsche Bewusstsein schrittweise korrigieren.

Literaturverzeichnis

DECKERS, B.: *Die raumstrukturelle Wirkung von Transformation und EU-Osterweiterung.* Greifswald 2004 (=Greifswalder Geographische Arbeiten; Bd. 32)
DUTKOWSKI, M.; JUREK, J. (Hrsg.): *Struktura przestrzenna i problemy rozwoju Szczecina w okresie transformacji.* Uniwersytet Szczeciński, Wołczkowo: Oficyna IN PLUS 2005
ESPON in progress: *Preliminary results by autumn 2003.* 2004

GOLECKI, G.: Przemiany demograficzne w Szczecinie w latach 1978–2002. In: DUTKOWSKI, M.; JUREK, J. (Hrsg.): *Struktura przestrzenna i problemy rozwoju Szczecina w okresie transformacji*. Uniwersytet Szczeciński, Wołczkowo: Oficyna IN PLUS 2005, S. 62–68

HACKMANN, J.: Stettin: Zur Wirkung der deutsch-polnischen Grenze auf die Stadtentwicklung nach 1945. In: STÖBER, G. und MAIER, R. (Hrsg.): *Grenzen und Grenzräume in der deutschen und polnischen Geschichte. Scheidelinie oder Begegnungsraum?* Hannover: Hahn 2000, S. 217–234

HWWA Report 262: *Der deutsch-polnische Grenzraum im Jahre 2020 – Entwicklungsszenario und Handlungsempfehlungen*. Hamburg: Hamburgisches Welt-Wirtschafts-Archiv 2006

KAVETSKYY, I: Zróżnicowanie przestrzenne zachowań wyborczych mieszkańców Szczecina w kontekście integracji europejskiej. In: DUTKOWSKI, M.; JUREK, J. (Hrsg.): *Struktura przestrzenna i problemy rozwoju Szczecina w okresie transformacji*. Uniwersytet Szczeciński, Wołczkowo: Oficyna IN PLUS 2005, S. 98–103

KPZK: *Zaktualizowana Koncepcja Przestrzennego Zagospodarowania Kraju*. Rządowe Centrum Studiów Strategicznych, Warszawa 2005

PISKORSKI, J.M.; WACHOWIAK, B.; WŁODARCZYK, E.: *Szczecin – zarys historii*. Poznańskie Towarzystwo Przyjaciół Nauk, Poznań 2002

ROGACKI, H.: Przemysł Szczecina w okresie transformacji. In: DUTKOWSKI, M.; JUREK, J. (Hrsg.): *Struktura przestrzenna i problemy rozwoju Szczecina w okresie transformacji*. Uniwersytet Szczeciński, Wołczkowo: Oficyna IN PLUS 2005, S. 46–51

RYDZEWSKI, L.: Przemiany demograficzne w strefie podmiejskiej Szczecina w latach 1978–2003. In: DUTKOWSKI, M.; JUREK, J. (Hrsg.): *Struktura przestrzenna i problemy rozwoju Szczecina w okresie transformacji*. Uniwersytet Szczeciński, Wołczkowo: Oficyna IN PLUS 2005, S. 69–80

STOMMA, L.: *Polskie złudzenia narodowe*. Poznań: Wydawnictwo SENS 2006

Bronisław Kortus

Die See und die Seewirtschaft im polnischen Bewusstsein (im Spiegel polnischer Geographieschulbücher)

In der Geographie wurde der See und der Seewirtschaft immer große Bedeutung beigemessen. Im Zusammenhang mit den Bestrebungen der Polen nach dem Ersten Weltkrieg, den Zugang zur Ostsee zu sichern, hat der bekannte polnische Geograph Eugeniusz Romer eine Aussage des deutschen Politikers und Ökonomen Friedrich von List aus dem Jahre 1846 angeführt: „Wer an der See keinen Teil hat, der ist ausgeschlossen von den guten Dingen der Welt, der ist unseres Herrgottes Stiefkind" (ROMER 1925, zitiert in Deutsch).

Der vorliegende Aufsatz hat zum Ziel, die Einstellung der Polen zum Meer, das „Meeresbewusstsein" der Polen, zu identifizieren und darzustellen, und zwar aufgrund der Aussagen polnischer Geographen sowie des geographischen Schrifttums, insbesondere der Geographieschulbücher. Nicht berücksichtigt werden hier also die Werke der polnischen Dichtung, die auch oft die Seethematik berührten und so auf das Meeresbewusstsein der Bevölkerung ihren Einfluss ausübten.[1]

Obwohl die Ostsee schon seit dem 11. Jahrhundert in der Geschichte Polens eine Rolle spielte, war der Zugang zur Ostsee nicht stabil und unterlag historisch-politischen Wandlungen, bis er infolge der zweiten Teilung Polens 1793 für längere Zeit endete. Deswegen umfasst die eigentliche Analyse in diesem Beitrag das 20. Jahrhundert. In dieser Zeit war die Ostsee in der politisch-wirtschaftlichen Entwicklung Polens von beträchtlicher Bedeutung. Hier sollen zwei Perioden unterschieden werden: erstens die Zeitspanne von der Jahrhundertwende bis 1939 und zweitens die Zeit nach dem Zweiten Weltkrieg.

1 Von der Jahrhundertwende bis zum Zweiten Weltkrieg

Was Polen und sein Verhältnis zum Meer in der Vergangenheit betrifft, äußerten sich mehrere polnische Geographen schon um die Jahrhundertwende, noch vor der Wiedergeburt Polens, kritisch über die Meerespolitik und die Seewirtschaft des Königreichs Polen. Sie betonten die Vernachlässigung in der Sicherung des Zugangs zur Ostsee in der Geschichte Polens. Es waren die Aussagen von Wacław

---

[1] So finden wir z.B. in dem bekannten polnischen romantischen Epos von Adam Mickiewicz „Pan Tadeusz", Buch IV (1834) die Aussage: „Miasto Gdańsk niegdyś nasze, będzie znowu nasze" [„Die einst uns gehörende Stadt Danzig wird wieder unser sein"]. Übrigens: auf diese Verse beruft sich der Geograph Jerzy SMOLEŃSKI in seinem Buch „Morze i Pomorze", „Pommern und das Meer" (1928). Am Anfang des 20. Jahrhunderts schrieb der bekannte Schriftsteller Stefan Żeromski (ein Seebegeisterter) ein Buch, „Wiatr od morza" [„Der Wind weht von der See"] (1920), in dem er an die historischen Kontakte Polens mit der Ostsee erinnert.

NAŁKOWSKI aus Warschau (1887), Stanisław PAWŁOWSKI aus Lemberg (1917) wie auch von Ludomir SAWICKI aus Krakau (WITKOWSKA/SAWICKI 1920) u.a.[2] Aber, wie PAWŁOWSKI (1917:119) feststellte: „[…] in der Vergangenheit hat die Ostsee aus uns leider kein Seevolk gemacht". Am Vorabend der Neugründung Polens betonte Pawłowski zugleich die große Bedeutung der Ostsee für Polen (PAWŁOWSKI 1917).

In den politischen Diskussionen über die künftigen Grenzen Polens nach dem Ersten Weltkrieg gehörte die Frage des freien Zugangs zur Ostsee zu den wichtigsten geopolitischen Problemen. Der Versailler Vertrag von 1919 billigte Polen einen 140 km langen Küstenstreifen der Ostsee, jedoch ohne die Stadt Danzig, welche zur „Freien Stadt" erklärt wurde. Diese Entscheidung befriedigte weder die Polen noch die Deutschen. Ich übergehe hier die politischen und geopolitischen Auseinandersetzungen zwischen Polen und Deutschland in der Zwischenkriegszeit wegen Danzig und dem sog. polnischen Korridor, in denen auch Geographen von beiden Seiten zu Wort kamen. Dies würde uns vom eigentlichen Thema ablenken.

Nach dem Ersten Weltkrieg bestand eine wichtige Aufgabe der polnischen Schule, darunter auch des Geographieunterrichts darin, das Bewusstsein der Bevölkerung, vor allem der Jugend, von der Bedeutung des Zugangs zum Meer und der Seewirtschaft für die Entwicklung Polens zu wecken und zu stärken.

In den ersten Geographieschulbüchern der 1920er Jahre klingt jedoch ein bedauernder Ton an wegen des nur schmalen Zugangs Polens zur Ostsee und der Ausgliederung der Weichselmündung mit Danzig aus dem Gebiet Polens (u.a. bei MŚCISZ 1920; BAGIŃSKI 1927). Es wurde mehrfach hervorgehoben, dass unter den Seestaaten Europas Polen die kürzeste Meeresküste habe. Im Schulbuch „Polska współczesna" [Das jetzige Polen] betonte Stanisław PAWŁOWSKI (1928), dass in der politischen und geographischen Lage Polens der Zugang zum Meer am wichtigsten sei. „Die Meere teilen wohl die Kontinente, aber einigen die Menschen", schrieb er (S. 15). Außer der wirtschaftlichen Bedeutung stellte er auch die Rolle der See in der Gestaltung der „Meereskultur" in der Gesellschaft heraus. Stark und emotionell unterstrich besonders Michał MŚCISZ die Bedeutung der Ostsee für Polen in seinen Schulbüchern (1929; 1930).

Der Krakauer Geograph Jerzy SMOLEŃSKI, ein Mitglied der internationalen Ostseekommission in Kopenhagen, schrieb in seiner landschaftskundlichen Monographie „Morze i Pomorze" (Pommern und das Meer, 1928, 1932) über die Einigkeit des ganzen Volkes beim Aufbau der polnischen Seewirtschaft. Er erinnerte an die allgemeine Begeisterung über den wieder gewonnenen Zugang zur Ostsee und die damit verbundene patriotische Geste, wie die symbolische „Trauung mit dem Meer", die General Józef Haller am Strand in Puck / Putzig am 10. Februar 1920 durchführte. Danach – so Smoleński weiter – setzte aber an der Küste ein systematisches Schaffen ein, dessen wichtigstes Wahrzeichen die neue Hafenstadt Gdynia sei.

In den meisten Schulbüchern wie auch in anderen Publikationen finden wir Informationen, die die rege Entwicklung des Danziger Hafens nach dem Ersten Weltkrieg aufzeigen, wozu das wirtschaftliche Hinterland Polen in großem Maße

---

[2] Auf ein schwaches Meeresbewusstsein im feudalen Polen deutet eine Redensart hin: „Po co Polakowi morze, kiedy sieje i orze" [Der Pole braucht kein Meer, sein Acker gibt ihm viel mehr].

Tab. 1: Der Güterumschlag in Gdańsk, Gdynia und Szczecin, 1912–1938 (in Tsd. t)

	Gdańsk	Gdynia	Szczecin
1912	2 400	–	5 400
1925	2 700	56	4 200
1928	8 600	2 000	4 600
1934	6 400	7 200	5 700
1938	7 100	9 200	8 200

Quelle: *Geografia ekonomiczna Polski*, (Red. S. Berezowski), Warszawa, PWN, 1981, S. 433

beigetragen hat. Doch bereits 1934 hatte der neue Hafen von Gdynia im Güterumschlag den Danziger Hafen überholt (Tab. 1).

Gdynia bekam auch einen Hinterlandanschluss durch den Bau der „Kohlenbahn", die von Oberschlesien direkt nach Gdynia führte (1934 beendet).[3] In diesem Zusammenhang sprachen einige der polnischen Wirtschaftsgeographen von einer dominierenden süd-nördlichen Wirtschaftsachse (Oberschlesien – Ostsee) in Polen (BAGIŃSKI 1927; PAWŁOWSKI/BYSTROŃ/PERETIAKOWICZ 1928; SROKOWSKI 1931, 1939).

Aufregung und Konfrontation zwischen den polnischen und deutschen geographischen Organisationen erregten die gleichzeitig Ende Mai 1931 einberufenen Kongresse des 24. Deutschen Geographentages in Danzig und des 5. Kongresses der Polnischen Geographielehrer in Gdynia. Auf der deutschen Tagung, die Prof. Nikolaus Creutzburg von der Technischen Hochschule in Danzig leitete, dominierte das Thema des deutschen „Nordostens" und damit auch die Danzig-Problematik.

Am polnischen Geographenkongress, der in der neuen Seeschule in Gdynia unter der Leitung von Prof. Pawłowski, Universität Poznań, tagte, beteiligten sich fast so viele Geographen (680) wie am deutschen Geographentag in Danzig (700), um damit ihr Verhältnis zum polnischen Meer zu manifestieren – berichtete Stanisława Niemcówna aus Krakau (in *Wadomości Geogr.* 9, 1931: 97–98). Die Problematik der polnischen Tagung kreiste um die Geographie und Geschichte Weichselpommerns, Danzigs und Gdynia sowie um den polnischen Seehandel. Referenten waren bekannte Geographen und Historiker wie Pawłowski, Romer, Zierhoffer, Limanowski, Bujak u.a. Die Themenstellung war also bei beiden Tagungen ähnlich; allerdings nahmen die Teilnehmer entgegengesetzte Blickwinkel ein.

Der Kongress der Polnischen Geographielehrer verabschiedete eine Erklärung über das Recht Polens auf den Zugang zur Ostsee. Der Kongress wandte sich auch an das Ministerium für Schulwesen mit dem Vorschlag, eine Schulverordnung zu erlassen, um an allen Schulen einen Unterrichtstag der Meeresproblematik zu widmen.

Über die beiden Kongresse in Danzig und Gdynia informierten die polnischen geographischen Zeitschriften ausführlich. Die Vorträge der polnischen Tagung wurden in der Zeitschrift des Verbandes der Polnischen Schulgeographen „Czasopismo geograficzne" Bd. IX, 1931 veröffentlicht. In diesem Band wurde auch

---
3 Vgl. auch den Beitrag von E. Buchhofer in diesem Band.

eine umfangreiche polnische Bibliographie von Weichselpommern, Danzig und der polnischen Küste aus der Zeit von 1919 bis 1930 zusammengestellt. Sie umfasst eine breite Palette von Publikationen aus mehreren Wissenschaftsbereichen, die diese Region betreffen, mit besonderer Berücksichtigung der Geographie und Kartographie. In dieser Zeit war dies eine wertvolle und dazu eine leicht zugängliche Quelle für alle, die sich für die polnische Ostseeregion interessierten, auch für Lehrer und Schüler.

Diese Bibliographie enthält auch die ersten Veröffentlichungen des 1926 gegründeten Ostseeinstituts (Instytut Bałtycki) in Toruń/Thorn, das später nach Gdynia verlegt wurde. Im Forschungsprogramm dieses Instituts war – neben Geschichte und Wirtschaft – auch Geographie an bedeutender Stelle vertreten.

Einige Jahre später wurde auf Initiative und unter Beteiligung der Posener Geographen ein Heft der schon erwähnten Zeitschrift der polnischen Geographielehrer, „Czasopismo geograficzne", über Danzig veröffentlicht (Bd. XVI (1938), Heft 2). Neben dem programmatischen Aufsatz von Stanisław Pawłowski, „Die Bedeutung Danzigs für Polen", finden sich dort Aufsätze zur physisch-geographischen und wirtschaftsgeographischen Problematik von Danzig von Maria Czekańska, Rajmund Galon, Florian Barciński, Walenty Winid, Maria Kiełczewska u.a. Auch dadurch gelangten die Danzig-Problematik und damit die Ostseeproblematik in das Bewusstsein der Lehrer, Schüler und der Gesellschaft.

Auch in manchen Schulbüchern zur Geographie Polens finden wir einzelne Kapitel über die „Freie Stadt Danzig", z.B. bei RADLIŃSKI (1922 und weitere Auflagen), MŚCISZ (1930) und KARCZEWSKI (1930). Stanisław PAWŁOWSKI, der in der Ostseeproblematik unter polnischen Geographen der Aktivste war, präsentiert in seinem Schulbuch der Geographie Europas (Geografia, 1938) einen – man kann sagen – „baltozentrischen" Ansatz, indem er die Ostsee (samt den baltischen Staaten Litauen, Lettland, Estland und Finnland) besonders hervorhebt.

Große Bedeutung für die Gestaltung des Meeresbewusstseins der Jugend hatten auch die durch viele Schulen organisierten Klassenfahrten an die polnische Seeküste, nach Gdynia, auch mit einer Schiffsfahrt auf die Halbinsel Hela. Ich selbst – damals Schüler der 6. Klasse – habe im Juni 1939 eine solche Exkursion nach Gdynia und Hela mitgemacht. Es war eindrucksvoll.

2 Die Zeit nach dem Zweiten Weltkrieg

Nach dem Zweiten Weltkrieg änderte sich bekanntlich der Zugang Polens zur Ostsee. Etwa ähnlich wie nach dem Ersten Weltkrieg war auch die Begeisterung über den erlangten breiten Zugang zum Meer in der Bevölkerung spürbar. Auch symbolische Gesten spielten weiterhin eine Rolle: Im März 1945, nach der Einnahme von Kołobrzeg/Kolberg wurde dort von einer polnischen Militärabteilung die symbolische „Trauung mit dem Meer" wiederholt.

Die Geographieschulbücher der ersten Nachkriegsjahre gehen auf die neue Lage Polens an der Ostsee ein und liefern hierzu Grundinformationen. Die polnische Meeresgrenze hat nun eine Länge von über 500 km, d.h. sie umfasst rund 15% der gesamten Grenzen (anstatt 2,5% vor dem Krieg). Über 90% des Gebietes Polens befindet sich im Einzugsbereich der Weichsel und der Oder (und 99% der

Landesfläche im Einzugsgebiet der Ostsee), einschließlich der Mündungen beider Flüsse mit Danzig und Stettin. Der geographischen Lage nach ist Polen also ein ausgesprochener Ostseestaat (BARBAG 1951). Danach folgen in den Schulbüchern Informationen über den Aufbau der im Krieg zerstörten Hafenstädte sowie über die Entwicklung der polnischen Handelsflotte.

Der relativ schnelle Aufbau der polnischen Seewirtschaft ist vor allem Eugeniusz Kwiatkowski, dem Regierungsbevollmächtigten für den Wiederaufbau an der polnischen Küste (1945–1948) zu verdanken. Als Wirtschafts- und Finanzminister in der Zwischenkriegszeit hatte er sich schon damals u.a. um den Bau von Gdynia und um die polnische Seewirtschaft verdient gemacht. Sein Name trat jedoch in den Schulbüchern nach dem Zweiten Weltkrieg nicht auf. Als „politisch unzuverlässig" wurde er durch die Kommunisten 1948 von seinem Posten entlassen.

Zur Stärkung des Meeresbewusstseins der Jugend hat sicher der Aufsatz von Eugeniusz Terebucha, einem Geographielehrer in Szczecin, in der Zeitschrift „Geografia w szkole" (1949) beigetragen. Er propagierte hierin die „Meereserziehung" im Geographieunterricht (TEREBUCHA 1949:1–4).

Maria CZEKAŃSKA (1951:53–55) erinnert in ihrem Schulbuch in einem Abschnitt zur Bedeutung der Ostsee daran, dass Polen seinen Zugang zum Meer in der Vergangenheit nicht richtig ausnutzte. Jetzt aber – schreibt sie – nachdem Polen einen breiten Zugang zum Meer habe, seien die Polen sich der Bedeutung der Ostsee voll bewusst. Dieselbe Autorin (die zum Thema Ostsee viel publiziert hat, auch schon vor dem Zweiten Weltkrieg) betont in ihrem Schulbuch von 1968 wiederholt die große Bedeutung der Ostsee für Polen.

Manche Autoren informieren darüber, dass die polnischen Häfen, hauptsächlich Stettin, auch für den Außenhandel der Tschechoslowakei und Ungarns zur Verfügung stehen (u.a. CZEKAŃSKA 1968; ZAJĄC 1995).

In den 1960er und 70er Jahren erlebte die Seewirtschaft Polens einen großen Aufschwung. Die eigene Schiffsindustrie sorgte für den Ausbau der polnischen Handelsflotte; die Häfen wurden ausgebaut; der Danziger Hafen wurde um den neuen Nordhafen erweitert (1974), der dem Import von Erdöl und dem Export polnischer Rohstoffe diente. Im Hafen von Gdynia wurde der Container-Umschlag konzentriert.

Die polnische Ostseeküste diente auch im wachsenden Maß der Erholung der Bevölkerung, darunter auch Urlaubern aus den sozialistischen Binnenländern – aus der Tschechoslowakei und Ungarn – wie auch Touristen aus Schweden. Es entwickelten sich die Fährverbindungen der polnischen Häfen mit Schweden, Finnland, Dänemark und Westdeutschland sowie Verbindungen mit den DDR-Häfen. Über diese Entwicklungen informierten die Geographieschulbücher aus dieser Zeit systematisch.

Aus den 1960er Jahren ist eine interessante Initiative der Polnischen Geographischen Gesellschaft und der populär-geographischen Monatszeitschrift „Poznaj Świat" zu erwähnen, nämlich die Seereise auf der Yacht „Śmiały" („Der Kühne") nach und um Südamerika. Die von der Polnischen Geographischen Gesellschaft gecharterte Yacht umrundete 1965/66 Südamerika mit acht Mann Besatzung (darunter vier erfahrene Segler und vier Geographen) in einer 15 Monate langen Fahrt von Szczecin aus durch den Atlantik, die Magellanstraße und den Panama-Kanal.

Die wissenschaftliche Leitung lag beim Dozenten Tadeusz Wilgat vom Geographischen Institut der Universität Lublin. Unterwegs wurden sowohl ozeanographische als auch geographische Beobachtungen und Stichprobenuntersuchungen in Südamerika durchgeführt. In den Medien in Polen und in Südamerika wurde laufend über diese Reise berichtet, was großes Interesse erregte. Nach der Rückkehr wurden die Ergebnisse wie auch der Verlauf dieser Seefahrt breit veröffentlicht, darunter in der geographischen Monatszeitschrift „Poznaj Świat". Es war die längste Seefahrt einer polnischen Yacht, was außer der fachlich-geographischen Zielsetzung auch für die Verankerung des Seebewusstseins in der polnischen Öffentlichkeit besonders wichtig war (WILGAT 1968).

In den 80er Jahren erscheint in den Schulbüchern ein neuer Schwerpunkt in der Darstellung der Seeproblematik, nämlich die ökologische Bedrohung der Ostsee. Auf der bekannten Karte der ökologisch bedrohten Gebiete in Polen (1983, 1985) zählte die Danziger Bucht zu den stark bedrohten Gebieten (neben Oberschlesien, Krakau und der Kupferindustrieregion in Niederschlesien). In den Medien wurden Berichte über die Verunreinigung der Meeresstrände und das Badeverbot an manchen von ihnen laut. Ich möchte hier daran erinnern, dass unser Kollege Jerzy Szukalski aus Danzig auf dem geographischen Symposium der Deutsch-Polnischen Schulbuchkommission 1988 in Oldenburg in seinem Referat „Ein Vergleich der physisch-geographischen und wirtschaftsgeographischen Gegebenheiten der polnischen Ostseeküste und der deutschen Nordseeküste" auch darüber berichtet hat (SZUKALSKI 1989).

In den 1990er Jahren wird die ökologische Bedrohung nicht nur der polnischen Küste, sondern der ganzen Ostsee, dank des breiteren Zugangs zu entsprechenden Informationen auch in den Schulbüchern dargestellt, einschließlich der Schadstoffemissionsmengen einzelner Anrainer in die Ostsee. Es wird zugleich über die internationalen Bemühungen berichtet, die Ostsee zu schützen. In den zu diesem Zweck eingerichteten Organisationen spielte Polen eine aktive Rolle.

Im Schulbuch von BATOROWICZ, NALEWAJKO und SULIBORSKI (1995) „Polska w Europie" (Polen in Europa) wird nochmals der historische Aspekt der Bemühungen Polens, den Zugang zur Ostsee zu sichern, stark hervorgehoben. Im Kapitel „Polen an der Ostsee" werden die wichtigsten historischen Begebenheiten aufgelistet, die in der polnischen Geschichte mit der Ostsee verbunden waren (S.10 f.):
– die teilweise Beherrschung von Pommern und der Ostseeküste durch Bolesław Chrobry und Bolesław Krzywousty im 11. und 12. Jahrhundert;
– 1308 – die Besetzung Danzigs und Weichselpommerns durch den Deutschen Orden;
– 1466 – der Friede von Toruń/Thorn nach dem 13-jährigen Krieg mit dem Deutschen Orden und die Wiedergewinnung von Danzig und Weichselpommern;
– 1568 – König Sigismund August (der Letzte der Jagiellonen) berief die sog. Meereskommission (die erste polnische Admiralität) mit der Aufgabe, Schiffe zu bauen, den Seehandel zu entwickeln und die Küste zu verteidigen;
– 1627 – der Sieg über die schwedische Flotte bei Oliva;
– 1655 – die schwedische Invasion Polens, Danzig blieb dem polnischen König Jan Kazimierz treu;

– 1793 – der Verlust von Danzig und der Ostseeküste an Preußen infolge der zweiten Teilung Polens;
– 1920, 1945 – Wiedergewinnung der Ostseeküste jeweils nach dem Ersten und nach dem Zweiten Weltkrieg und die symbolischen „Trauungen mit dem Meer".

In diesem Schulbuch findet sich auch eine ausführliche Darstellung der polnischen Meereswirtschaft. Dabei wird auf die Krisenerscheinungen hingewiesen, die mit der allgemeinen Wirtschaftslage Polens in Verbindung standen. An anderer Stelle wird auf die starke Verschmutzung der Danziger Bucht aufmerksam gemacht. Es werden die Abwasserquellen entlang der Weichsel aufgezählt sowie die größten Schadstoffemittenten an der Küste selbst.

Seit den 1990er Jahren treten die erwähnten Krisenerscheinungen in der polnischen Seewirtschaft deutlich hervor. Die Schiffswerften mussten ihre Kapazitäten wie auch die Zahl der Beschäftigten reduzieren. Die Handelsflotte und der Güterumschlag der Häfen schrumpften. Infolge der internationalen Konkurrenz ging ein Teil der Schiffe samt ihrer Besatzung unter die sog. Billigflaggen (Griechenland, Zypern, Panama, Bahamas u.a.). Auch die arbeitslosen Matrosen suchten Arbeit bei fremden Reedereien. Darüber wird in den jeweiligen Schulbüchern berichtet. Bei der Deutung des Rückgangs der polnischen Seewirtschaft wird – meiner Meinung nach – die generelle Umstrukturierung der ganzen Wirtschaft Polens und der damit verbundene sinkende Verbrauch von Rohstoffen und Energie, der Rückgang der Schwerindustrie zu Gunsten der Verarbeitungsindustrie und der Dienstleistungen nicht genügend berücksichtigt. Dazu muss gesagt werden, dass diese wirtschaftlichen Wandlungsprozesse, einschließlich der Seewirtschaft, auch in anderen Ländern erfolgen.

In den letzten Jahren wird ein neuer Schwerpunkt deutlich, der sich in solchen Losungen wie „Die Ostsee in Europa" oder „Baltic Europe" ausdrückt. In den Schulbüchern wird die ganze Ostsee gezeigt und besprochen, oft auch mit den Anrainerstaaten. Mehrere dieser Staaten befinden sich seit der Wende 1989/91 in einer neuen geopolitischen Lage. Es wird die wachsende Binde- und Verkehrsfunktion der Ostsee in diesem Teil Europas hervorgehoben. Dem Fährverkehr in der Ostsee wird in diesem Zusammenhang viel Platz eingeräumt. An der polnischen Küste dienen dem Fährverkehr die Häfen von Gdynia, Gdańsk und Świnoujście.

Diese europäische Perspektive in der Ostseeproblematik ist im Schulbuch „Planeta" [Der Planet] von AUGUSTYNIAK, MAKOWSKI und WENDT (2002) besonders deutlich. Interessant ist, dass dieses Buch die allgemeine physische Geographie beinhaltet und diese mit Fallbeispielen aus Polen illustriert. Dementsprechend wird im Kapitel „Meere und Ozeane" die Ostsee als Fallbeispiel angeführt (S. 140–146), ergänzt mit drei Karten und einer Datenzusammenstellung für die Anrainerstaaten.

Im Zusammenhang mit der bereits angedeuteten neuen geopolitischen Lage im Bereich der Ostsee sollte man daran erinnern, dass vor der Wende auch Konfliktsituationen auftraten, die jedoch nicht an die Öffentlichkeit gelangten, noch weniger in die Schulbücher. So gab es z.B. in den 1980er Jahren einen Streit zwischen Polen und der DDR in Bezug auf die Abgrenzung der Wirtschaftszonen in der Pommerschen Bucht. Einige Kriegsschiffe standen sich dort bereits gegenüber. Es mussten beiderseits Politiker höchsten Ranges eingreifen, um den Streit beizulegen.

Ein anderer Fall betraf das polnisch-sowjetischen Verhältnis. Infolge der Grenzziehung 1945 durch das Frische Haff wurde die Ausfahrt aus dem Haff bei Pillau/Baltijsk gesperrt und dadurch der einst rege Hafen von Elbląg/Elbing lahmgelegt. Es wurden mehrmals polnisch-sowjetische Gespräche über die Öffnung der Straße von Pillau geführt, jedoch ohne Ergebnisse. Nach Auflösung der Sowjetunion 1991 änderte sich diese Situation teilweise zum Positiven. Darüber wird im Schulbuch von PLIT, MAKOWSKI, und PLIT (1997) berichtet. Der Elbinger Hafen funktioniert in bescheidenem Maß seit den 1990er Jahren wieder, sowohl im Güter- als auch im Personenverkehr. Allerdings ist der Güterverkehr auf Elbląg – Kaliningrad/Königsberg beschränkt, Passagierschiffe können die Straße von Pillau benutzen, jedoch nach der Grenzkontrolle in Baltijsk.

Vor der Wende konnten manche Bedingungen und Mechanismen der polnischen Seewirtschaft nicht angesprochen werden, wie z.B. die negativen Auswirkungen des Exports polnischer Schiffe in die Sowjetunion. In den Schulbüchern konnte man nur über die hohen Exportzahlen der polnischen Werften in die Sowjetunion lesen (die in den 1970er und 80er Jahren bis zu 80% der Produktion betrugen). Über die daraus resultierenden Verluste für die Wirtschaft Polens waren sich nur wenige Berufsgruppen im Klaren, darunter die Werftarbeiter und die Seeleute. Dies hat u.a. dazu beigetragen, dass die größten Streiks und der massivste politische Widerstand im Dezember 1970 und vor allem im Sommer 1980 an der polnischen Küste ausbrachen. Auch hierdurch hat sich seit 1980 die polnische Küstenregion im politischen Bewusstsein der Polen stark eingeprägt.

3 Schlussbemerkungen

Aus der Darstellung geht hervor, dass die polnische Geographie in ihrem Schrifttum, darunter die Geographieschulbücher, die polnische Gesellschaft über die Meeresproblematik und maritime Wirtschaft Polens genügend informierte und damit zur Gestaltung des „Meeresbewusstseins" der Polen beigetragen hat. In dieser Hinsicht lassen sich einige besondere Merkmale hervorheben:
– In der Zeit der Wiedergeburt Polens infolge des Ersten Weltkrieges waren sich die polnischen Eliten, darunter auch die Geographen, voll bewusst über die Wichtigkeit des Zugangs Polens zur Ostsee. Zugleich haben sie die Vernachlässigung der Meerespolitik und der Seewirtschaft in der Geschichte Polens lautstark beklagt.
– Nach dem Ersten Weltkrieg war trotz des nur bescheidenen Zugangs zur Ostsee eine allgemeine Begeisterung der Bevölkerung spürbar. Zugleich wurde die Gesellschaft mobilisiert, diesen Zugang zum Meer voll auszunutzen. In der Zwischenkriegszeit erreichte die Meereswirtschaft Polens bedeutende Erfolge. Die polnische Schule beeinflusste die Motivierung und Einstellung der Jugend in dieser Hinsicht stark.
– Der in den 1930er Jahren laut werdenden Kolonialpropaganda in Polen, die vor allem durch die Meeres- und Kolonialliga geführt wurde, haben sich pol-

nische Geographen und Geographielehrer – von einigen Ausnahmen abgesehen – nicht angeschlossen.
- Nach dem Zweiten Weltkrieg wiederholte sich die allgemeine Begeisterung der Bevölkerung über den erlangten breiten Zugang zur Ostsee. Hiermit verbunden war der Wiederaufbau der kriegsbedingten Zerstörungen an der Küste. Der Wiederaufbau der historischen Stadt Danzig wurde – ähnlich wie im Falle Warschaus – international hoch anerkannt.
- Auch die wirtschaftliche Nutzung des polnischen Seepotentials war allgemein in der Gesellschaft akzeptiert. Die Polen waren stolz auf die aktiven Häfen und die wachsende Handelsflotte, die Polen mit der ganzen Welt verband. Jedoch wurde die wachsende Umweltverschmutzung an der Küste vernehmlich kritisiert, darunter auch in den Geographieschulbüchern.
- Zwar hat sich die Umweltsituation an der Küste zur Zeit wesentlich gebessert, zugleich aber traten wirtschaftliche Krisenerscheinungen im Land auf, die auch die polnische Küste und die Meereswirtschaft nicht verschonen.
- Abschließend und vergleichend soll festgestellt werden, dass das Meeresbewusstsein der Polen in der Zwischenkriegszeit stärker emotionell und politisch motiviert war als in der Zeit nach dem Zweiten Weltkrieg. Dies bestätigt auch der Ton der betreffenden Texte in den Geographieschulbüchern vor und nach dem Zweiten Weltkrieg. In der Zwischenkriegszeit war die Einstellung der Bevölkerung stark durch die geopolitische Situation und die dauernde Gefährdung der polnischen Ostseeküste seitens des Deutschen Reiches bedingt. Polens Verbündete „wollten nicht für Danzig sterben" (bekannte Aussage eines französischen Journalisten einige Monate vor dem Ausbruch des Zweiten Weltkrieges). Unter neuen geopolitischen Rahmenbedingungen nach dem Zweiten Weltkrieg, wo keine politische Bedrohung existierte, wurde die polnische Küste und die Meereswirtschaft mit der Zeit eine Sache des Alltags. Die polnische Küstenregion wird nun mehr unter pragmatischen als emotionalen Gesichtspunkten betrachtet.

Literatur

AUGUSTYNIAK, M.; MAKOWSKI, J.; WENDT, J.: *Planeta*. Podręcznik do geografii. Gdańsk: Wyd. M. Rożak 2002

BAGIŃSKI, H.: *Zagadnienie dostępu Polski do morza*. Warszawa 1927

BARBAG, J.: *Geografia gospodarcza Polski w zarysie*. Warszawa – Kraków: Polskie Radio 1951

BATOROWICZ, Z.; NALEWAJKO, J.; SULIBORSKI, A.: *Polska w Europie. Podręcznik geografii dla szkoły średniej*. Warszawa: Wyd. Szkolne i Pedagogiczne 1995

CZEKAŃSKA, M.: *Geografia Polski*. Warszawa: PZWS 1951; 1968

KARCZEWSKI, S.: *Geografia Polski*. Warszawa: Trzaska, Evert, Michalski 1930

MŚCISZ, M.: *Geografia Polski*. Warszawa: Wyd. M. Arcta 1920, 1929, 1930

NAŁKOWSKI, W.: *Polska. Obraz geograficzny Polski historycznej*. In: Słownik Geograficzny Królestwa Polskiego i innych krajów słowiańskich, Bd. VIII, Warszawa 1887

PAWŁOWSKI, S.: *Geografia Polski*. Lwów: Nakł. Książnicy Polskiej 1917

PAWŁOWSKI, S.; BYSTROŃ, J.; PERETIAKOWICZ, A.: *Polska współczesna*. Lwów-Warszawa 1928

PAWŁOWSKI, S.: *Geografia* (dla 2. kl. Gimnazjum). Lwów: Książnica-Atlas 1938
PLIT, F.; MAKOWSKI, J.; PLIT, J.: *Polska w dobie przekształceń*. Warszawa: Wyd. Szkolne i Pedagogiczne 1997
RADLIŃSKI, T.: *Geografia Rzeczpospolitej Polskiej i Wolnego Miasta Gdańska*. Warszawa: Wyd. M. Arcta 1922, 1927
ROMER, E.: *Przedmowa*. In: SŁAWSKI, S.: *Dostęp Polski do morza a interesy Prus Wschodnich*. Gdańsk: Księgarnia św. Wojciecha 1925
SMOLEŃSKI, J.: *Morze i Pomorze*. Poznań: Wyd. Polskie 1928, 1932
SROKOWSKI, S.: *Geografia gospodarcza Polski*, Warszawa 1931, 1939
SZUKALSKI, J.: Ein Vergleich der physisch-geographischen und wirtschaftsgeographischen Gegebenheiten der polnischen Ostseeküste und der deutschen Nordseeküste. In: HILLERS, E.: *Die Bundesrepublik Deutschland und die Volksrepublik Polen. Schulbuchgespräche in Geographie 1987/1988*. Frankfurt 1989 (= Studien zur internationalen Schulbuchforschung; 61), S. 237–255
TEREBUCHA, E.: O wychowanie morskie w nauczaniu geografii. *Geografia w szkole*, Rok II, 1949, Nr. 3 (7)
WILGAT, T.: Wyprawa jachtem „Śmiały" do Ameryki Południowej. In: *Polskie Towarzystwo Geograficzne w pięćdziesiątą rocznicę działalnosci*. Warszawa: PWN 1968
WITKOWSKA, H.; SAWICKI, L.: *Nauka o Polsce współczesnej*. Warszawa: Wyd. M. Arcta, 1920

Karlheinz Lau

Die Ostsee und ihre Häfen im deutschen Erdkundeunterricht
Anmerkungen eines Schulpraktikers[*]

Neben ihren Fachreferaten hat die Gemeinsame deutsch-polnische Schulbuchkommission auf ihren bisherigen Sitzungen stets die Behandlung ihres jeweiligen Konferenzthemas in deutschen und polnischen Lehrbüchern untersucht.[1] Auch an dieser Stelle soll es um die Widerspiegelung der Ostseethematik im Erdkundeunterricht gehen.

Das Schulbuch spielt als Unterrichtsmittel nach wie vor eine wichtige Rolle für Lehrer und Schüler, wenn auch Fachzeitschriften, audiovisuelle Medien, Exkursionen – so sie denn durchgeführt werden – oder das Internet berücksichtigt werden müssen. Im Fach Erdkunde kommt noch die Benutzung von Atlas und Wandkarte hinzu, die aber meinen Erfahrungen zufolge durchaus keine Selbstverständlichkeit ist.

In Deutschland gibt es ca. 63 Schulbuchverlage, die miteinander konkurrieren – wobei nicht alle das Fach Erdkunde in ihren Programmen haben. Auf diesem Felde findet allerdings seit Jahren ein Konzentrationsprozess statt. Ein Beispiel ist die Übernahme des Volk-und-Wissen-Verlages, ehemals Monopolist in der DDR, durch Cornelsen, wobei der Name „Volk und Wissen" erhalten blieb, weil er wie ehedem eine gute Position in den neuen Ländern besitzt.

Schulbuchverlage müssen ihre Produkte verkaufen; das ist bei 16 Bundesländern mit ihrer Hoheit über das Schul- und Unterrichtswesen sowie den staatlichen Zulassungsverfahren häufig eine zeitaufwendige Angelegenheit.[2] Oberstes Gebot für die Unterrichtswerke ist ihre Kompatibilität mit den jeweils geltenden Lehr- bzw. Rahmenplänen. Bei 16 Bundesländern sind diese alles andere als einheitlich. Daraus könnte man folgern, dass die Verlage 16 Regionalausgaben anbieten. Wenn dies auch theoretisch möglich wäre, ist es ökonomisch für die Verlage wegen der unterschiedlichen Einwohnerzahl/Schülerzahl in den einzelnen Bundesländern kaum umsetzbar. So werden die meisten Buchreihen nicht flächendeckend

---

[*] Der Autor versteht sich als Schulpraktiker. Er war praktizierender Erdkunde-Lehrer, Schulbuchautor, Fachreferent für das Fach im Lande Berlin – vor und nach der Wende – sowie Beauftragter für Erdkunde im Schulausschuss der KMK. Gegenwärtig führt er in Zusammenarbeit mit dem Staatlichen Schulamt Frankfurt/Oder Veranstaltungen in der Lehrerfortbildung zu deutsch-polnischen Themen durch.

[1] Von geographischer Seite sind zudem die „Hinweise zur Behandlung Deutschlands und Polens in den Geographie-Schulbüchern beider Länder" zu beachten, die nach eingehender Diskussion im Jahre 2000 in Kreisau beraten und verabschiedet wurden (Gemeinsame deutsch-polnische Schulbuchkommission – Sektion Geographie 2001).

[2] Das Land Berlin hat in seinem neuen Schulgesetz auf ein Zulassungsverfahren verzichtet. Die Entscheidung über die Einführung neuer Lehrwerke obliegt künftig den Fachkonferenzen, die natürlich bestimmte Kriterien beachten müssen, ohne aber in ihrer Auswahl auf eine Liste zugelassener Schulbücher beschränkt zu sein. Ich persönlich halte das für sehr problematisch, kann dies allerdings hier nicht erörtern. Es muss abgewartet werden, ob dieses basisfreundliche Verfahren aus Berlin auch für andere Länder Vorbild wird.

angeboten; z.T. decken Ausgaben auch die Anforderungen mehrerer Bundesländer ab. Ein weiterer Punkt muss gesehen werden: irgendwo in deutschen Landen wird immer an irgendeinem Lehrplan gearbeitet, und wenn man an die durchaus umfangreichen Beteiligungen durch gesellschaftlich relevante Gruppen denkt, kann man sich den Zeitaufwand vorstellen. Für die Schulbuchverlage folgt daraus, dass sie so schnell wie möglich auf neue Lehrpläne reagieren müssen, um ggf. ihren Konkurrenten bei der Neueinführung einer Reihe eine Nasenlänge voraus zu sein.

Ich möchte die Situation am Beispiel der Länder Berlin und Brandenburg konkretisieren: Zum Schuljahr 2004/2005 wurde ein gemeinsamer Lehrplan Geographie für die Grundschulen (Klassen 5 und 6) in Kraft gesetzt. Die Erarbeitung als länderübergreifendes Projekt dauerte ca. zwei Jahre. Ein Themenfeld lautet: „Wir erkunden Deutschland", ein weiteres „Wir lernen den Kontinent Europa kennen". Deutsche und polnische Ostseehäfen sind keine Lehrgegenstände. Der Schroedel-Verlag mit seiner Seydlitz-Reihe nimmt mit seinem 2004 erschienen Band für die 5. und 6. Klassen in Berlin und Brandenburg bereits Bezug auf den gemeinsamen Rahmenplan. Hier gab es offensichtlich gute Beziehungen zur Kommission mit dem Ergebnis, dass in Einzelkapiteln „Das Leben an der Küste", Watt, Halligen Marsch, ökologische Gefahren, Sturmfluten, Küstenschutz sowie Küstenformen behandelt werden. Keine Themen sind: „die Häfen an der Ostsee" und „der Nachbar Polen". Bei dieser Ausgabe fällt ferner auf, dass an die 20 Bearbeiter mit Einzelbeiträgen mitgewirkt haben; das Lektorat ist wirklich zu bedauern.

Ich hatte mich diesbezüglich und noch wegen anderer Punkte an das Bildungsministerium Brandenburg und an den Senator für Schulwesen in Berlin gewandt und folgende fast gleichlautende Antwort erhalten, die ich gern zitieren möchte: „Im Zusammenhang mit Ihrem Einwand hinsichtlich der fehlenden regionalen bzw. heimatkundlichen Bezüge in den Plänen für Geschichte und Geographie möchte ich darauf hinweisen, dass in den neuen Rahmenlehrplänen primär die obligatorischen Teile des Unterrichts von ca. 60% ausformuliert werden, die weiteren 40% des zur Verfügung stehenden Unterrichts dienen zur spezifischen Ausgestaltung durch die Lehrkräfte bzw. stehen den Schulen zur Ausformulierung schulinterner Curricula zur Verfügung, in denen die jeweiligen spezifischen regionalen Bezüge hergestellt werden können" (aus: Schreiben der Senatsverwaltung für Bildung, Jugend und Sport vom 8.3.2005 an den Verf.).

Ich möchte das Schreiben aufgrund meiner und anderer Kollegen Erfahrungen nur so kommentieren, dass hier ein pädagogisches Wunschdenken formuliert wird, das der Praxis überhaupt nicht standhält. Ohne Vorgaben läuft erfahrungsgemäß nichts, und die Kollegien beklagen ohnehin schon die Überfrachtung der Lehrpläne.[3] Gespannt darf man nun auf den zukünftigen gemeinsamen Plan des Faches für die Sekundarstufe I sein, der gegenwärtig bearbeitet wird. Man kann nur hoffen, dass Erfahrungsberichte von den Schulen angefordert werden.

Es stellt sich die Frage, ob unsere Inhalte in den bisherigen Plänen der beiden Länder enthalten waren: In der Berliner Grundschule wurde in den Klassen 5 und 6 nur Deutschland behandelt, dabei in Klasse 6 der Themenbereich Hafenstädte, als

---

[3] Der Verfasser ist sich natürlich darüber im Klaren, dass, wenn das Problem der Überfrachtung aufgeworfen wird, sich die Frage stellt, wo alternativ eingespart werden soll, wenn andere Themen, z.B. zu Polen, aufgenommen werden sollen.

Beispiele Hamburg und Rostock. In Brandenburg waren die Lerninhalte in Klasse 5 Küstenformen, Küstengliederung, Gezeiten und ihre Auswirkungen, Leben an der Küste: Küstenschutz, Landgewinnung, Hafenstädte und Hafenwirtschaft, Fischwirtschaft und Erholungsraum Küste. Wir finden also einige Lerninhalte des alten Brandenburger Planes auch in diesem neuen gemeinsamen Plan. Es ist anzunehmen, dass hier die Lehrkräfte sich überwiegend Rostock und Saßnitz/Mukran auswählten, weil sie diese Plätze in der Regel aus eigener Anschauung kannten – weniger vielleicht als Hamburg. Zu DDR-Zeiten spielte im Geografieplan natürlich die Behandlung des Seehafens Rostock eine zentrale Rolle – und zwar im Entstehungsprozess und in der aktuellen Bedeutung für die Volkswirtschaft der DDR. Die Bedeutung des Verlustes von Stettin wurde allerdings nicht erwähnt.

Fazit: der neue Plan Berlin/Brandenburg ist nach meiner Einschätzung eine deutliche Rückentwicklung bezüglich der Vermittlung konkreter Informationen und Kenntnisse gerade auch für unsere Thematik, für die Schülerinnen und Schüler dieser Altersstufe besonders aufnahmebereit sind.

Bei der Auswahl der Rahmenpläne und der Lehrwerke legte ich das eindeutige Schwergewicht auf die Klassenstufen 5 und 6 der Grundschule, so weit sie in einzelnen Ländern bis zur 6. Jahrgangsstufe führt, und auf die Sekundarstufe I, d.h. bis zur 10. Klasse. Das sind die Jahrgänge, die in der Regel Kinder und Jugendliche in der Schule durchlaufen. Die gymnasialen Oberstufen in den Ländern, aufgeteilt in Grund- und Leistungskurse, die überdies nicht obligatorisch sind, spielen für unsere Thematik keine herausragende Rolle, was sich auch in den Unterrichtswerken (z.B. Klett-Perthes „Fundamente", 2001) widerspiegelt.

Ich habe insgesamt 28 aktuelle Unterrichtswerke der gängigen Verlage für das Fach Erdkunde untersucht: Reihen von Westermann, Cornelsen, Volk und Wissen, Klett-Perthes und Schroedel.[4] „Aktuell" bedeutet Erstdruck der Auflage ab der zweiten Hälfte der neunziger Jahre bis zum Jahre 2004. An dieser Stelle soll eine zusammenfassende Feststellung genügen[5]: Eindeutig überwiegen bei der Behandlung des Ostsee- und auch des Nordseeraumes die Themen Küstenformen, ihre Entstehung, Küstenschutz, Gefährdungen durch den Menschen, Fischerei, Urlaub und Erholung. Vereinzelt werden auch die EUREGIONES angesprochen, aber kaum „Pomerania", die einen Ostseebezug aufweisen würde, sondern „Viadrina" und „Neiße". Die eher knappen Darstellungen werden durch Skizzen und Fotos angereichert. Lediglich im noch dem alten Lehrplan verpflichteten Band *Seydlitz 1* für die Klassen 5 und 6, *Ausgabe für Berlin* (Erstdruck 1998), finden zumindest die Fährverbindungen auch von Warnemünde Erwähnung; den Überseehafen Rostock sucht man hier aber vergeblich. Eine stumme Karte fordert die Schüler auf, See- und Fischereihäfen sowie die Seebäder zu suchen – und zwar an Nord- und Ostsee. *GEOS 10, Ausgabe Berlin* (Erstdruck 2001), beschreibt Hamburg relativ gründlich, Kiel und Rostock schon weniger; und schließlich bringt *Heimat und Welt 5/6* (2004) des Westermann-Verlages (schon bezogen auf den gemeinsamen Lehrplan Berlin-Brandenburg) immerhin ein Foto des Überseehafens Rostock und einen kurzen Abschnitt der Hansestadt Hamburg als Drehscheibe des Verkehrs. Ich hatte es vorher schon angedeutet: vor der Wende in der alten BRD und in der

---

[4] Dem Berliner Lehrerfortbildungsinstitut LISUM sei an dieser Stelle für seine Unterstützung gedankt.
[5] Vgl. ausführlicher den folgenden Beitrag in diesem Bande.

DDR war „Überseehafen Rostock" ein Standardthema im Erdkunde-Unterricht, was auch noch für die Zeit unmittelbar nach der Vereinigung gilt.[6]

Nun zu Polen: die Didaktik des Erdkunde-Unterrichtes in Deutschland sieht keine thematisch umfassende Länderkunde vor, von der Behandlung des eigenen Landes abgesehen. Das betrifft auch unsere östlichen Nachbarn.[7] Man wird also in keinem der untersuchten Bücher – und ich bin sicher, auch nicht in den anderen nichtuntersuchten – Informationen darüber finden, dass es in Polen vier große Häfen gibt, nämlich Danzig, Gdingen, Stettin und Swinemünde. Lediglich in drei der untersuchten Schulbücher sind Kapitel über Polen zu finden: *Seydlitz 2* (1998) „Polen – ein Staat inmitten Europas" mit einem Abschnitt aus Polens Geschichte seit den Teilungen und einem kleinen Abschnitt über die naturräumliche Gliederung; *Terra – Erdkunde 7*, bei Klett-Perthes (1994) erschienen, mit dem Kapitel „Polen – unser Nachbar im Osten", in dem die Landwirtschaft zentral behandelt wird; und schließlich Westermanns *Heimat und Welt*, (1999), ebenfalls mit einem Abschnitt über die Landwirtschaft und einem Foto, das einen beladenen Pferdewagen zeigt (vgl. hierzu BUCHHOFER 2003:174 f.). Für den Erdkunde-Unterricht gelten nach wie vor die Themen Landwirtschaft, das oberschlesische Industrierevier und neuerdings auch die EUREGIONES und der EU-Beitritt als zentrale Themen. Ganz erschwerend kommt im Fach Erdkunde die viel zu geringe Stundenzahl hinzu bzw. auch die Integration des Faches in Fachbereiche wie Politik oder Gemeinschafts- oder Gesellschaftskunde.

Was die Rahmenpläne anbetrifft, so entstanden die neun ausgewerteten Pläne verschiedener Schularten der Sekundarstufe I zu unterschiedlichen Zeiten nach der Wende. Das Bild deckt sich verständlicherweise mit demjenigen in den Schulbüchern. Allerdings sollte folgendes hervorgehoben werden: in den Plänen der Klasse 6 des Saarlandes (alle Schularten), Bayerns (Gymnasium) und Baden-Württembergs (Realschule), also in küstenfernen Ländern, wird der Behandlung der Küstenregionen an Nord- und Ostsee sowie der bekanntesten Häfen Hamburg und Rostock erstaunlich viel Raum eingeräumt. Dass dies bei Mecklenburg-Vorpommern in allen Schularten der Sekundarstufe I geschieht, ist von der räumlichen Nähe her zu erwarten. Hier gibt es in den Plänen auch zusätzliche Hinweise auf die Möglichkeit von Exkursionen. Auch in der gymnasialen Oberstufe werden unter dem Thema „Geoökologie und Umweltfragen" das Ökosystem Ostsee behandelt sowie bei „Raumstrukturen unter dem Einfluss wirtschaftlichen und politischen Handelns" Industriestandorte an der Küste. Hier bietet sich Rostock geradezu an. Aber was wie behandelt wird, hängt natürlich auch vom einzelnen Lehrer ab, wie man überhaupt die Rolle des Unterrichtenden im Positiven und Negativen nicht unterschätzen sollte. Dies gilt sicherlich auch für Polen. Das Stiefkind bleibt – wie bereits bei den Unterrichtswerken angedeutet – der Nachbar Polen.

---

6 Ein Themenheft der Zeitschrift „Praxis Geographie" des Westermann-Verlags aus dem Jahre 1983 demonstriert diese Bedeutung Rostocks (VOLL 1983).
7 Hier ist eine gewisse Parallele zum Geschichtsunterricht zu sehen; es gibt keine kontinuierliche deutsch-polnische Beziehungsgeschichte; lediglich Schwerpunkte wie die Ostsiedlung, die Teilungen, Versailles, NS-Besatzungspolitik und die Jahrzehnte seit 1945 werden in der Regel an deutschen Schulen behandelt.

Um zusammenzufassen: Es kann sicherlich nicht erwartet werden, dass in Schulbüchern alles erscheint, was wünschenswert wäre; dazu sind die Zwänge, in denen Lektoren, Herausgeber und Verlage stehen, zu groß. Dies gilt natürlich auch für ein Thema wie „Die Ostsee und ihre Häfen". Aus meiner Sicht sollte es aber mehr Beachtung finden als bisher, weil an diesen Beispielen raumgestaltende und raumwirksame Faktoren für eine Region exemplarisch aufgezeigt werden können. Hinzu kommt, dass es m.E. ein für Schülerinnen und Schüler spannendes Thema ist. So mag dies als Anregung für die Erarbeitung einer Unterrichtseinheit – etwa im Rahmen einer zweiten Staatsprüfung für das Lehramt – aufgefasst werden; eine solche Arbeit ist allerdings kaum Aufgabe einer Schulbuchkommission.

Eine große Sorge bereitet mir jedoch die Behandlung Polens. Landwirtschaft und das Oberschlesische Industrierevier vermitteln nur sehr unscharf ein Bild über unser östliches Nachbarland, wobei das defizitäre Wissen des deutschen „Otto Normalverbrauchers" über Polen hinzukommt. Dies sieht an den Westgrenzen zu Benelux und zu Frankreich qualitativ anders aus. Deutschland ist von 9 Nachbarn umgeben. Ich plädiere für eine themenorientierte Länderkunde mit einem topografischen Grundwissen über diese Länder, was im Zuge der Reisefreiheit wichtiger denn je ist (vgl. LAU 1999; s. auch die „Hinweise..." von 2000). Und warum sollte es nicht möglich sein, ein deutsch-polnisches Erdkundebuch zu entwickeln nach dem Beispiel des Europäischen Geschichtsbuches von 1992, das bei Klett erschienen ist, oder den Handreichungen, die die Historiker für die deutsch-polnische Beziehungsgeschichte des 20. Jahrhunderts erarbeitet haben?[8] Dieser Band kann auch über die Bundeszentrale für politische Bildung bezogen werden.

Literatur

Schulbücher

GEOS 10, Ausgabe Berlin. Berlin: Volk und Wissen 2001
Heimat und Welt 5/6, Berlin Brandenburg. Braunschweig: Westermann 2004
Heimat und Welt, Klasse 7 für Berlin. Braunschweig: Westermann 1999
Seydlitz 1, Ausgabe für Berlin. Hannover: Schroedel 1998
Seydlitz 2. Hannover: Schroedel 1998
Seydlitz 5/6 Geografie Berlin Brandenburg. Braunschweig: Schroedel 2004
Terra – Erdkunde 7. Klett-Perthes 1994

Sekundärliteratur

BUCHHOFER, Ekkehard: Transformation in Ostdeutschland und in Polen: Darstellung in deutschen Erdkundelehrbüchern. In: STÖBER, Georg (Hrsg): *Der Transformationsprozess in (Ost-)Deutschland und in Polen.* Hannover: Hahn 2003, S. 170–176
BUCHHOFER, Ekkehard und KORTUS, Bronisław (Hrsg.): Deutschland und Polen. Geographie einer Nachbarschaft im neuen Europa. Frankfurt/Main 1994
BUCHHOFER, Ekkehard und KORTUS, Bronisław (Hrsg.): Polska i Niemcy. Geografia sąsiedztwa w nowej Europie. Kraków: Universitas 1995

---

8 Ein Schritt der Gemeinsamen deutsch-polnischen Schulbuchkommission in diese Richtung war BUCHHOFER/KORTUS (Hrsg.) (1994). Der Band ist ebenfalls in einer polnischen Ausgabe erschienen (1995).

Gemeinsame deutsch-polnische Schulbuchkommission – Sektion Geographie: Hinweise zur Behandlung Deutschlands und Polens in den Geographie-Schulbüchern beider Länder. *Internationale Schulbuchforschung* 23 (2001), S. 129–134

LAU, Karlheinz: Für eine stärkere Berücksichtigung Polens im Erdkundeunterricht. *Internationale Schulbuchforschung* 21 (1999), S. 58–61

VOLL, Dieter: Rostock – das Tor der DDR zur Welt. *Praxis Geographie* 13 (1983), H. 6, 22–29

Georg Stöber

Die Ostsee in deutschen Geographieschulbüchern – ein Überblick

War die alte Bundesrepublik, nimmt man die Küstenlänge zum Maßstab, noch in erster Linie Nordseeanrainer, so hat sich nach der Wiedervereinigung das Schwergewicht auf die Ostsee verlagert. Der folgende Beitrag geht von der Frage aus, ob und ggf. wie sich diese faktische Dominanz der Ostseeküste im Erdkundeunterricht widerspiegelt. Die wichtigsten Themenstellungen werden anschließend einzeln beleuchtet.

1 Nord- und Ostsee in aktuellen Geographieschulbüchern

In einer für das Georg-Eckert-Institut erstellten Synopse[1] erfasste ihr Autor, Michał Łypaczewski, 170 Bücher der verschiedenen Schulformen, Klassenstufen und Bundesländer aus der 2. Hälfte der 1990er Jahre bis 2004, in denen die Nord- und/oder Ostsee thematisiert wird. 144 Bände (85%) behandeln ein oder mehrere Themen am Beispiel der Nordsee, die Ostsee wird in 116 Büchern (68%) angesprochen, also in deutlich weniger Büchern. 91 Bücher behandeln beide Regionen, oft im Vergleich, 53 nur den Nord- und 26 nur den Ostseeraum. Noch deutlicher wird das Ungleichgewicht, wenn die Anzahl der Seiten zugrunde gelegt wird (Tab. 1).

Insgesamt machen die der Ostsee (und den Küsten der Ostseeanrainer) gewidmeten Seiten kaum mehr als ein Viertel (26,6%), die der Nordsee gewidmeten aber fast drei Viertel (73,4%) aller Seiten mit Nord- und/oder Ostseebezug aus. Drei Viertel hiervon sind auf Deutschland und die deutsche Küste bezogen. In Bänden allerdings, die nur den Ostseeraum ansprechen und nicht auch auf die Nordsee eingehen, macht der Deutschlandbezug nur 38% aus, was mit den hier vorzugsweise behandelten übergeordneten Themenzusammenhängen in Beziehung steht. Deutschland ist hier nicht primärer Bezugspunkt.

Schon dies deutet darauf hin: Nord- und Ostsee kommen in Büchern aller Klassenstufen vor, wenn auch ganz dominierend dort, wo Deutschland und Europa bzw. Fragestellungen an Hand von Raumbeispielen aus diesen Räumen abgehandelt werden. Überwiegend sind die Bücher für die ersten beiden Jahre des Fachunterrichts bestimmt (Tab. 2).

Als „nichtdeutsche Anrainer" sind im Nordseekontext v.a. die Niederlande von Bedeutung: der Hafen Rotterdam und der Deltaplan. Bei Ostseethemen ist die Zahl nichtdeutscher Bezüge relativ gering. Nur viermal ist in den erfassten Büchern von Danzig, einmal von den „baltischen Republiken", zweimal von der GUS/St. Petersburg als Ostseeanrainer die Rede. Im EU-Kontext wird zudem vereinzelt, dreimal, die Euroregion POMERANIA angesprochen.

---

1 *Synopse: Nord- und Ostsee in Geographieschulbüchern der Bundesrepublik Deutschland,* zusammengestellt von Michał Łypaczewski, Braunschweig 2004. Erfasst werden die einzelnen Lektionen mit ihren Themen. Herrn Łypaczewski sei an dieser Stelle für die Erstellung der Synopse vielmals gedankt.

Tab. 1: Zahl der Seiten mit Nord- und Ostseebezug und regionale Zuordnung

Regionaler Kontext	Seiten mit Meerbezug gesamt	Buch thematisiert			
		Nordsee und Ostsee		nur Nordsee	nur Ostsee
		davon Nordsee	davon Ostsee		
Deutschland	927	516	222	162	27
Nichtdeutsche Anrainer	150	78	11	48	13
Meer allgemein	136	56,5	18,5	30	31
Gesamt	1213	650,5	251,5	240	71
durchschnittliche Seitenzahl pro Buch	7,1	7,1	2,8	4,5	2,7

Tab. 2: Zahl der Bücher mit Nord- und Ostseebezug nach Klassenstufen

	Klassenstufe			
	5/6	7/8	9/10	Sek. II
Anzahl	98	25	23	24
Anteil [%]	58	15	14	14

Ost- wie Nordsee spielen allerdings auch als eigener Gegenstandsbereich eine Rolle: die Ostsee unter ökologischem Vorzeichen bei übergeordneten Themenzusammenhängen wie „Nordeuropa", „das Weltmeer und seine Nutzung" u.ä., die Nordsee v.a. bei Themen der Ressourcenerschließung (Erdöl und -gas) neben der Umweltschutzproblematik (die hier häufiger im begrenzten deutschen Kontext angesprochen wird: „Wattenmeer").

Die Themenpalette ist zwar relativ breit, doch dominieren bestimmte Themen das Bild eindeutig (vgl. Abb. 1). Im Nordseekontext überwiegt das oft einleitend eingesetzte Thema „Küste" und „Küstenformen" (52 Nennungen). Themen wie „Gezeiten" (22), „Sturmfluten" (25), Hochwasserschutz (am deutschen Beispiel – 24) bzw. „Halligen" (7) zeigen eine logische Kapitelfolge auf, „Watt" (23), Umweltschutz v.a. am Beispiel „Nationalpark Wattenmeer" (50!) und Tourismus (39) eine weitere, auch mit dem Vorhergehenden kombinierbare Stundenfolge. Die unterschiedliche Zahl der Nennungen deutet allerdings darauf hin, dass Einzelthemen nicht immer in einen größeren Sachzusammenhang eingebettet werden. Ein weiterer Themenschwerpunkt ist „Hamburg" (44) – *das* Beispiel für eine deutsche Hafenstadt. Nur einmal wird Wilhelmshaven gewählt. Das Thema „Hafenstädte" findet sich allerdings nicht nur im deutschen Kontext. Hinzu tritt, meist im Zusammenhang „Europa", Rotterdam als Hafenstandort europäischer Dimension (23 Nennungen). Hochwasserschutz in den Niederlanden – das Deltaprojekt – (10) sowie Erdöl und Erdgasförderung in der Nordsee (34) vervollständigen die Nordseethemen in diesem Kontext. Die Nordsee allgemein (1), das „Ökosystem Meer" (3), seine Belastung durch Öl, Müll usw. (14) sind von eher zweitrangiger Bedeutung, wie auch im deutschen Kontext Fischerei und Fischindustrie (15), Transport und Verkehr (10) oder Nutzungskonflikte als eigenständige Themenstellungen.

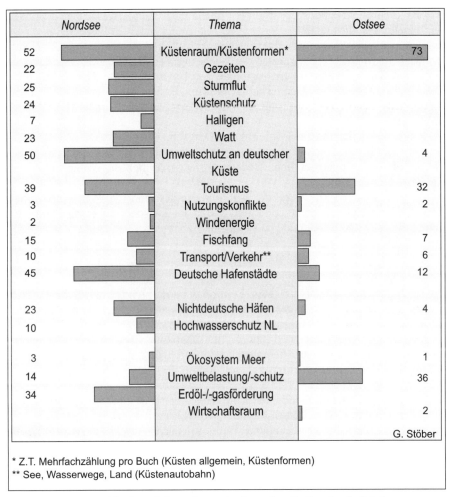

Abb. 1: Themen mit Nord- und Ostseebezug in deutschen Erdkundeschulbüchern (Themenbereiche der Unterrichtsstunden – Anzahl der Nennungen)

In Bezug auf die Ostsee stehen vier Themen dominant im Vordergrund: der Naturraum Küste allgemein (32 Nennungen) und speziell – und oft kontrastiert mit der Nordsee – die Küstenformen (41), der Umweltschutz (36 – meist länderübergreifend) sowie der Tourismus (32, meist am Beispiel Rügens, manchmal auch Usedoms abgehandelt). Von geringerer Bedeutung sind deutsche Hafenstädte an der Ostsee (12 – Rostock, in einem Fall Wismar), der Fischfang (7) sowie Verkehr und Verkehrsplanung (Ostseeautobahn) (6 Nennungen). Hinzu kommen wenige Einzelnennungen wie der Nordostseekanal, der Ostseeraum als „Zukunftsregion" u.a.

Es stellt sich die Frage, ob länderspezifische Unterschiede bei der Behandlung von Nord- und Ostsee deutlich werden. Im deutschen Kontext eindeutig und einseitig auf die Nordsee bezogen sind die für Rheinland-Pfalz, das Saarland sowie Bremen und Hamburg bestimmten Bücher; für Niedersachsen und Schleswig-Holstein ist dies tendenziell der Fall. Hier findet sich die Ostsee v.a. in einem allgemeinen, europäischen Themenzusammenhang. In den anderen westdeutschen Bundesländern überwiegt zwar der Nordseebezug, die Ostsee wird aber nicht ausgeblendet. Dies gilt sowohl für regionale wie für thematische Themenzugänge. Die für die ostdeutschen Bundesländer bestimmten Bücher gleichen sich inzwischen weitgehend dieser Praxis an, obwohl in einzelnen Büchern der Ostseebezug überwiegt.

Selbst wenn also nach der Vereinigung Deutschlands der Ostseeraum im Westen verstärkt in den Blick genommen worden sein sollte, bleibt seine Präsenz begrenzt, und seine unterrichtliche Bedeutung reduziert sich da, wo er früher den Meeresbezug bestimmte.

Diese Übersicht basierte auf der o.g. Synopse des Jahres 2004. Einige weitere Bände, die auch Ostseethemen berühren und in der Zwischenzeit erschienen, wurden in die folgende Betrachtung der einzelnen Themenbereiche mit einbezogen.

2 Die Ostseeküste

Physisch-geographisch ausgerichtete Lektionen finden sich in verschiedenen Themenzusammenhängen – insgesamt in 62 der erfassten Bücher. Neben dem dominierenden Kontext „Deutschland" und in Unterrichtseinheiten zum deutschen Küstenraum in Klasse 5 oder 6 bzw. in der Oberstufe, dem 80% der Bände zuzurechnen sind, kommt das Thema auch in anderen Zusammenhängen und damit z.T. auch anderen Klassenstufen vor, so „Kräfte der Natur verändern die Erde"[2] u.ä. – 11% der Bände. Drei Bände sprechen es unter der Fragestellung „Mensch und Naturraum" oder „Leben in den Klimazonen der Erde" an (5%). Zwei Bücher (3%) nennen das entsprechende Kapitel „Wo man Ferien macht", aber auch hier werden die Küstenformen und andere nichttouristische Aspekte in eigenen Lektionen behandelt (vgl. demgegenüber Kap. 4).

Die Lektionen richten – meist im Vergleich zur Nordseeküste und dem Wattenmeer – ihr Augenmerk fast ausschließlich auf den Formenschatz der Ostseeküste, seine Genese und die für die Ausbildung maßgeblichen Prozesse. 37% der Bände handeln Nord- und Ostseeküste in einer Lektion ab, 42% in getrennten (oder sprechen in Einzelfällen nur die Ostsee an[3]). In 21% der Bände folgt einer Überblickslektion mit Nord- wie Ostseebezug eine spezielle, nur der Ostseeküste mit ihren Formen gewidmete Lektion. Unterschieden werden Steil- und Flachküste, Fördenküste, Buchtenküste, Ausgleichsküste und Bodden, gelegentlich auch „Nehrungs- und Haffküste". Die Differenzierung erfolgt allerdings nicht in allen Bänden in gleicher Weise. Während sich beispielsweise *Diercke Erdkunde 5 für*

---

2 *Terra Erdkunde 7/8 Gymnasium Rheinland-Pfalz* (2004).
3 Dies gilt für den Band *Terra Erdkunde Hessen 2* (1998), wo im Kapitel „Die Erdoberfläche verändert sich" die Lektion „Küstenformen an der Ostsee" (S. 42 f.) plaziert ist zwischen „Rhein und Neckar graben der Donau das Wasser ab" (S. 40 f.) und „Spuren der Eiszeit" (S. 44 f.), gefolgt von „Sturmflut in Bangladesh" (S. 46 f.). In *Terra Erdkunde 7/8 Gymnasium Rheinland-Pfalz* (2004) gehen die Lektionen „Ein Fluss bei der Arbeit" (S. 64 f.) und „Im Eiszeitalter geprägt" (S. 66 f.) den „Küstenformen an der Ostsee" (S. 68 f.) voraus, der letzten Lektion des Kapitels.

Hessen (2003:110 f.) auf Steilküste und Kliff und die Genese einer Ausgleichsküste mit Nehrung, Haff und Strandsee beschränkt, differenziert *Geografie 5/6 Sachsen-Anhalt* (2003:50 f.) lediglich zwischen Steil- und Flachküste, ohne die genetischen Beziehungen anzusprechen. Bodden werden nur in einem Satz in einem Materialtext (S. 48) erwähnt. *Terra Erdkunde Ausgabe für Berlin 5/6* (1995:60 f.) dagegen geht nicht nur auf Steilküsten mit Kliffen, Flach- und Ausgleichsküsten ein, sondern auch auf Förden und Bodden als glaziale Grundformen der Küstenbildung der Ostsee. Ganz vereinzelt wird auch in den den Küstenformen gewidmeten Lektionen auf Umweltprobleme (s. Kap. 6) verwiesen.[4]

In der Regel wird Küstenschutz am Beispiel der Nordsee abgehandelt. Gelegentlich wird sogar darauf hingewiesen, dass an der Ostseeküste Eindeichungen nicht notwendig seien. Verschiedene Bände weisen jedoch auf Befestigungs- und Schutzmaßnahmen an Kliffen und Dünen im Ostseebereich hin, die den ablaufenden Küstenbildungsprozessen entgegenwirken sollen.[5]

Ein Teil der Bände beschreibt nur die physischen Prozesse. Oft wird aber auch, zumindest beiläufig, auf die Eignung der einzelnen Küstenformen für Häfen, als Badestrand usw. eingegangen. Das Lehrerhandbuch *Terra Handbuch Erdkunde 7/8 Gymnasium Rheinland-Pfalz* (2004:45) etwa nennt als eines von drei die Lektion „Küstenformen der Ostsee" betreffenden Lernzielen: „Die Schülerinnen und Schüler sollen [...] die jeweiligen Möglichkeiten zur Nutzung erarbeiten". Und im entsprechenden Schülerband betreffen zwei von vier Aufgaben diese Nutzung.[6] Insgesamt verzichten 32% der Bände auf diesen Aspekt, 27% streifen ihn beiläufig und partiell (z.B. nur „Badestrand"), 11% gehen aber im Text und immerhin 29% gar in Aufgabenstellungen darauf ein, z.B. auf die Hafen(un)gunst der verschiedenen Küstenformen.

Bei einem Vergleich der Bücher fällt auf, dass – unabhängig von der Klassenstufe – der Bezugsraum variiert. Einzelne Bände (5%) beschränken ihre Aussagen zur Ostseeküste auf die Fördenküste des schleswig-holsteinischen Raumes, so *Mensch und Raum Geographie 6 Hauptschule Baden-Württemberg* (1995:54). Der weiter östlich gelegene Formenschatz bleibt ausgeklammert. Die meisten Bände (74%) beziehen sich auf den gesamten deutschen Ostseeraum. So reicht beispielsweise die Karte in *Erdkunde 6 Gymnasium* (1994:136)[7] bis zur polnischen Grenze, wobei der Typ „Ausgleichsküste", der den polnischen Küstenraum kennzeichnet, gerade angeschnitten wird.

Aber auch wenn sich das Buch nur auf Deutschland bezieht, ist z.T. ein Transfer auf benachbarte Küstenabschnitte intendiert. So verweist das Lehrerhandbuch *Terra Handbuch Erdkunde 7/8 Gymnasium Rheinland-Pfalz* (2004:45) auf den Gebrauch des Atlas: „So können Schülerinnen und Schüler versuchen, die erlernten Küstenformen in anderen Räumen wiederzufinden (Beispiel: Polnische

---

4 So in *Mensch und Raum Geographie 5/6 Erdkunde Berlin* (1999:69).
5 *Geos 5* (1997 – die verschiedenen Länderausgaben); *Geografie 5 Sachsen* (2004); *Terra Erdkunde 5 Gymnasium Nordrhein-Westfalen* (2003:104 f.); *Terra Erdkunde 6 Gymnasium Baden-Württemberg* (2002:34 f.).
6 „1. Beschreibe und erläutere die Küstenform auf Luftbild 1. Weshalb bot es sich an, hier einen Hafen anzulegen?" und „4. Der Mensch kann die verschiedenen Küstenformen unterschiedlich nutzen. Lege hierzu eine Tabelle an" (*Terra Erdkunde 7/8 Gymnasium Rheinland-Pfalz* 2004:69).
7 Auch *Erdkunde 6 Hauptschule Ausgabe A* (1995:48).

und baltische Ostseeküste [...]". Nicht immer wird diese Absicht in Aufgabenstellungen dokumentiert. Nur drei Bände (5%) besitzen solche Aufgaben. Immerhin 16% sprechen aber den südlichen Ostseeraum über die deutsche Grenze hinaus in Text und/oder Karte an. Oberstufenbände sind hier überrepräsentiert[8], auch wenn sich einzelne auf Deutschland beschränken. Da ein Teil des Formenschatzes (z.B. Schärenküste) nicht in Deutschland zu finden ist, macht ein Ausweiten der Perspektive auf Nachbarregionen großen Sinn, v.a. auch, wenn man die Genese des Ostseeraumes betrachtet, wie z.B. *Seydlitz Geographie 11 Sachsen* (2003:94 f.).[9]

Vereinzelt werden, das sei hier angefügt, (die) Küstenformen der Ostsee auch in anderen als den üblichen Kontexten angesprochen. Beispielsweise nimmt ein Abschnitt über die Litauische Ostseeküste mit der Kurischen Nehrung und ihrer Genese die Hälfte der Doppelseite „Nachbarn über See – die baltischen Republiken" ein (*Geos 2 Sachsen* 1996:133).

Betrachtet man verschiedene Lehrbücher nebeneinander, fällt auf, dass sich die verschiedenen Bänden beigegebenen Karten in der Benennung der Küstenform und in der Ausweisung der jeweiligen Küstenabschnitte unterscheiden:
– Während *Geografie 5 Sachsen* (2004:52) nur Flach- und Steilküsten differenziert[10], sprechen andere neuere Bände des Volk-und-Wissen-Verlages (z.B. *Geografie 5 Mecklenburg-Vorpommern* 2001:51) von West nach Ost von Förden- (etwa bis Fehmarn), Buchten-, Ausgleichs-, Bodden- und – jenseits der polnischen Grenze – wieder von Ausgleichsküste.[11]
– *Geos 5/6 Sachsen-Anhalt Förderstufe* (1998:29)[12] hatte nur zwischen Fördenküste (etwa bis zur ehem. innerdeutschen Grenze) und „Boddenküste/Buchtenküste" (am östlich anschließenden Küstenraum bis nach Polen hinein) unterschieden.
– *Terra Erdkunde 5/6 Berlin* (1995:67) verlangt in einer stumme Karte, die Küstenformen zu benennen: im Ostseebereich „Fördenküste", „Ausgleichsküste"

---

8 Z.B. *Geographie 11 Gymnasium Bayern* (1993:19).
9 Dies sollte nicht mit Reminiszenzen an die Ostgebiete des Deutschen Reiches verwechselt werden, die nach dem Zweiten Weltkrieg die Behandlung Pommerns, West- und Ostpreußens und des Memelgebiets im Erdkundeunterricht bestimmten und auch die Thematisierung der Küstenformen einschloss. So enthielt der erste (Deutschland-) Band der *Seydlitz*-Reihe von der ersten Auflage 1951 bis zur 18. Auflage 1964 auf der Buchdeckelinnenseite neben einer Karte „Berlin – Mittelpunkt der deutschen Lande (bis [14]1960) bzw. (seit [15]1961) „Unsere Autobahnen" (mit Deutschland in den Grenzen von 1937) eine Karte der „natürlichen Gliederung Deutschlands" in gleicher Grenzziehung, auf der im Ostseeraum von West nach Ost „Fördenküste", „Boddenküste", „Ausgleichsküste" und „Nehrungsküste" aufgeführt waren. Im Buch wurde die „unvergessene deutsche Heimat im Osten" wie die anderen deutschen Lande auch behandelt, dabei auch die Küstenformen vorgestellt (z.B. 1961:77–81 u.a.). Auch Band 4 der Reihe, *Deutschland in Europa* (1968:134–140) befasste sich mit den „deutschen Ostgebiete[n] jenseits von Oder und Neiße sowie Danzig". Die Ostseeküste wird hier zwar zu Beginn im Rahmen einer naturräumlichen Gliederung Deutschlands (in den Grenzen von 1937) vorgestellt (S. 15), eine Karte der landschaftlichen Gliederung Ostpreußens (mit Küstenformen) findet sich aber auch im entsprechenden regionalen Kontext (S. 135).
10 Ebenso *Seydlitz 1 Erdkunde* (1994:51).
11 Ebenso *Seydlitz 1 Geographie Gymnasium Thüringen* (2005:56f.). Allerdings beginnt hier die Ausgleichsküste wieder östlich Rügens, nicht erst östlich Stettins. *Seydlitz 5 Erdkunde Gymnasium Bayern* (2003:76 f.) kennt dagegen den Begriff „Buchtenküste" nicht. Hier ist die „Buchten"- und die „Ausgleichsküste" des zuvor genannten Bandes zwischen Lübeck und Darß als Boddenküste benannt.
12 Ebenso die entsprechenden Bände für Brandenburg, Mecklenburg-Vorpommern, Sachsen, Thüringen (1997–1999).

und „Boddenküste". Das entspricht auch der Praxis in *Mensch und Raum Geographie 5/6 Erdkunde Berlin* (1999:69). *Terra Erdkunde 2 Hessen* (1998: 42 f.) dagegen unterscheidet eine „Förden- und Buchtenküste" (inkl. Lübecker Bucht), eine „Ausgleichsküste" (etwa zwischen Kühlungsborn und Wustrow) und daran bis zur polnischen Grenze anschließend eine „Boddenküste".

– In *Seydlitz Geographie 11 Sachsen* (2003:95)[13] kommt eine „Ausgleichsküste" auf deutschem Gebiet nicht vor: „Förden- und Buchten" – sowie Boddenküste bestimmen hier das Bild. „Ausgleichs"- und „Nehrungs-, Haffküste" sind dagegen die Küstenformen der östlich anschließenden Gebiete.[14]

Wenn auch die Prozesse, die die verschiedenen Küstenformen bilden, in den Büchern in der Regel durchaus klar dargestellt sind, wird der Formenschatz doch idealtypisch oder exemplarisch bestimmt. Die reale Zuordnung erscheint schwierig und Abgrenzungen uneindeutig. Dennoch ist das Verständnis der Prozesse sicher ein wichtigeres Lernziel als eine genaue räumlich lokalisierte Küstentypologie.

3 Ostseehäfen in Deutschland und Polen

Rostock ist *das* Beispiel für einen Ostseehafen in deutschen Geographiebüchern, allerdings wird die Stadt und der Hafen nur in zwölf Büchern behandelt. In weitgehend identischer Form findet sich eine entsprechende Lektion in fünf für die neuen Bundesländer (und Berlin) bestimmten Seydlitz-Bänden der 1990er Jahre sowie in einer für Thüringen bestimmten Aktualisierung.[15] Zusätzlich bleiben fünf unterschiedliche Rostock-Einheiten in fünf verschiedenen Reihen, die jeweils nur für einzelne Bundesländer zugelassen sind: Bayern, Baden-Württemberg, Hessen, Sachsen-Anhalt und Berlin. Im Kapitel „Unser Land Mecklenburg-Vorpommern" wird zudem „Rostock – eine Hafenstadt" speziell in einer für dieses Bundesland bestimmten Ausgabe vorgestellt.[16]

Rostock wird in den meisten Fällen als Gegenstück zu Hamburg behandelt und folgt z.B. einer Unterrichtsstunde zu „Der Welthafen Hamburg"[17] o.ä. In einem Fall steht die Stadt in einem Zusammenhang „Meer und Küste – Naturraum in Gefahr" ohne dass ein anderer Hafen thematisiert würde.[18] Ein weiteres Buch stellt die Stadt in den Kontext „Rohstoffe und Industrieräume", wobei Rostock auf

---

13 Ebenso in *Geographie 11 Gymnasien Bayern* (1993:19) des Cornelsen Verlages.
14 Ähnlich auch in der Karte „Küstenformen" in *Mensch und Raum Geographie 7/8 Gymnasium Rheinland Pfalz* (1995:72 f.), die Fördenküste und Boddenküste an deutschen sowie Ausgleichs- und Nehrungsküste an polnischen und russischen Küstenabschnitten unterscheidet.
15 In der nach Erstellung der Synopse erschienenen Neuauflagen, *Seydlitz Geographie 1 Gymnasium Thüringen* (2005:70 f.) wurde der Text gegenüber der Vorgängerversion leicht verändert und aktualisiert – so wird auf den Bedeutungsrückgewinn nach Umstrukturierung verwiesen und dies mit einem Diagramm untermauert –, der Text behält aber Argumentationsweise und Gesamtkomposition bei.
16 *Geografie Klasse 5 Mecklenburg-Vorpommern* (2001:92). Diese Einheit fehlt somit in den Parallelprodukten des Volk-und-Wissen-Verlages, die für die anderen „neuen" Bundesländer bestimmt sind. Die Konkurrenzverlage verzichten wohl weitgehend auf die Produktion eigener nur für Mecklenburg-Vorpommern bestimmter Bücher.
17 *Seydlitz Erdkunde 1 Mecklenburg-Vorpommern* (1997:60).
18 *Grenzenlos 6. Erdkunde Hauptschule Baden-Württemberg* (2000:82 f.).

"Wolfsburg – Stadt des Volkswagens" folgt.[19] Alle Bücher sind für die Klassenstufe 5/6 bestimmt.[20]

Auch die Behandlung variiert. In einem Fall ist Rostock nur Aufhänger, um allgemein in die Funktionsweise von Häfen und Werften einzuführen.[21] Spezifika der Rostocker Situation werden nur als Marginalie angesprochen. Meist wird die Rostocker Entwicklung jedoch als Fallstudie behandelt. Unter Hinweis auf die alte Funktion als Hansestadt – die Seydlitz-Bände gehen in einem Kasten auf Hanse und Hansestädte ein – werden v.a. der Ausbau des Hafens als „Tor zur Welt" der DDR und die Entwicklung nach der Wiedervereinigung thematisiert. Nur ein Band, *Grenzenlos 6 Erdkunde Hauptschule Baden-Württemberg* (2000), verzichtet auf die Erwähnung der DDR. In den um die Mitte der 1990er Jahre erschienenen Büchern macht sich noch der Rückgang der Umschlagszahlen deutlich bemerkbar, wenn auch die Autoren meist bemüht sind, auf die unternommenen Anstrengungen zu verweisen und eine zukünftige positive Entwicklung zu prognostizieren. In den neusten Bänden haben die Maßnahmen gegriffen, und die Bücher heben die inzwischen gestiegenen Umschlagszahlen und Werftkapazitäten hervor.[22] Dennoch: „Trotz aller guter Entwicklungen, sind doch viele Menschen seit 1990 aus Rostock weggegangen. Viele Wohnungen stehen leer und die Stadt hatte 2002 nur noch 198 200 Einwohner."[23]

Ist der Transformationsprozess von Hafen und Werftindustrie Rostocks in den meisten Büchern auch das Hauptthema, so regen mehrere Bände in Materialien und Aufgabestellungen doch zu einem Vergleich verschiedener Häfen an. *Grenzenlos 6 Erdkunde Hauptschule Baden-Württemberg* (2000:83) fordert in einer Aufgabe und stummen Karte lediglich zur Benennung der See- und Fischereihäfen der deutschen Küste auf.[24] *Geos 5/6 Sachsen-Anhalt* (1998:41, Aufgabe 3) verlangt einen Vergleich der Hansestädte und Häfen Hamburg und Rostock.[25] *Mensch und Raum Geographie 6 Gymnasium Bayern* (1996:45) erweitert den Blick gar über Deutschland hinaus und vergleicht Verkehrslagen und Güterumschlag verschiedener europäischer Häfen.[26]

In Einzelfällen, in für Mecklenburg-Vorpommern bestimmten Bänden[27] und im Themenkomplex „Unser Land Mecklenburg-Vorpommern", wird neben Rostock

---

19 *Mensch und Raum Geographie 6, Gymnasium Bayern* (1996:42 f., 44f.).
20 Dies wird in der Gestaltung des Textes nicht immer deutlich. *Mensch und Raum Geographie 6 Bayern* (1996) vor allem ist für diese Altersstufe m.E. viel zu textlastig und schwer verständlich.
21 *Diercke Erdkunde 5 für Hessen* (2003).
22 Der neuste Band, *Seydlitz Geographie 1 Gymnasium Thüringen* (2005:70 f.), kann auf vergleichsweise aktuelle Daten von 2002 zurückgreifen.
23 *Seydlitz Geographie 1 Gymnasium Thüringen* (2005:71).
24 Ähnlich *Seydlitz Erdkunde 1 Berlin 5/6* (1998:100) in „Geo-Wissen", der abschließenden Doppelseite des Kapitels „An der Küste", bzw. „Nord- und Ostseeküste" in *Seydlitz Geographie 1 Gymnasium Thüringen* (2005:78).
25 „Wieso sind beide Hansestädte? – Wie weit ist es vom Hafen zum Meer? – Beschreibe die Ausdehnung der Häfen. – Warum ist nur Hamburg ein Tidenhafen?"
Auch die Seydlitzbände fordern bei einer Methodenseite: „Geo-Praxis – Wir erarbeiten Grafiken" (*Seydlitz Erdkunde 1 Mecklenburg-Vorpommern* 1997:64) zum Vergleich des Schiffsverkehrs und der Umschlagszahlen Hamburgs und Rostocks auf.
26 Auch hieran zeigt sich das (aus meiner Sicht zu) hohe Anspruchsniveau dieses Bandes.
27 *Seydlitz 1 Erdkunde Mecklenburg-Vorpommern* (1997:42 f.) und *Geos Mecklenburg-Vorpommern 5* (1997:38). Im Geos-Band werden sowohl Wismar als auch Rostock nicht in eigenen Lektionen vorge-

Wismar angesprochen. Im Seydlitz-Band wird die Stadt als „eine wichtige Werft- und Hafenstadt" vorgestellt. Der Autorentext geht kurz ein auf die Geschichte als Hansestadt. Der Hafenstandort (mit Bild) und seine Verkehrsanbindungen werden thematisiert; eine Karte und eine Aufstellung der Hafenstandorte des Bundeslandes ermöglichen es, Wismar in einen regionalen Kontext zu stellen. V.a. aber wird die Werft und ihre Modernisierung dargestellt und durch eine Graphik erläutert. Dem Arbeitsplatzabbau steht ein Produktivitätszuwachs gegenüber, und der Grundton ist verhalten optimistisch: „Mit dem Bau der Kompaktwerft 2000 [...] entstehen moderne Fertigungslinien und ein neues Trockendock. Dann können noch mehr und größere Schiffe in kürzerer Zeit gebaut werden." Die Bedeutung der Werftin- dustrie, aber auch die der standortbedingten Nahrungsmittelindustrie (u.a. Fisch- fang) werden betont und die Rolle Mecklenburg-Vorpommerns als „wichtiges Transitland" hervorgehoben.

Unter den nichtdeutschen Ostseehäfen wird v.a. Danzig/Gdańsk behandelt, wenn auch die Stadt als Thema einer Unterrichtsstunde doch eher selten thema- tisiert wird (s.o.). Meist ist der Kontext Europa/östliches Mitteleuropa; aber auch im Rahmen nicht-regionaler Stoffgliederungen („Arbeit und Versorgung in Indu- strieräumen: Häfen verteilen Waren"[28]; „Städte in Europa"[29]) wird Danzig abge- handelt. Es ist nicht immer die Hafenfunktion, die das größte Interesse hervorruft. *Terra Erdkunde 9 Gymnasium Nordrhein-Westfalen* (1997:16–19) etwa stellt die Hanse und Danzig als mittelalterliche Hansestadt vor und geht dann auf den Wie- deraufbau nach den Zerstörungen des Zweiten Weltkrieges ein. *Geos 6* (1999:74 f.) spricht von der „Kulturstadt Danzig (Gdańsk)", vom Wiederaufbau, thematisiert aber auch Hafen und Werft. Unter dem Obertitel „Umorientierung im Industriesek- tor" ist speziell „Die Danziger Werft – Polens Symbol der Krise und Erneuerung" Thema der *BSV Oberstufengeographie Europa* (1996). In *Mensch und Raum Geo- graphie 5 Gymnasium Nordrhein-Westfalen* (1994) spielt die Hafenfunktion unter dem Gesichtspunkt „Erschließung eines Hinterlandes" die Hauptrolle. Neben der Hafenentwicklung der „Dreistadt" wird das „Weichselprojekt" als „umfangreiches Programm" zur Schiffbarmachung der Weichsel und der Versorgung der Anrai- ner mit Trink- und Brauchwasser vorgestellt. Eine Aufgabe verlangt zudem einen Vergleich zwischen Danzig und Rotterdam, das in der vorhergehenden Lektion behandelt wurde.

Anders als im Falle von Rostock wird dem Problemkreis „Transformation" relativ wenig Aufmerksamkeit geschenkt. Nur dort, wo die Werft behandelt wird, spielt diese Problematik eine nennenswerte Rolle.

Nicht in allen Fällen wird Danzig ein eigenes Unterrichtsthema gewidmet. In *Seydlitz 2 Geographie* (2000:161) beispielsweise wird auf einer Doppelseite, „die Weichsel – Schicksalsstrom Polens", neben Krakau und Warschau auch die „Drei- stadt" Danzig/Zoppot/Gdingen vorgestellt und auf die ökologischen Probleme der Danziger Bucht verwiesen.

---

stellt, sondern – neben Stralsund und Greifswald – in jeweils zwei Absätzen einer Lektion „Hansestäd- te in Mecklenburg-Vorpommern".
28 *Mensch und Raum Geographie 5* (1994).
29 *Terra Erdkunde 9 Gymnasium Nordrhein-Westfalen* (1997).

Andere (nichtskandinavische) Ostseehäfen werden nur peripher angesprochen. Da den baltischen Staaten nur eine marginale Position im Geographieunterricht zukommt, kommen auch ihre Häfen kaum über eine Erwähnung hinaus. Beispielsweise wird in *Geos 6* (1999:133) der „bedeutende" Hafen von Tallinn erwähnt. Unsere „Nachbarn über See – die baltischen Republiken" sind per Fähre über die litauische Hafenstadt Klaipéda zu erreichen. Aufgrund seines Hafens ist St. Petersburg das „Tor zum Westen" Russlands (*Geos 2 Sachsen* 1996: 132, 139).

Insgesamt erweisen sich die Häfen der südlichen Ostsee als eher peripherer Unterrichtsgegenstand, wobei die generelle Fragestellung „Hafenstandort" historisch und politisch-ökonomisch kontextualisiert und spezifiziert wird durch einerseits die Hanse, andererseits die jüngsten Transformationen auch der Hafenwirtschaft.

4 Ostseeurlaub

Lektionen wie „Ferien an der Ostsee" finden sich fast ausschließlich in zwei Themenzusammenhängen: zum einen – und überwiegend – in Kapiteln, die sich auf Norddeutschland bzw. den deutschen Küstenraum beziehen (59%), zum anderen im Kontext „Urlaub – Reisen" (31%), wenn verschiedene Formen des Tourismus und diverse Zielgebiete vorgestellt werden. Drei Ausnahmen (9%) ordnen „Zum Beachvolleyball nach Usedom" dem Kapitel „Verkehr in Europa" zu[30], erheben die „Erkundung der Ferieninsel Rügen" zu einem eigenständigen Thema[31] bzw. befassen sich mit dem Zusammenwachsen von West- und Ostdeutschland[32]. Im letzten Fall wird das Thema eher allgemein angerissen. Die meisten Bände gehen exemplarisch vor. 20 Bände (63%) führen Rügen als Beispiel auf und sechs (19%) Rügen und Usedom. Nur einzelne Bände befassen sich jeweils mit Usedom allein, Prerow (Darß, Mecklenburg-Vorpommern), Fehmarn und Grömitz (Schleswig-Holstein).

In etwa der Hälfte der Fälle wird das Ostseeurlaubsziel mit einem Urlaub auf einer Nordseeinsel, z.B. Sylt, verglichen, die in derselben Lektion oder in einer eigenen, benachbarten Lektion vorgestellt wird. Der Vergleich von Nordsee- und Ostseeurlaub, vor allem hinsichtlich der physischen Rahmenbedingungen, ist Thema in verschiedenen Bänden:

> „Könnt ihr euch rasch entscheiden, welches Meer ihr bevorzugen würdet? Wahrscheinlich fällt euch das nicht leicht. [...] Die beiden nachstehenden Texte können euch bei eurer Entscheidung helfen" (*Seydlitz 1 Erdkunde Mecklenburg-Vorpommern* 1997:68 u.a.).

Einzelne Bände handeln in diesem Zusammenhang in beträchtlichem Umfang Aspekte der physischen Geographie ab. So sind sechs von sieben Abbildungen der Lektion „Ferien an der Ostsee" in *Diercke 1 Baden-Württemberg* (2004:74 f.) Küstenformen der Ostsee und ihrer Genese gewidmet.[33] Die Nordseeküste wird in

---

30 *Seydlitz 1 Erdkunde Realschule Rheinland-Pfalz* (2001:198 f.). Der Text geht auf die Anreise, aber auch auf touristische Aspekte ein.
31 *Mensch und Raum Geographie 5 Gymnasium Nordrhein-Westfalen* (2003:146–153).
32 *BSV Geographie 9/10* (2000:16).
33 Auch *Terra EWG 1 Realschule Baden Württemberg* (2004:134 f.) erklärt in der Lektion „Ferien auf

verschiedenen eigenen Lektionen (wie „Lebensraum Watt") behandelt. Unter dem Titel „Die Ostseeküste ist anders" spricht eine Lektion in verschiedenen *Terra*-Bänden[34] sowohl Aspekte des Fremdenverkehrs wie auch die Küstenbildung an der Ostsee an. Die Aufgaben beziehen sich ausschließlich auf die Küstenformen, so dass der Fremdenverkehr nur als Aufhänger oder Nebenaspekt gewertet werden kann. Insgesamt werden die natürlichen Rahmenbedingungen der Urlaubsgebiete in mehr als zwei Dritteln der Bände thematisiert.

Bis auf zwei Bände[35] sind alle Bücher für die Klassenstufe 5/6 bestimmt, gleich ob sie regional oder thematisch vorgehen, d.h. (Nord-)Deutschland oder Fremdenverkehr als Rahmenthema wählen. Hier scheinen Diskussionen der 1970er Jahre nachzuwirken, die der „Grunddaseinsfunktion Reisen und sich Erholen" Potential gerade in den Einstiegsklassen attestierten.[36] Im Band *Terra Erdkunde 5 Gymnasium Nordrhein-Westfalen* (2003) wie schon in seiner Vorgängerausgabe (1996) ist gar eine ganze Unterrichtseinheit zum Thema „Küste" eingegliedert in ein Kapitel „Wo man Ferien macht". Auch wenn man zu einer regionalen Stoffgliederung greift, bleibt die Bedeutung des Themas erhalten.[37] Allerdings muss altersbedingt die Komplexität der Darstellung auf einem niedrigen Niveau gehalten werden.

Terra Erdkunde 5/6 Gymnasium (2004:110 f.)[38] etwa stellt am Beispiel des Seebads Binz auf Rügen in Text, Bild und Karte Einrichtungen des Fremdenverkehrs vor und macht in einer Tabelle die Saisonalität des Badetourismus deutlich. Auf diese Gesichtspunkte beschränken sich auch die Aufgaben.

Mensch und Raum Geographie 5/6 Schleswig-Holstein (1997:96 f.) stellt in einem Kastentext und einer Tabelle die historische Entwicklung des Tourismus in Grömitz dar und geht im Autorentext und den Bildern auf Formen der Freizeitgestaltung ein.

Historische Entwicklung des Fremdenverkehrs und Fremdenverkehrseinrichtungen sind – meist exemplarisch abgehandelt – auch Gegenstand zahlreicher anderer Bände.[39] V.a. die Bücher der *Mensch-und-Raum*-Reihen aus den 1990er Jahren gehen zudem auf die Transformationsprobleme nach der Wiedervereinigung ein.[40] Hier wie in anderen Bänden kommt noch ein weiterer Gesichtspunkt hinzu und bestimmt z.T. die Diskussion: die Gefährdung der Umwelt (durch den Tourismus) und ihr Schutz.

Rügen" in Abbildungen und Text Steil- und Ausgleichsküste wie Bodden. Der Fremdenverkehr als eigene Fragestellung spielt dagegen eine eher untergeordnete Rolle. Eine Aufgabe stellt allerdings den Bezug zwischen Küstenform und Tourismus her: „‚Steilküsten und Boddenküsten sind für Badeurlaub kaum geeignet, Ausgleichsküsten sehr wohl' Belege diese Aussage [...]".

34 So *Terra Erdkunde Realschule Nordrhein-Westfalen 5/6* (1993:54 f.) und mit verändertem Text *Terra Erdkunde Gymnasium Nordrhein-Westfalen 5* (1996:42 f.).
35 *BSV Geographie 9/10* (2000) und *Seydlitz 4 Erdkunde* (1999).
36 Zum Tourismus als Unterrichtsgegenstand vgl. auch HEMMER 2006.
37 So führt *Terra Erdkunde 5/6 Gymnasium* (2004:94) in das Thema „An Nordsee und Ostsee" ein: „Die Küsten sind beliebte Feriengebiete. Dort leben und arbeiten aber auch viele Menschen, als Fischer, als Matrose oder Kapitän, als Gastwirt oder Landwirt, als Hafenarbeiter oder Kaufmann".
38 Wie auch *Terra Erdkunde 5/6 Gymnasium Hessen* (2003:110–111).
39 Die historische Entwicklung wird in acht, Fremdenverkehrseinrichtungen werden in 16 Bänden in Text oder Abbildungen/Karten thematisiert. In 15 Fällen wird zudem auf besondere Attraktionen der jeweiligen Fremdenverkehrsorte/-regionen hingewiesen. Die Saisonalität des Badetourismus ist dagegen nur in vier Fällen Thema.
40 Das Thema wird in fünf von 31 Bänden angesprochen.

Auch wenn eine umfangreiche Diskussion von Flächennutzungskonkurrenz (Tourismus, Verkehr, Gewerbe, Landwirtschaft, Umweltschutz) den wenigen für die höheren Klassen bestimmten Büchern vorbehalten bleibt[41], gehen doch zahlreiche Bände für die Jüngeren wenigstens rudimentär darauf ein. Vor allem wird die Notwendigkeit eines Ausgleichs der Interessen von Tourismus und Umweltschutz thematisiert. Während sieben Bände darauf verzichten, die Umweltschutzproblematik anzusprechen und drei sie nur äußerst knapp erwähnen, nimmt die Fragestellung bei 15 Büchern einen beträchtlichen Raum ein, und sieben weitere Bände widmen ihr eine eigene Lektion vor oder nach den „Ostseeurlaubsseiten". Dies gilt nicht nur für Bücher mit regionalem Ansatz („Küste"). Auch Bände, die den Ostseeurlaub als Teil eines Tourismus-Kapitels ansprechen, sind hier zu finden: Bei *Terra Erdkunde Hessen 1* (1998) beispielsweise steht das gesamte Kapitel unter dem Motto „Tourismus verändert die Landschaft".

So sind in zahlreichen Bänden die Strände und andere Fremdenverkehrseinrichtungen auch nicht die einzigen Attraktionen der Feriengebiete.

> „Was zieht so viele Menschen nach Rügen und Usedom? Es sind die breiten Badestrände, die Kliffs, Dünen und Wälder und die alten Dörfer. Auf Rügen rasten im Herbst und Frühjahr große Schwärme von Schwänen, Wildgänsen und Kranichen. Auf Usedom brüten seltene Vögel, und im Oderhaff[42] leben sogar Biber" (*Terra Erdkunde 5/6 Ausgabe für Berlin* (1995:62).

Und diese Attraktionen der „Natur" sind durch steigende Touristenzahlen gefährdet.

> „Diese Landschaften sollen geschützt werden, damit ihre Vielfalt und Schönheit erhalten bleibt. Wird das aber möglich sein, wenn Jahr für Jahr mehr Touristen kommen?" (*Terra Erdkunde 5/6 Ausgabe für Berlin* (1995:62 f.).

Die Einrichtung von Nationalparken dient diesem Ziel. Zahlreiche Bände verzeichnen die Parke und das Biosphärenreservat Rügens auf Karten, z.T. mit zusätzlichen Informationen (z.B. *Mensch und Raum Geographie 5/6 Berlin* 1999:73). Verschiedene Seydlitz-Bände (so *Seydlitz 1 Erdkunde Mecklenburg-Vorpommern* 1997:66) thematisieren – neben „Gefahren durch Gewässerverschmutzung" – „Gefahren durch den Massentourismus" in einer eigenen Lektion, „Meere und Küsten in Gefahr" (vgl. Kap. 6). Auch sie weisen auf Nationalparke und den „beispielhaften" Naturschutz im Vogelschutzgebiet auf Fehmarn hin.

Außerdem machen zahlreiche Aufgaben die Konkurrenz der Ansprüche und den Schutz der Natur zum Reflexionsgegenstand, z.B.:
– „,Urlaub mit der Natur und nicht gegen die Natur!' Erläutere diese Aussage [...]" *Mensch und Raum Geographie 5/6 Erdkunde Berlin* (1999:72).

---

41 So „Interessenkonflikte in einem Tourismusgebiet – Das Fallbeispiel Rügen" in *Seydlitz 4 Erdkunde* (1999:80 f.).
42 Zu DDR-Zeiten wurde die Bezeichnung „Stettiner Haff" durch „Oderhaff" ersetzt. Die alte Bundesrepublik folgte diesem Namenswechsel dagegen nicht. Es ist interessant, dass auch im Bereich geographischer Namen DDR-Sprachgebrauch die Wiedervereinigung sogar in Schulbüchern überlebte (frdl. Hinweis Prof. E. Buchhofer).

- „Beschreibt [...] die Auswirkungen des Tourismus" – „Wie sollte sich ein Urlauber richtig verhalten? Erstellt eine Tabelle mit Verhaltensregeln" (*Seydlitz 5/6 Erdkunde Realschule Nordrhein-Westfalen* 2003:169).
- „Tourismus oder Landschaftsschutz" – diese Fragestellung soll in einem Rollenspiel, in dem Vermieter, Geschäftsleute, Touristen, Naturschützer, Vertreter der Gemeinde auftreten, diskutiert werden (*Terra Erdkunde 5/6 Ausgaben für Berlin* 1995:63).

Insgesamt sind die unterschiedlichen Bände thematisch nicht einheitlich orientiert. Schwerpunkte bilden einerseits zwar oft der Fremdenverkehr und seine Entwicklung, in zahlreichen Bänden stehen andererseits aber entweder der Schutz der Umwelt (vor dem und für den Tourismus) oder physische Rahmenbedingungen der Feriengebiete im Vordergrund.

Trotz des geringen Alters der Lernenden handelt ein beträchtlicher Teil der Bände die Fragestellung eher nüchtern sachlich ab, ohne sie zu personalisieren. Nur einige Bände knüpfen an Schülererfahrungen an, führen beispielsweise das Kapitel ein über Schülerberichte von Ferien- oder Klassenfahrten.[43] Am „schülerbezogensten" ist wohl *Seydlitz 5/6 Erdkunde Realschule Nordrhein-Westfalen* (2003:168–173). Hier fährt der Schüler Pascal aus Essen „Zum Beach-Volleyball nach Usedom" und schenkt anschließend seiner Großmutter einen Urlaub in Sellin auf Rügen zum Geburtstag. Solche Versuche sind allerdings in erster Linie Stilmittel, nicht ein Anknüpfen an die eigenen Erfahrungen der Lernenden, und es bleibt Aufgabe der Lehrkraft, diese zu aktivieren, soweit einige Mädchen und Jungen in der Klasse über eigene Ostseereiseerfahrung verfügen.

5 Fischfang auf der Ostsee

Neben dem Tourismus ist der Fischfang wichtiges ökonomisches Standbein der Küstengebiete. Dieser spielt jedoch in den Schulbüchern eine eher untergeordnete Rolle. Nur sechs Seydlitz-Bände aus der zweiten Hälfte der 1990er Jahre und ein neuer Band des Volk-und-Wissen-Verlages widmen ihm eigene zwei- bis vierseitigen Lektionen. In den Neuausgaben des Seydlitz von 2004/2005 wird das Thema nicht mehr abgehandelt. Während die Seydlitz-Bände aus den Jahren 1997 und 1998 sich mit „Fischfang an Nord- und Ostsee" befassen, ist der Band *Geografie 5 Sachsen* (2004:62 f.) auf die „Fischereiwirtschaft in Mecklenburg-Vorpommern" und damit auf die Ostsee fokussiert.

Gleich zu Beginn der Lektion weisen die Seydlitz-Bände auf den Rückgang der Fänge, die Verkleinerung der Fangflotte an der Nordsee um mehr als 50% in 20 Jahren und den Rückgang der in der Fischerei Beschäftigten Mecklenburg-Vorpommerns auf weniger als ein Drittel innerhalb von fünf Jahren hin. Sie verweisen auf die genossenschaftliche Organisation der Ostsee-Fischer. Der meiste Raum wird aber Fangmethoden und Verarbeitung der Fänge gewidmet. Ostsee-Spezifika, v.a. die Art der gefangenen Fische, werden in einigen (5 ½) Zeilen abgehandelt.

---

43 Ein solcher Einstieg findet sich z.B. in *Terra Erdkunde 6 Gymnasium Bayern* (1994:110): „Die Sommerferien sind vorbei. Schülerinnen der 6c des Friedrich-Dessauer-Gymnasiums in Aschaffenburg tauschen Urlaubserfahrungen aus. Zwei von ihnen waren auf Inseln im Norden Deutschlands: Christiane auf Sylt, Barbara auf Rügen".

Nur *Seydlitz 1 Erdkunde Berlin 5/6* (1998:85–88) kann auf vier Seiten nicht nur das Gesamtthema stilistisch anders aufbereiten, sondern auch ausführlicher auf die Lage an der Ostsee eingehen: mit einer Zeitungsmeldung „In der Ostsee wird der Dorsch knapp" und einer Box zur Organisation der Fischereiwirtschaft Mecklenburg-Vorpommerns.[44]

Fischereihäfen an der Küste Mecklenburg-Vorpommerns werden in den Seydlitzbänden nur summarisch erwähnt: „An über 90 Häfen von unterschiedlicher Größe sind Fischereifahrzeuge registriert" (*Seydlitz 1 Erdkunde Mecklenburg-Vorpommern* 1997:58; u.a.). Eine Aufgabe verlangt das Suchen nach wichtigen Fischereihäfen auf einer Atlaskarte. Ein Photo mit dem Titel „Arbeit im Hafen der Freester Fischereigenossenschaft" zeigt Kutter und Netz, aber keine Hafenszene. *Geografie 5 Sachsen* (2004:62) widmet den Häfen etwas mehr Raum. Ein Bild zeigt den Fischereihafen von Sassnitz. Auch der Text geht auf Sassnitz und andere Fischereihäfen ein:

> „Die meisten Hafenplätze der etwa 400 Küsten- und Hochseefischer liegen in Sassnitz und Thiessow auf Rügen, in Freest bei Peenemünde, in Neuendorf auf Hiddensee und in Ueckermünde.
> Sassnitz hat den größten Fischereihafen. [...]
> Der Sassnitzer Hafen wird durch eine 1450 m lange Mole geschützt."

Eine Aufgabe fordert die Beschreibung der topographischen Lage von Fischereihäfen.

Bedeutender als die Häfen ist das Thema Fischverarbeitung. Während die Seydlitz-Bände neben der Verarbeitung an Land auch Fabrikschiffe ansprechen, ist infolge des reinen Ostseebezugs in *Geografie 5 Sachsen* (2004:63) der Weg des Fischs von der Anlandung bis zum Verbraucher alleiniger Gegenstand. In diesem Buch spielt v.a. das „modernste Fischverarbeitungswerk Europas" in Sassnitz-Mukran eine Rolle, das in einem Material-Text ausführlich geschildert wird.

Alle Bücher gehen in einem Absatz oder einem zusätzlichen einseitigen „Geo-Exkurs" (Seydlitz) auf die Rolle von Fisch für die Ernährung ein, beschreiben ihn als „wichtiges" oder gar „Grundnahrungsmittel der Menschen" (*Geografie 5* 2004:63). Die Seydlitz-Bände nehmen hier eine globale Perspektive ein und zeigen in Diagrammen Fischfangmengen und Fischverbrauch (pro Kopf) wichtiger Produzenten und Konsumenten.[45]

Wenn man die große Bedeutung des Fischs in der Ernährung berücksichtigt, mag es verwundern, dass der Fischfang in den deutschen Geographieschulbüchern scheinbar doch eher eine marginale Rolle spielt. Das gilt aber nur bezogen auf den Ostsee-Kontext. *Seydlitz 1 Geographie* (1998:108–111) etwa spricht in einem Kapitel zur Landwirtschaft Küsten- und Hochseefischerei sowie Fischfarmen in Nordsee und Nordatlantik an und fragt „Fische – auch in Zukunft eine Nahrungsquelle?". „Fischfabriken im Nordatlantik" (*Seydlitz 2 Geographie* 2000:92 f.) und ähnliche Lektionen thematisieren sowohl Hochseefischerei als auch Aquafarming, z.B. mit einem nordeuropäischen Raumbezug. Die Ostsee als „Nebenmeer" ist bei

---

44 Ein Photo einer Fischräucherei trägt die eher unpassende Bildunterschrift „Direktvermarktung durch die Fischer nach dem Fang".
45 Z.B. *Seydlitz 1 Erdkunde Mecklenburg-Vorpommern* (1997:59).

diesem Fokus kaum der Rede wert – und die entsprechenden Bücher sind daher hier nicht Gegenstand der Betrachtung.

6 Die Ostsee als Umweltproblem

„Meer und Küste in Gefahr"[46], „SOS für Nord- und Ostsee"[47], „Die Ostsee darf nicht sterben"[48] oder „Die Ostsee – ein sterbendes Meer?"[49] – mit solch alarmierenden Formulierungen lenken diverse Bücher in der zweiten Hälfte der 1990er Jahre die Aufmerksamkeit der Schülerinnen und Schüler auf das Thema „Gefährdung und Schutz der Ostsee". „Die Ostsee – europäische Verantwortung für ein gefährdetes Meer"[50] oder „Meere nutzen – Meere schützen"[51]: in neueren Büchern nehmen die Autoren zumindest einen Teil der Dramatik aus ihrer Titelformulierung. Aber nicht nur der Verzicht auf einen reißerischen Titel kennzeichnet die Entwicklung. Vier Fünftel der 37 Bände, die die Umweltproblematik mit Ostseebezug anschneiden, stammen aus den 1990er Jahren.[52] In den jüngst erschienenen Neuausgaben scheint das Thema nur noch eine eher zweitrangige Rolle zu spielen.

Der Problemkreis zieht sich durch Bücher aller Klassenstufen, von Klasse 5 bis zur Sekundarstufe II. Es wird in unterschiedliche Rahmenthemen eingebettet. Einheiten zur Gefährdung der Ostsee finden sich sowohl in Kapiteln zur deutschen Küstenregion oder dem Norddeutschen Tiefland in Klasse 5/6 und Deutschland (in Europa) in Klasse 9/10 – zehn bzw. vier Nennungen – als auch in Kapiteln zu Nordeuropa in Klasse 7 bzw. der EU in Klasse 9 (jeweils drei Nennungen). Naturhaushalt und Umweltschutz bilden in fünf Büchern der Klassen 5 bis 9 den Rahmen, die Weltmeere und ihre Nutzung in neun Bänden v.a. der höheren Klassen. Nur vereinzelt finden sich entsprechende Lektionen in den Rahmenthemen „Freizeit und Urlaub", „Mensch und Natur" (beide Klasse 5) bzw. „Globale Probleme" (Klasse 10) (je eine Nennung).

Sechs Bände des Seydlitz-Verlages aus den 1990er Jahren behandeln die Gefährdung von Nord- und Ostsee in einer Lektion. Die überwiegende Zahl der Bücher widmet jedoch der Ostsee eine eigene Doppelseite. Generell thematisiert wird das Problem der Eutrophierung, das zu einer verstärkten Algenblüte und als Folge zu einer Zunahme des Sauerstoffmangels führt, ein Problem, das infolge des ostseespezifisch begrenzten Wasseraustauschs mit der Nordsee nur episodisch – bei starken Sturm – reduziert bzw. behoben wird. Z.T. ist die Schilderung recht dramatisch:

> „Wie in der Nordsee führen auch hier übermäßige Nährstoffeinträge zu verstärktem Algenwachstum, weswegen der Ostsee auf Grund ihrer geringen durchschnittlichen Wassertiefe permanent der Erstickungstod droht" (Geos 6 1995:84).

---

46 *Terra Erdkunde Ausgabe für Berlin 5/6* (1995:64).
47 *Terra Geografie 5 Ausgabe für Schleswig-Holstein* (1997:124).
48 *Geos 2 Sachsen Klasse 6* (1996:30).
49 *Geos 6* (1995:84); *Geos 6 Sachsen Mittelschule Klasse 9* (1996:84).
50 *Grenzenlos* (diverse Bände 2001–2004); *Seydlitz 2 Erdkunde Realschule Rheinland-Pfalz* (2003: 174).
51 *Menschen Märkte Räume 1* (2004:158).
52 Bei den berücksichtigten 97 Büchern zur Ostseethematik stammen 58% aus der zweiten Hälfte der 1990er Jahre und 42% aus den Jahren 2000 bis 2005. Der Unterschied ist also augenfällig.

In verschiedenen Bänden ironisiert ein Cartoon (unfreiwillig?) diese Dramatik: der Lehrer, mit dem Zeigestock auf die Ostsee deutend, quittiert die Antwort des Schülers: „Totes Meer" mit der Bemerkung: „Richtig".[53]

Neben der Wirkungskette der Eutrophierung wird die Einleitung von Schadstoffen angesprochen, manchmal eher generell, manchmal unter Spezifizierung der Quellen bzw. der Schadstoffe. Einträge aus Landwirtschaft (Pestizide, Düngemittel), Industrie und Haushalten (über Abwässer, Luft), Verschmutzungen durch die Schifffahrt, Belastungen durch den Tourismus, versenkte Kampfstoffe, Schwermetalle werden in den Büchern erwähnt – Schwermetalle und Kampfmittel eher selten.

Angaben zu den Verursachern sind weitgehend allgemein gehalten, die Quellen werden benannt, jedoch nicht national gewichtet. (Das kann allerdings vom Schüler an Hand beigegebener Karten oder Diagramme oft selbst vorgenommen werden.) Manchmal wird aber auch der Autorentext deutlich. So benennt *Terra Erdkunde 9 Gymnasium Nordrhein-Westfalen* (1997:105) Verantwortliche: „Hinzu kommt, dass mit Polen, den baltischen Staaten und Russland Länder an die Ostsee grenzen, deren Flüsse einen hohen Schadstoffeintrag bringen".[54] Die Länder (Mittel-)Osteuropas werden ebenfalls erwähnt, wo es darum geht, die Schwierigkeiten aufzuzeigen, vor denen ein besserer Schutz der Ostsee steht.

Ist die Umweltproblematik erläutert, stellt sich die Frage, wie mit diesen Problemen umgegangen werden kann. *Seydlitz 3 Erdkunde* (1996:60) verbindet beide Aspekte im Titel der betreffenden Lektion: „Die Ostsee – Umweltsch(m)utz ohne Grenzen". Viele Bände beschränken sich jedoch auf den Aspekt der Gefährdung. Maßnahmen zum Schutz der Ostsee stehen nur in weniger als der Hälfte der Bände auf dem Lehrplan. Diese Bände gehen meist mehr oder weniger detailliert auf internationale Bemühungen zu diesem Schutz ein:

Terra Erdkunde 9 Gymnasium Nordrhein-Westfalen (1997:105) betont: „Die Sanierung der Ostsee ist Aufgabe europäischer Umweltpolitik."
„Die Ostsee kann sich nicht selbst helfen. Die Umweltminister wollen das Meer retten. Doch die Schutzmaßnahmen werden sehr viel Geld kosten" (*Geos 7 Berlin* 1998:37).

Europäische Umweltpolitiker als *Supermen*, die der bedrängten Ostsee zu Hilfe eilen?

Wo die Bände konkreter werden, wird die Ostsee-Konvention (Helsinki-Konferenz) von 1974 angesprochen (12 Bände). In Einzelfällen wird gar auch auf den Internationalen Rat von 1902 verwiesen[55] oder auf ein „Sofortprogramm zum Schutz des Meeres" von 1992[56]. Die meisten Bücher beklagen jedoch den fehlenden Fortschritt internationaler Bemühungen:

---

53 *Seydlitz 2 Erdkunde Realschule Rheinland-Pfalz* (2003:174), *Grenzenlos 9 Erdkunde Hauptschule Baden-Württemberg* (2001:22) u.a.
54 An die eigene deutsche Nase fasst sich dagegen *Seydlitz 4 Erdkunde* (1999:185) mit der Aufgabe: „Ermitteln sie den Anteil Deutschlands an der Belastung der Ostsee."
55 *Terra Erdkunde 9 Gymnasium Nordrhein-Westfalen* (1997:105).
56 *Mensch und Raum Geographie 9 Gymnasium Nordrhein-Westfalen* (1996:165).

„Trotzdem gelingt es den Anrainerstaaten nicht, sich auf wirksame Maßnahmen zum Schutz der Meere zu einigen" (*Terra Geografie 5 Ausgabe Schleswig Holstein* 1997:124).
„Fortschritte gibt es meist nur auf nationaler Ebene" (*Mensch und Raum Geographie 6 Gymnasium Bayern* 1996:120).

Mensch und Raum Geographie 6 Realschule Baden-Württemberg (1995:110) endet mit einem Appell:

„Umweltschutz ist teuer, aber noch teurer ist es, Umweltschäden zu beseitigen. Diese Erkenntnis fordert gemeinsames Handeln. Wirtschaftlich stärkere Anrainerstaaten müssen den schwachen helfen, denn die Umweltzerstörung macht vor Grenzen nicht halt."

Während aber *Geos 6* (1995:84) noch feststellt:

„Durchgreifende und spürbare Initiativen sind allerdings bis in die Gegenwart immer noch ausgeblieben, denn die umweltpolitischen Maßnahmen dringen nicht bis zu den Ursachen der Probleme im Lebensraum der Ostsee vor",

merkt *Geos Sachsen Mecklenburg-Vorpommern 9/10* (2000:96) an:

„Erst seit einigen Jahren ist an der deutschen Ostseeküste z.B. eine Verbesserung der Qualität des Badewassers festzustellen" und – aus einer Pressemeldung – „die Belastung hat seit Beginn der 90er Jahre deutlich abgenommen, wenngleich das Ziel einer Halbierung der Einleitungen bis 1995 nicht ganz erreicht wurde".

Diese Entwicklungen haben sicherlich zum veränderten, weniger alarmistischen Tonfall in den jüngeren Schulbüchern beigetragen.

Seydlitz Geographie SII, Bd. 1 (1998:130) ist vielleicht noch optimistischer:

Das Beispiel des Kleinen Jasmunder Bodden (Rügen) „verdeutlicht aber auch, dass Prozesse umkehrbar sind. [...] Als Folge von Flächenstilllegungen in der Landwirtschaft und des Baus moderner kommunaler Klärwerke verringerte sich die Menge umweltgefährdender Einleitungen dermaßen, dass sich das flache Küstengewässer in relativ kurzer Zeit erholte. [...] Das Beispiel zeigt, dass bei kleinräumiger Betrachtung die Möglichkeiten zu wirkungsvollem Handeln durchaus gegeben sind. Mit zunehmender Dimension werden aber auch die Abstimmungsprobleme größer."

Konkrete Maßnahmen zum Schutz der Ostsee und ihrer Küsten werden jedoch nur in relativ wenigen Büchern näher diskutiert. *Grenzenlos 9 Erdkunde Hauptschule Baden-Württemberg* (2001:23) und andere Ausgaben der Reihe bringen ein Schaubild mit einer *Mind Map* mit „Möglichkeiten, wie man gegen die Umweltverschmutzung der Ostsee vorgehen kann".

Einzelne Bände nennen Maßnahmen grenzüberschreitender bilateraler Zusammenarbeit. V.a. der Bau einer gemeinsamen deutsch-polnischen Kläranlage nahe Świnoujście (Swinemünde) wird verschiedentlich als positives Beispiel einer solchen Zusammenarbeit hervorgehoben.[57] Etwas allgemeiner wird das Problem der

---

57 So *Seydlitz Geographie SII, Band 1* (1998:130).

Flussreinhaltung angeschnitten. Andere gelegentlich aufgeführten Einzelmaßnahmen sind das Ausweisen von Schutzgebieten, die Luftüberwachung von Ölsündern, der Bau doppelwandiger Tanker zur Vermeidung von Lecks. Es fällt aber auf, dass zahlreiche Bände hier eben nicht konkret werden, sondern beim Thema „Schutz der Ostsee" eher allgemein (manchmal auch nebulös) formulieren oder über mangelnde Fortschritte, Schwierigkeiten und Kosten lamentieren.

Insgesamt ist das Thema „Schutz des Ökosystems Ostsee" ein äußerst komplexes Problemfeld mit physisch-geographischen wie politischen Facetten. Es in allen Klassenstufen anzubieten, fordert daher die Autoren – oder überfordert die Lernenden und ihre Vorstellungskraft, wenn eine angemessene Komplexitätsreduktion und Veranschaulichung nicht geleistet werden konnte. Schwammige, wenig aussagenkräftige Formulierungen oder Appelle mögen Ausdruck dieses Dilemmas sein.[58] Den Schülern helfen sie wenig, wenn sich keine eigenen Vorstellungen damit verbinden lassen.

7 Schlussfolgerungen

Die eingangs gestellte Frage nach einer nun der aktuellen Küstenlänge entsprechenden Repräsentanz der Ostsee in nach der Wiedervereinigung erschienenen Büchern muss eher negativ beantwortet werden. Die Nordsee dominiert. Z.T. bleibt die Ostsee gar ganz ausgeblendet. Immerhin: Stichproben in westdeutschen Schulbüchern aus den 1980er Jahren deuten für diesen Zeitraum auf eine noch stärkere Nordseeorientierung hin. Die Ostsee erscheint nur sehr sporadisch.[59]

Für eine Dominanz der Nordsee mag es gute Gründe geben. Manche relevanten Themen des Geographieunterrichts lassen sich nur auf die Nordsee beziehen (Gezeiten, Sturmfluten), für andere liefert die Nordseeküste die spektakuläreren Beispiele (Hamburger *Hafen*, *Nationalpark* Wattenmeer). Bei einem reduzierten Stundenangebot sind wünschenswerte Vertiefungen und Erweiterungen eines Themas durch weitere Beispiele nur bedingt möglich, und selbst unter als wesentlich angesehenen Themen muss ausgewählt werden. Eine schülergerechte Aufbereitung eines Themas fordert zusätzlich Zeit und Raum ein.

Andererseits gäbe es gute Gründe, den Ostseeraum nicht zu vernachlässigen. Gerade in den westlichen Bundesländern wäre es nötig, Bewusstsein für das erweiterte Deutschland zu schaffen und auch im Erdkundeunterricht die neuen Länder im Bewusstsein der Schüler/innen zu verankern. Das schließt die Ostseeküste

---

58 „Wir dürfen die Meere nicht länger als Müllkippe benutzen" (*Terra Erdkunde 5/6 Realschule Nordrhein-Westfalen* 1993:60). Wer sind „wir"? Gehören die Schüler/innen zu den Verursachern der Probleme?

59 Während beispielsweise *Heimat und Welt Erdkunde für Hessen 5/6* (1988:94–115) lediglich die Nordsee (u.a. den Nordseeurlaub) im Blick hat, kontrastiert *Heimat und Welt Erdkunde Ausgabe Berlin 5/6* (1988:63–67) den westdeutschen Nordsee- mit dem ostdeutschen Ostseeurlaub: „Seeferien wollen geplant sein" vs. „Seeferien nach Plan". Wenn kontrastiert/verglichen wird, dann aber doch weniger zwischen Nord- und Ostsee, sondern eher „Badeferien an nördlichen oder an südlichen Küsten" [Mittelmeer] (z.B. *Terra Geographie 5/6 für Rheinland-Pfalz* 1981:180–183). Immerhin: *Terra Erdkunde für die Grundschule in Berlin* (1987:24–27) befasst sich nicht nur mit Urlaub an und den Küstenformen der Ostsee, sondern geht auf die See – neben der Nordsee – auch in einer Lektion „Meere und Küsten in Gefahr" ein.

mit ein. Für die ost-erweiterte EU könnten ähnliche Argumente vorgebracht werden. Die konstatierte Ost-West Interessendiskrepanz (vgl. HEMMER 2000:21–26) mag ein Ausblenden des Raumes bei Autoren, Lehrern und Schülern begünstigen. Ein zusätzliches Argument, ihn dennoch in den Blick zu nehmen, kann sich auch daraus ableiten.

Ein weiterer Gesichtspunkt mag aufgrund seines Potentials angeführt werden: In den Büchern, die sich auf der Klassenstufe 5/6 im Deutschlandkontext sowohl mit der Nordsee wie mit der Ostsee befassen, ist schon heute der *Vergleich* zwischen Nord- und Ostsee ein wichtiger Aspekt. Unterschiedliche Küstenformen und ihre Genese, Gezeitenunterschiede, Fremdenverkehr, Häfen (Hamburg, ggf. Rostock) oder Fischerei bieten Vergleichsmöglichkeiten. V.a. springen aber wohl Kontraste ins Auge. Einzelne Autoren weisen daher auf Gemeinsamkeiten besonders hin:

> „Trotz aller Unterschiede der Urlaubsangebote von Nordsee (Beispiel Sylt) und Ostsee (Beispiel Rügen) gibt es eine Menge von Gemeinsamkeiten. Beide Ferienziele bieten zahllose Freizeiteinrichtungen an, die dem Feriengast helfen, Regentage zu vergessen. Meerwasser-Wellenbäder, Kurhäuser, Sport- und Unterhaltungsangebote verlängern die kurze Sommersaison. In den großen Kurorten wie Westerland oder Binz wird den Gästen selbst im Winter ein Unterhaltungsprogramm geboten" (*Seydlitz 1 Erdkunde Mecklenburg-Vorpommern* 1997:69).

Solche Gemeinsamkeiten gälte es neben den Differenzen auch bei anderen Themen im Unterricht herauszuarbeiten. Eine in etwa gleichberechtigte Behandlung von Beispielen aus dem Nord- wie Ostseebereich wäre dafür Bedingung.

In Frage zu stellen ist eine Beschränkung der Ostsee-Themen auf den Raum der Bundesrepublik Deutschland und damit oftmals auf die Klassenstufe 5/6. Zum einen lassen höhere Klassenstufen ein größeres Maß von Komplexität zu, die bei verschiedenen Themen, so den Umweltfragen, für ein Verständnis Voraussetzung ist. Zum anderen verbaut ein solcher Raumausschnitt Einsicht in grenzüberschreitende Prozesse und Vergleichsmöglichkeiten, da nicht, etwa wie in einem Spiralcurriculum, ähnliche Fragestellungen in größerem räumlichen Zusammenhang wieder aufgegriffen werden. Ein Rahmen „Deutschland in Europa", wie er in manchen Bundesländern in Klasse 9 erscheint, böte Gelegenheit zu einem solchen Ansatz – zu gelegentlichen Grenzüberschreitungen und den Einbezug einer großräumigen Maßstabsebene – auch unabhängig von der genannten Klassenstufe. Eine Diskussion in europäischem Zusammenhang oder im Kontext einer globalen Fragestellung (Weltmeere und Umweltschutz) öffnet solche Möglichkeiten natürlich auch. Sie würde zudem auch Polen stärker als Ostseeanrainer ins Licht rücken – nicht nur als Verschmutzer der See und damit deutscher Badeträume.

Literatur

Schulbücher

BSV Geographie 5/6. – Schmiedecken, Wolfgang (Hg.) – München: Bayerischer Schulbuch Verlag 1999

BSV Geographie 9/10. – Schmiedecken, Wolfgang (Hg.) – München: Bayerischer Schulbuch Verlag 2000

BSV Oberstufen Geographie. Deutschland. – Ernst, Christian et al. – München: Bayerischer Schulbuch Verlag 1994

BSV Oberstufen Geographie. Europa. Räume – Strukturen – Entwicklungen. – Fraedrich, Wolfgang et al. – München: Bayerischer Schulbuch Verlag 1996

Diercke Erdkunde 5 für Hessen. – Caspritz, Claus et al. – Braunschweig: Westermann 2003

Diercke Erdkunde für Gymnasien in Bayern 5. – Büttner, Wilfried et al. (Hg.) – Braunchweig: Westermann 2003

Diercke Geographie Wirtschaft Gemeinschaftskunde 1 für Gymnasien in Baden-Württemberg. – Bönig, Walter et al. – Braunschweig: Westermann 2004

Erdkunde 6 Gymnasium. – Brucker, Ambros (Hg.) – München: Oldenbourg 1994

Erdkunde 6 Hauptschule Ausgabe A. – Brucker, Ambros (Hg.) – München: Oldenbourg 1995

Erdkunde 11 Gymnasium. – Brucker, Ambros (Hg.) – München: Oldenbourg 1998

Geografie 5, Ausgabe Brandenburg. – Richter, Dieter; Weinert, Gudrun (Hg.) – Berlin: Cornelsen – Volk und Wissen 2002

Geografie 5, Ausgabe Mecklenburg-Vorpommern. – Richter, Dieter; Weinert, Gudrun (Hg.) – Berlin: Cornelsen – Volk und Wissen 2001

Geografie 5, Ausgabe Sachsen. – Richter, Dieter; Weinert, Gudrun (Hg.) – Berlin: Cornelsen – Volk und Wissen 2001

Geografie 5, Ausgabe Sachsen. – Buder, Margret et al. (Hg.) – Berlin: Cornelsen – Volk und Wissen 2004

Geografie 5, Ausgabe Sachsen-Anhalt. – Buder, Margret et al. (Hg.) – Berlin: Cornelsen – Volk und Wissen 2003

Geografie 5, Ausgabe Thüringen. – Richter, Dieter; Weinert, Gudrun (Hg.) – Berlin: Cornelsen – Volk und Wissen 2001

Geographie 11 Gymnasien Bayern. – Böhn, Dieter et al. – Berlin: Cornelsen 1993

Geos Klasse 5 Ausgabe Brandenburg. – Barth, Ludwig; Richter, Dieter (Hg.) – Berlin: Volk und Wissen 1998

Geos Klasse 5 Ausgabe Mecklenburg-Vorpommern. – Barth, Ludwig; Richter, Dieter (Hg.) – Berlin: Volk und Wissen 1997

Geos. Sachsen-Anhalt Förderstufe 5/6. – Barth, Ludwig u. Dieter Richter (Hg.) – Berlin: Volk und Wissen 1998

Geos Klasse 5 Ausgabe Sachsen. – Barth, Ludwig; Richter, Dieter (Hg.) – Berlin: Volk und Wissen 1998

Geos 2 Sachsen Klasse 6. – Barth, Ludwig u. Dieter Richter (Hg.) – Berlin: Volk und Wissen 1996

Geos Klasse 5 Ausgabe Thüringen. – Barth, Ludwig; Richter, Dieter (Hg.) – Berlin: Volk und Wissen 1999

Geos. Klasse 6. – Barth, Ludwig u. Dieter Richter (Hg.) – Berlin: Volk und Wissen 1999

Geos 2. Thüringen Klasse 6. – Barth, Ludwig; Richter, Dieter (Hg.) – Berlin: Volk und Wissen 1996

Geos Klasse 7 Ausgabe Berlin. – Barth, Ludwig; Richter, Dieter (Hg.) – Berlin: Volk und Wissen 1998

Geos 6. – Barth, Ludwig; Richter, Dieter (Hg.) – Berlin: Volk und Wissen 1995

Geos 6. Klasse 9 Ausgabe Sachsen Mittelschule. – Barth, Ludwig; Richter, Dieter (Hg.) – Berlin: Volk und Wissen 1996

Geos Klasse 9/10 Ausgabe Sachsen Mecklenburg-Vorpommern. – Barth, Ludwig; Hertzsch, Uwe; Richter, Dieter (Hg.) – Berlin: Volk und Wissen 2000

Geos Klasse 10 Ausgabe Berlin. – Barth, Ludwig et al. (Hg.) – Berlin: Volk und Wissen 2001

Geos. Klasse 10 Ausgabe Sachsen Gymnasium. – Barth, Ludwig; Richter, Dieter (Hg.) – Berlin: Volk und Wissen 1996

Grenzenlos 6. Erdkunde Hauptschule Baden-Württemberg. – Mühlberger, Wolfgang et al. – Hannover: Schroedel 2000

Grenzenlos 9. Erdkunde Hauptschule Baden-Württemberg. – Mühlberger, Wolfgang et al. – Hannover: Schroedel 2001

Grenzenlos 3 Erdkunde Hauptschule Nordrhein-Westfalen. – Böning, Frank et al. – Braunschweig: Schroedel 2004

Grenzenlos 3 Erdkunde Hauptschule Rheinland Pfalz. – Braun, Thomas et al. – Braunschweig: Schroedel 2003

Heimat und Welt Erdkunde Ausgabe Berlin 5/6. – Brennecke, Ingrid et al. – Braunschweig: Westermann 1988

Heimat und Welt Erdkunde für Hessen 5/6. – Brennecke, Ingrid et al. – Braunschweig: Westermann 1988:

Mensch und Raum Geographie 5, Realschule Baden-Württemberg. – Eck, Helmut et al. (Hg.) – Berlin: Cornelsen 1994

Mensch und Raum Geographie 6, Hauptschule Baden-Württemberg. – Barth, Raimund et al. (Hg.) – Berlin: Cornelsen 1995

Mensch und Raum Geographie 6, Gymnasium Bayern. – Blumrich, Franz et al. – Berlin: Cornelsen 1996

Mensch und Raum Geographie 5/6, Erdkunde Berlin. – Ernst, Christian; Ernst, Ulrike (Hg.) – Berlin: Cornelsen 1999

Mensch und Raum Geographie 1, Hessen. – Buchmann, Eginhard et al. (Hg.) – Berlin: Cornelsen 1995

Mensch und Raum Geographie 5, Gymnasium Nordrhein-Westfalen. – Füllner, Martin et al. – Berlin: Cornelsen 1994

Mensch und Raum Geographie 5 Gymnasium Nordrhein-Westfalen. – Breitbach, Thomas; Richter, Dieter (Hg.) – Berlin: Cornelsen 2003

Mensch und Raum Geographie 6 Realschule Baden-Württemberg. – Eck, Helmut et al. – Berlin: Cornelsen 1995

Mensch und Raum Geographie 7–9 Hauptschule Schleswig-Holstein. – Fischer, Peter u. Walther, Bernd (Hg.) – Berlin: Cornelsen 1998

Mensch und Raum Geographie 8, Gymnasium Niedersachsen. – Behr, Artur et al. (Hg.)– Berlin: Cornelsen 1996

Mensch und Raum Geographie 5/6, Schleswig-Holstein. – Fischer, Peter u. Walther, Bernd (Hg.) – Berlin: Cornelsen 1997

Mensch und Raum Geographie 7/8, Gymnasium Rheinland-Pfalz. – Eggert, Hans et al. (Hg.) – Berlin: Cornelsen 1995

Mensch und Raum Geographie 9 Gymnasium Nordrhein-Westfalen. – Gerber, Wolfgang et al. – Berlin: Cornelsen 1996

Mensch und Raum Geographie 9/10 Gymnasium Schleswig-Holstein. Fischer, Peter; Walther, Gerd (Hg.) – Berlin: Cornelsen 1998

Mensch und Raum Geographie 10, Erdkunde Berlin. – Ernst, Christian (Hg.) – Berlin: Cornelsen 2003

Mensch und Raum Geographie 10, Realschule Schleswig-Holstein. – Fischer, Peter; Walther, Bernd (Hg.) – Berlin: Cornelsen 1998

Mensch und Raum Geographie. Geoökologie und Umweltfragen. – Behr, Artur et al. – Berlin: Cornelsen 1996

Mensch und Raum Geographie. Deutschland in Europa. – Fischer, Peter (Hg.) – Berlin: Cornelsen 2000

Menschen Märkte Räume 1. Realschule Baden-Württemberg. Breithack, Christoph et al. – Berlin: Cornelsen 2004
Seydlitz 1. Deutschland. – Degn, Christian et al. – Kiel-Hannover: Hirt-Schroedel 1961
Seydlitz 1 Erdkunde. – Broscheit, Frank et al. – Hannover: Schroedel 1994
Seydlitz 1 Erdkunde. – Härle, Josef et al. – Hannover: Schroedel 1994
Seydlitz 1 Erdkunde. – Beeger, Helmut et al. – Hannover: Schroedel 1995
Seydlitz 1 Erdkunde Berlin Brandenburg. Neubearbeitung – Jahn, Gert (Hg.) – Hannover: Schroedel 1997
Seydlitz 1 Erdkunde Berlin 5/6. – Jahn, Gert (Hg.) – Hannover: Schroedel 1998
Seydlitz 1 Erdkunde Mecklenburg-Vorpommern. Neubearbeitung – Jahn, Gert (Hg.) – Hannover: Schroedel 1997
Seydlitz 5/6 Erdkunde Realschule Nordrhein-Westfalen. – Bhatty, Svena et al. – Hannover: Schroedel 2003
Seydlitz 5/6 Erdkunde Realschule Rheinland-Pfalz. – Degener, Lars et al. – Hannover: Schroedel 2001
Seydlitz 1 Erdkunde Sachsen. Neubearbeitung – Jahn, Gert (Hg.) – Hannover: Schroedel 1997
Seydlitz 1 Erdkunde Sachsen-Anhalt. Neubearbeitung – Jahn, Gert (Hg.) – Hannover: Schroedel 1997
Seydlitz 1 Erdkunde Thüringen. Neubearbeitung – Jahn, Gert (Hg.) – Hannover: Schroedel 1997
Seydlitz 1 Geographie. – Dünschede, Karin et al. – Hannover: Schroedel 1998
Seydlitz 1 Geographie Hessen. – Amtsfeld, Peter et al. – Hannover: Schroedel 2002
Seydlitz 1 Geographie Niedersachsen. – Bötcher, Kirsten et al. – Hannover: Schroedel 2001
Seydlitz 1 Geographie. Rheinland-Pfalz Saarland. – Beeger, Helmut et al. – Hannover: Schroedel 2000
Seydlitz Geographie 1 Gymnasium Thüringen. – Wolfgang Bricks et al. – Braunschweig: Schroedel 2005
Seydlitz 2 Erdkunde Realschule Rheinland-Pfalz. – Braun, Thomas et al. – Hannover: Schroedel 2003
Seydlitz 2 Geographie. – Müller, Helmut et al. – Hannover: Schroedel 1996
Seydlitz 2 Geographie. Neubearbeitung. – Wetzel, Jürgen (Hg.) – Hannover: Schroedel 2000
Seydlitz 3 Erdkunde. – Balzer, Werner et al. – Hannover: Schroedel 1996
Seydlitz 4. Deutschland in Europa. – Degn, Christian et al. – Kiel-Hannover: Hirt-Schroedel 1968
Seydlitz 4 Erdkunde. Neubearbeitung. – Jahn, Gert (Hg.) – Hannover: Schroedel 1999
Seydlitz 5 Erdkunde Realschule Baden-Württemberg. – Mühlberger, Wolfgang et al. – Hannover: Schroedel 2000
Seydlitz 5 Erdkunde Bayern. – Eckinger, Katharina et al. – Hannover: Schroedel 2003
Seydlitz Geographie 11 Sachsen. – Bauer, Jürgen et al. – Hannover: Schroedel 2003
Seydlitz Geographie SII Band 1. – Bütow, Martin et al. – Hannover: Schroedel 1998
Terra Erdkunde für die Grundschule in Berlin. – Kroß, Eberhard et al. – Stuttgart: Klett 1987
Terra Erdkunde 5 Realschule Baden-Württemberg. – Geiger, Michael; Paul, Herbert (Hg.) – Gotha-Stuttgart: Klett-Perthes 2000
Terra Erdkunde 6 Gymnasium Baden-Württemberg. – Brodengeier, Egbert; Obermann, Helmut (Hg.) – Gotha-Stuttgart: Klett-Perthes 2002
Terra EWG 1 Erdkunde Wirtschaftskunde Gemeinschaftskunde Realschule Baden-Württemberg. – Geier, Michael; Paul , Herbert (Hg.) – Gotha-Stuttgart: Klett-Perthes 2004
Terra Erdkunde 6 Gymnasium Bayern. – Deuringer, Lorenz; Eckert, Ulrich (Hg.) – Stuttgart u.a.: Klett-Perthes 1994
Terra Erdkunde 5/6 Ausgabe für Berlin. – Beil, Gerhard et al. – Gotha-Stuttgart: Klett 1995

Terra Erdkunde 5/6 Gymnasium. – Bierwirth, Joachim et al. – Gotha-Stuttgart: Klett-Perthes 2004

Terra Erdkunde 5/6 Realschule. – Bierwirth, Joachim et al. – Gotha-Stuttgart: Klett-Perthes 2004

Terra Erdkunde für Hessen Band 1. – Beil, Gerhard et al. – Gotha Stuttgart: Klett-Perthes 1998

Terra Erdkunde Hessen Band 1. – Bierwirth, Joachim et al. – Gotha Stuttgart: Klett-Perthes 2004

Terra Erdkunde für Hessen Band 2. – Behrmann, Dirk et al. – Gotha-Stuttgart: Klett-Perthes 1998

Terra Erdkunde 5/6 Gymnasium Hessen. – Bierwirth, Joachim et al. – Gotha-Stuttgart: Klett-Perthes 2003

Terra Erdkunde 5 Gymnasium Nordrhein-Westfalen. – Fuchs, Gerhard (Hg.) – Gotha-Stuttgart: Klett-Perthes 1996

Terra Erdkunde 5 Gymnasium Nordrhein-Westfalen. – Brodengeier, Egbert et al. – Gotha-Stuttgart: Klett-Perthes 2003

Terra Erdkunde 5/6 Realschule Nordrhein-Westfalen. –Kroß, Eberhard (Hg.) –Stuttgart u.a.: Klett-Perthes 1993

Terra Erdkunde 7/8 Gymnasium Rheinland Pfalz. – Wilhelmi, Volker (Hg.) – Gotha-Stuttgart: Klett-Perthes 2004

Terra Handbuch Erdkunde 7/8 Gymnasium Rheinland Pfalz. – Grosscurth, Christian Helmut et al. – Gotha-Stuttgart: Klett-Perthes 2004

Terra Erdkunde 9 Gymnasium Nordrhein-Westfalen. – Fuchs, Gerhard (Hg.) – Gotha: Klett-Perthes 1997

Terra Geographie 5/6 für Rheinland-Pfalz. – Schultze, Arnold et al. – Stuttgart: Klett 1981

Terra Geografie 5. Ausgabe für Schleswig-Holstein. – Beil, Gerhard et al. – Gotha-Stuttgart: Klett-Perthes 1997

Zitierte Sekundärliteratur

HEMMER, Michael: *Westen ja bitte – Osten nein danke! Empirische Untersuchungen zum geographischen Interesse von Schülerinnen und Schülern an den USA und der GUS*. Nürnberg: Hochschulverband für Geographie und ihre Didaktik e.V. (Geographiedidaktische Forschungen; 33)

HEMMER, Michael: Dem Tourismus auf der Spur. Konzepte, Ziele und Inhalte des Themas im Geographieunterricht. *Geographie heute* 27 (2006), Nr. 239, S. 8–10

ŁYPACZEWSKI, Michał: *Synopse: Nord- und Ostsee in Geographieschulbüchern der Bundesrepublik Deutschland*. Braunschweig: Georg-Eckert-Institut 2004 [unveröffentlicht]

Autoren

Prof. Dr. Ekkehard Buchhofer
Seekante 29, D-24159 Kiel
e_buchhofer@yahoo.de

Prof. dr Marek Dutkowski
Abteilung für Wirtschaftsgeographie und Regionalpolitik, Institut für Meereskunde, Universität Stettin/
Zakład Geografii Economicznej i Polityki Regionalnej, Instytut Nauk o Morzu, Uniwersytet Szczeciński,
ul Wąska 13, PL-71-415 Szczecin
marek.dutkowski@univ.szczecin.pl

Prof. Dr. Gerhard Kortum
Geographisches Institut der Universität Kiel
Ludewig-Meyn-Str. 14, D-24118 Kiel
gerhard.kortum@t-online.de

Prof. dr Bronisław Kortus
ul. Ułanów 46/112, PL-31-455 Kraków

Priv.-Doz. Dr. Dr. Olaf Kühne
Ministerium für Umwelt, C/2 – Landesplanung,
Keplerstr. 18, D-66117 Saarbrücken
O.Kuehne@umwelt.saarland.de

Karlheinz Lau, Oberschulrat a. D.
Arnold-Knoblauch-Ring 22, D-14109 Berlin

Dr Teresa Radziejewska
Abteilung Palaeozeanologie, Institut für Meereskunde, Universität Stettin/
Zakład Paleooceanologii, Instytut Nauk o Morzu, Uniwersytet Szczeciński,
ul. Wąska 13, PL-71415 Szczecin

Prof. Dr. Marlies Schulz
Geographisches Institut, Humboldt-Universität zu Berlin,
Unter den Linden 6, D-10099 Berlin
E-Mail: marlies.schulz@geo.hu-berlin.de

Dr. Georg Stöber
Georg-Eckert-Institut für internationale Schulbuchforschung,
Celler Str. 3, D-38114 Braunschweig
stoeber@gei.de

Prof. dr Andrzej Witkowski
Abteilung Palaeozeanologie, Institut für Meereskunde, Universität Stettin/
Zakład Paleooceanologii, Instytut Nauk o Morzu, Uniwersytet Szczeciński,
ul. Wąska 13, PL-71415 Szczecin
witkowsk@univ.szczecin.pl